教育部人文社会科学研究一般项目"专精特新中小企业技术创新网络的动态演化、驱动机理及其创新绩效影响机制研究"（23YJA790069）

浙江省高校重大人文社科攻关计划项目"长三角专精特新企业技术创新网络的演化特征、驱动机理及其创新绩效影响机制研究"（2023QN083）

技术创新网络动态演化及创新绩效影响机制

基于中国专精特新中小企业的研究

孙春晓 著

中国财经出版传媒集团
经济科学出版社
·北京·

图书在版编目（CIP）数据

技术创新网络动态演化及创新绩效影响机制 ： 基于中国专精特新中小企业的研究 ／ 孙春晓著 . -- 北京 ： 经济科学出版社，2025.7. -- ISBN 978 - 7 - 5218 - 7000 - 8

Ⅰ. F279.243

中国国家版本馆 CIP 数据核字第 2025SJ0459 号

责任编辑：周国强
责任校对：郑淑艳
责任印制：张佳裕

技术创新网络动态演化及创新绩效影响机制
——基于中国专精特新中小企业的研究
JISHU CHUANGXIN WANGLUO DONGTAI YANHUA JI CHUANGXIN JIXIAO YINGXIANG JIZHI
——JIYU ZHONGGUO ZHUAN JING TE XIN ZHONGXIAO QIYE DE YANJIU

孙春晓　著

经济科学出版社出版、发行　新华书店经销
社址：北京市海淀区阜成路甲 28 号　邮编：100142
总编部电话：010 - 88191217　发行部电话：010 - 88191522
网址：www.esp.com.cn
电子邮箱：esp@esp.com.cn
天猫网店：经济科学出版社旗舰店
网址：http://jjkxcbs.tmall.com
北京季蜂印刷有限公司印装
710×1000　16 开　16.25 印张　250000 字
2025 年 7 月第 1 版　2025 年 7 月第 1 次印刷
ISBN 978 - 7 - 5218 - 7000 - 8　定价：98.00 元
（图书出现印装问题，本社负责调换。电话：010 - 88191545）
（版权所有　侵权必究　打击盗版　举报热线：010 - 88191661
QQ：2242791300　营销中心电话：010 - 88191537
电子邮箱：dbts@esp.com.cn）

前　言

随着中国进入高质量发展阶段,创新成为引领经济增长的第一驱动力。尤其是在世界经济发展环境的巨大不确定性背景下,全球产业链面临着重新调整与配置,中国要实现产业升级、经济结构转型等高质量发展目标,必将摒弃传统要素投入驱动,转变为依靠科技进步的驱动。通过增强自身的科技创新能力是应对产业链重构、实现产业提升的必然选择,而专精特新中小企业作为重要的创新主体之一,其自主创新能力和关键技术的创新能力显得越发重要。作为全球产业链供应链的重要节点,专精特新中小企业不仅是我国融入全球产业链供应链体系的主要参与者,更是确保我国在外部压力下维系产业链关键环节、关键材料、关键零部件、重大装备安全可控的重要力量。工业和信息化部赛迪研究院发布的数据显示,2024年4月,我国专精特新创新指数为286.4,比2023年同期增长25.2%。随着专精特新中小企业成为我国提升产业链供应链稳定性和竞争力的基础力量以及大中小企业融通发展微生态的形成,优化专精特新中小企业技术创新网络结构,促进创新要素更高效地协同,提升区域和产业创新网络绩效,实现我国经济高质量发展已成为各界关注的焦点。

中国制造业研发投入强度已从2012年的0.85%增加到2021年的1.54%,而专精特新"小巨人"企业的平均研发强度高达10.3%。2022年,中国制造业研发投入强度为2.54%,而专精特新"小巨人"企业的平均研发投入强度高达8.9%。基于此,工业和信息化部指出要进一步强化专精特新

i

中小企业创新主体地位，支持行业骨干企业牵头组建创新联合体；同时强化创新体系建设，构建多层次、协同化创新网络。2022年，相关部委联合印发《关于开展"携手行动"，促进大中小企业融通创新（2022—2025）》《关于知识产权助力专精特新中小企业创新发展若干措施》，旨在通过政策融通推动协同创新，共享创新资源和加快创新成果转化。当前，创新的不确定性加剧，传统封闭、单一线性的创新模式逐渐演化为复杂的创新合作网络，建构开放式创新生态、打造高效协同的创新网络成为提升专精特新中小企业创新力和控制力，构建优质企业梯度培育体系的重要途径。本书基于创新地理学视角，研究如何进一步推动中国专精特新中小企业创新网络协同演化，共享创新网络演化中知识流动和溢出效应，这对实现我国专精特新中小企业创新力和控制力的不断强化，完善专精特新中小企业梯度培育机制，具有重要的理论价值和现实意义。

  本书以专精特新企业、创新网络、多维邻近性等为理论基础，基于2010~2021年中国专精特新中小企业合作申请专利数据，运用复杂网络分析和空间分析方法系统剖析其创新网络属性和空间结构特征，并利用负二项回归模型揭示创新网络的多维邻近性机理。本书主要的研究结论有：第一，民企间合作是主要合作形式，综合型高校与理工型高校成为重要知识交流节点，以国家电网公司等国企为核心的创新主体逐渐成为优先合作主体，部分"控制－被控制"主体间的高频互动形成"局域网"。第二，F部类机械工程等产业层面创新合作比重下降，而G部类的光学、测量核算、仪器制造等高新技术产业，H部类的电子通信技术等产业的创新合作数量领先，发展势头迅猛，A部类、D部类、E部类等传统产业部类的创新合作比重稳中有降。第三，市域尺度，市际合作成为多数部类技术创新合作选择，上海、北京及部分沿海城市在创新网络中具有引领地位，市内、市际层面均处于创新网络首位；省域尺度，对技术要求高、开发难度大的部类创新合作在省域层面经历以"省际—省内—省际"的转变，传统产业部类创新合作经历以"省际—省内"的转变；沿海省份更依赖于省域内创新合作，东、中、西部省份创新合作规模存在等级层次特征。第四，地理邻近性、制度邻近性、经济邻近性、社会邻近性、技术邻近性均具有显著作用。地理距离在现阶段仍是创新合作的制约因素，影响创新网络作用力的排序是社会邻近性＞技术邻近性＞经济邻近性＞制度邻近性＞地理邻近性。第五，创新网络规模与创新绩效之间存在显著的正向关联（$\beta=0.119$，$p<0.05$），同时，网络强度也对创新绩效产生显著的正向效应（$\beta=0.109$，$p<0.05$），而网络质量对创新绩效的正向影响尤为显著。第六，专精特新中小企业的创新网络与其创新表现之间存在显著的正相关性；随着关系强度和网络中心度的提高，企业的创新能力也会得到相应的提升；网络规模、网络强度和网络质量对企业的创新表现有明显的正面影响。

基于中国专精特新中小企业合作申请专利的关系型数据，利用复杂网络分析和空间分析方法探讨中国专精特新企业技术创新网络特征及多维邻近性机理，不仅丰富了当前创新地理学的研究内容，为基于创新网络视角评估区域创新合作政策有效性提供理论支撑，而且研究结论对促进区域创新合作的政策制定和完善、优化创新协同机制提供科学合理的判断依据与政策建议，并为专精特新中小企业提升其创新绩效等提供决策依据。

目 录

第1章 绪论 1

  1.1 研究背景和意义 1

  1.2 问题的提出 8

  1.3 研究内容 10

  1.4 研究方法 13

  1.5 研究思路 13

  1.6 主要创新点 14

第2章 创新网络的理论基础 17

  2.1 社会网络理论 17

  2.2 价值共创视角 21

  2.3 创新理论 24

  2.4 行为决策理论 30

第3章 创新网络与专精特新的研究回顾 31

  3.1 创新网络综述 31

  3.2 专精特新综述 49

  3.3 文献回顾总结 56

第4章 技术创新网络的演化特征 64

  4.1 数据来源 64

i

4.2 研究方法 ··· 65
4.3 技术创新网络主体演化 ·· 69
4.4 技术创新网络类型演化 ·· 71
4.5 创新网络的空间结构 ··· 74
4.6 研究小结 ·· 81

第 5 章 技术创新网络的演化规律及模式 ···································· 83
5.1 技术创新网络图谱 ·· 83
5.2 中心性分析 ··· 87
5.3 研究小结 ·· 91

第 6 章 技术创新网络演化的驱动机理 ······································ 92
6.1 多维邻近性机理 ··· 92
6.2 空间自相关分析 ··· 96
6.3 空间杜宾模型分析 ·· 97
6.4 研究小结 ··· 103

第 7 章 技术创新网络对创新绩效的影响机制 ···························· 105
7.1 理论分析和研究假设 ··· 105
7.2 数据来源与收集方法 ··· 113
7.3 变量的定义与测量 ·· 114
7.4 数据分析方法 ·· 118
7.5 实证结果分析 ·· 120
7.6 研究小结 ·· 149

第 8 章 技术创新网络的演化机理及赋能效应
　　　——以长三角为例 ·· 151
8.1 理论基础与研究假设 ··· 151

8.2　数据来源与研究方法 ································· 156

　　8.3　实证结果分析 ······································· 160

　　8.4　研究小结 ··· 172

第 9 章　研究启示与建议 ······································ 175

　　9.1　研究启示 ··· 175

　　9.2　建议 ··· 178

附录一　专精特新中小企业创新网络中心性数据 ················· 182

附录二　专精特新中小企业技术创新网络对创新绩效影响的调查问卷 ······ 207

附录三　专精特新中小企业技术创新网络与绩效问卷数据 ············ 212

参考文献 ··· 221

第 1 章 绪 论

本章主要阐述专精特新中小企业技术创新网络研究的背景和意义,包括研究的实践、理论背景和意义,并对主要的研究问题、研究内容、重点研究方法、研究思路以及学术创新和价值、问题等进行论述。

1.1 研究背景和意义

1.1.1 实践背景

1.1.1.1 专精特新中小企业是实现高质量发展的动力源泉

专精特新中小企业普遍具有"专业化、精细化、特色化、创新型"的发展特征,是长期专注于细分市场、创新实力较强、配套能力突出的中小企业,其在细分领域拥有明显相对优势,具有高成长性特征。因此,它不仅具有示范引领作用,是广大中小企业发展的样板,能够为各类中小企业的转型提供借鉴,对产业转型升级具有较强示范带动作用;而且专精特新中小企业通常处在各产业链供应链关键环节,对畅通我国经济循环,推动资源实现高效配置具有重要的促进作用，是践行创新驱动发展战略和实现高质量发展目标的动力源泉。据2023年工信部发布的统计数据显示，在研发方面，2022年，专精特新"小巨人"企业平均投入研发费用超3100万元，较上年提高约18%。专精特新"小巨人"企业平均研发强度（研发费用/营业收入）约为6.3%，比2022年我国全社会研发经费投入强度（约2.6%）高出两倍。此外，在科技成果转化方面，专精特新中小企业普遍高度重视科技成果转化落地，且成果转化方式灵活多样，大量科研机构与专精特新中小企业合作共促科技成果转化取得了显著成效。2024年，工业和信息化部赛迪研究院发布的最新数据显示，我国专精特新中小企业从产业分布上看，新材料、生物两大产业保持较强的创新活力，创新成果加速形成和落地，相关中小企业持续释放科技创新的强劲活力，在为社会提供丰富物质产品和服务的同时，在吸纳就业、改善民生、促进共同富裕等方面的作用显著提升。

基于此，政府相关部门大力支持专精特新中小企业的发展，2024年3月，政府工作报告强调要促进中小企业专精特新发展。2024年6月，财政部和工信部联合发文，提出进一步支持专精特新中小企业高质量发展，通过中央财政资金引导和带动，深化上下联动、央地协同，增强政策实效性、培育系统性和服务精准性，提升专精特新中小企业补链强链作用，增强产业链配套能力。中央财政资金将支持重点领域的专精特新"小巨人"企业打造新动能、攻坚新技术、开发新产品、强化产业链配套能力，同时支持地方加大对专精特新中小企业培育赋能。专精特新中小企业已经成为我国制造业高质量发展的重要支撑，也是推动实体经济向纵深迈进的关键力量。

1.1.1.2　技术创新网络成为系统性创新的基本制度安排

技术创新网络是一个由多元主体构成的复合型多层次网络体系，这些主体包括但不限于创新企业、政府、高校及科研院所、其他相关企业、用户、中介机构以及金融机构等。此网络体系不仅涵盖创新企业与上下游供应商及用户之间形成的纵向合作网络，这些联系还确保了供应链的顺畅和市场需求的有效对接。同时，网络还囊括创新企业与政府、高校及科研院所或竞争对手之间的横向合作网络，这些联系促进了知识共享、政策支持和跨领域合作。在技术创新网络中，还存在着多个由紧密联系的几个主体所组成的子网络，这些子网络规模各异，但都在网络的整体运作中发挥着重要作用。鉴于技术变革的加速、信息不对称以及市场环境的快速变化等不确定性因素，企业在创新过程中时常面临决策困境和行为不稳定的问题。而技术创新网络凭借其灵活的合作机制，能够迅速对环境变化作出响应，通过重新配置资源来应对这些不确定性，进而提升企业技术创新过程的可控性和稳定性（王飞，2012；李东和陈译凡，2025）。此外，创新资源的稀缺性和分散性也对强资源依赖的企业技术创新构成了挑战。然而，技术创新网络中的密切成员关系为创新资源整合提供了渠道和平台，有效缓解了技术创新需求与资源稀缺的矛盾，提升了社会资源的整体效用（刘丹和闫长乐，2013）。在技术创新进程中，新技术的成功应用通常依赖于多种互补性技术的同步发展，这往往超出了单个企业的能力范围。因此，掌握相关技术的组织需要通过建立技术联盟或创新网络的形式进行合作，共同推进技术进步。这种合作需求成为企业技术创新网络形成的重要驱动力（梁智野，2023）。

随着环境的不断变化，具有不同属性的主体如企业、政府、高校、科研机构、金融机构及中介组织之间的结网合作变得尤为重要。这种合作模式不仅是应对技术挑战和推动技术创新的必然选择，也是创新网络作为一种致力于系统性创新的基本制度安排的重要体现。创新网络为专精特新中小企业与其他组织之间建立了松散、非正式但复杂的合作关系，为高效创新提供了有力支持。随着专精特新中小企业成为我国提升产业链供应链稳定性和竞争力的基础力量以及大中小企业融通发展微生态的形成，优化专精特新中小企业技术创新网络结构，促进创新要素更高效地协同，提升创新网络绩效，实现区域高质量发展已成为各界关注的焦点。本书基于创新地理学视角，研究如何进一步推动中国专精特新中小企业创新网络协同演化，共享创新网络演化中知识流动和溢出效应，这对实现我国专精特新中小企业创新力和控制力的不断强化，完善专精特新中小企业梯度培育机制，具有重要的现实意义。

1.1.2 理论背景

1.1.2.1 专精特新中小企业创新研究的吸引力不断提升

专精特新中小企业是实现我国制造业转型升级的重要动力，而创新始终被认为是引领企业发展的第一动力，国内外在研究专精特新中小企业发展路径中强调，专精特新中小企业的持续创新能力仍需进一步加强，进而增强核心竞争力（江胜民等，2022）。近年来，专精特新中小企业的创新研究备受国内外学者的关注。本书以专精特新企业创新为主题词，以中国知网（CNKI）数据库等数据库作为主要文献来源，检索2010~2024年期刊发文量如图1-1所示，大部分文献发表于2020年后，近几年专精特新企业创新研究的吸引力迅速提升，得到了学界的广泛关注。尤其是德国学者西蒙（Simon，2008）提出的"隐形冠军"（hidden champions），已经成为了专精特新中小企业的高级形态，通过打造专精特新的"隐形冠军"，进一步在更精、更深、更尖端的技术领域中推动制造业成功实现转型升级（苏敬勤，2023），这也正是专精特新中小企业价值成长路径的最终目标。

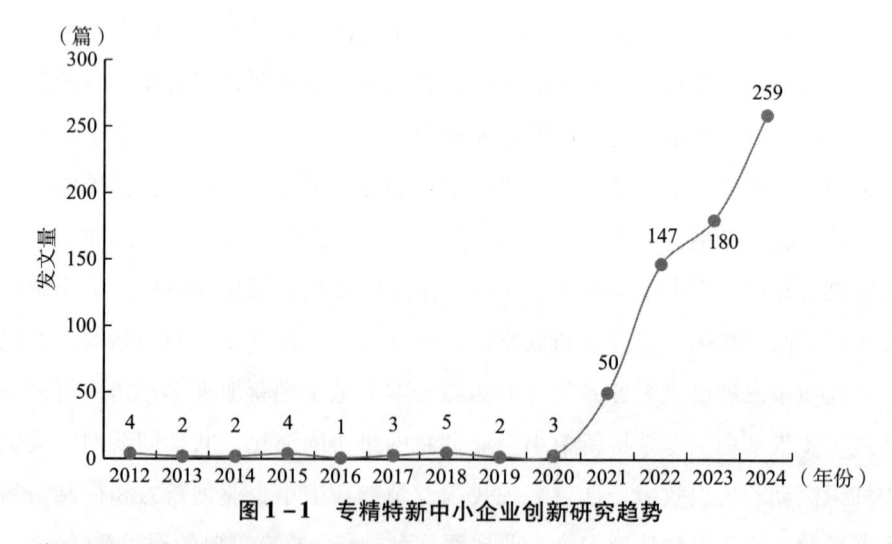

图 1-1 专精特新中小企业创新研究趋势

资料来源：中国知网（CNKI）数据库。

1.1.2.2 创新网络理论研究有待进一步拓展

创新网络被认为是企业间创新合作的连接机制（Freeman，1999），已成为当前经济地理学研究的重点内容（杨阳等，2022）。经济地理学者从创新网络的结构（Li et al.，2015；Liefner & Hennemann，2011）、演化（周锐波等，2021；周灿等，2019）及绩效（周贵川等，2021；胡悦等，2020）等方面进行深入研究；基于社会网络分析（胡悦等，2023）、构建综合评价模型（龚勤林等，2023）、计量经济模型（赵康杰等，2023）等研究方法进一步解构网络特征及影响因素；研究产业涉及装备制造（叶琴等，2023）、生物医药（马菁等，2023）、新能源汽车（苏屹和曹铮，2023）、集成电路（张红等，2023）、物流（孙春晓等，2023）、绿色技术（尚勇敏等，2023）等产业；构建创新网络方式多以论文（曹湛等，2023）、专利（盛科荣等，2023）、母子公司（黄海昕等，2023）等知识共享与综合测度为媒介构建关系网络。而多维邻近性成为经济地理学探索创新网络形成机理的重要议题，波希马（Boschma，2005）拓展丰富邻近性架构为地理、组织、社会、认知和制度邻近性5类，从内涵界定延伸至其对要素流动的动态影响机理。邻近性对创新网络的影响并非恒定不变，邻近性在网络不同阶段存在阈值（王庆喜和胡志学，2023）。目前，邻近性机理研究主要集中于地理、经济、技术邻近性对创新网络的影响等方面，在此基础上拓宽至产业结构、语言、文化邻近性，同时邻近性之间的交互效应开始受到学者们的关注（盛科荣等，2023）。

但已有研究鲜有针对专精特新中小企业创新网络动态演化及其邻近性机理的研究，相关研究缺少一定的针对性和系统性，对于多维邻近性机理以及交互效应等仍有待进一步深入。而随着专精特新中小企业创新主体地位的显著提升，以我国专精特新中小企业合作申请专利构建其技术创新网络，运用复杂网络分析和空间分析方法系统剖析创新网络属性和空间结构演化特征，并利用负二项回归模型，从地理邻近、制度邻近、经济邻近、社会邻近、技术邻近五个层面，以及地理邻近性与非地理邻近性的交互性，探究多维邻近性的影响机理，从创新地理学层面提出政策建议。目的在于进一步丰富当前创新地理学研究，并为优化我国专精特新中小企业创新协同机制，实现区域高质量协同发展提供参考。

1.1.3 研究意义

由于创新不确定性加剧，传统封闭、单一线性的创新模式逐渐演化为复杂的创新合作网络，建构开放式创新生态、打造高效协同的创新网络成为提升专精特新中小企业创新力和控制力，构建优质企业梯度培育体系的重要途径。面对全球经济、贸易和产业结构的调整，企业自主创新能力和关键技术创新越发重要。中国制造业研发投入强度已从2012年的0.85%增加到2024年的2.68%[①]，而专精特新"小巨人"企业的平均研发强度高达10.3%[②]。工信部明确指出要进一步强化专精特新企业创新主体地位，支持行业骨干企业牵头组建创新联合体；同时强化创新体系建设，构建多层次、协同化创新网络。随着专精特新中小企业成为我国提升产业链供应链稳定性和竞争力的基础力量以及大中小企业融通发展微生态的形成，优化专精特新中小企业技术创新网络结构，促进创新要素更高效地协同，提升创新网络绩效，实现区域高质量发展已成为各界关注的焦点。本书基于创新地理学视角，研究如何进一步推动中国专精特新中小企业创新网络协同演化，共享创新网络演化中知识流动和溢出效应，这对实现我国专精特新中小企业创新力和控制力的不断强化，完善专精特新中小企业梯度培育机制，推动我国制造业转型升级和产业链完善具有重要的理论价值和现实意义。

1.1.3.1 推动制造业转型升级和产业链完善

专精特新中小企业是我国制造业转型升级的重要动力。自2011年工信部

---

① 中国政府网. 我国专精特新"小巨人"企业平均研发强度超10%［EB/OL］. https：//www.gov.cn/xinwen/2022－07/26/content_5702887.htm，2022－07－26.
② 中华人民共和国2024年国民经济和社会发展统计公报［R］. 国家统计局，2025－02－28.

首次提出"专精特新"概念以来，专精特新中小企业的政策发展历程彰显了其对中国制造业转型升级和产业链完善的深远影响。建构开放式创新生态、打造高效协同的创新网络成为提升专精特新中小企业创新力和控制力，是完善优质企业梯度培育体系的重要途径。专精特新中小企业具有持续创新能力和研发投入，能够推动行业发展、提升社会整体生产效率，并引领产业升级。通过深入剖析专精特新中小企业技术创新网络演化的特征、驱动机理及其绩效影响机制，可以明确创新网络的变化趋势及其对创新绩效的影响，有助于实现制造业整体水平和竞争力提升，推动制造业转型升级。专精特新中小企业创新驱动的发展模式对我国社会经济具有显著的正面外部性。同时作为全球产业链供应链的重要节点，专精特新中小企业不仅是我国融入全球产业链供应链体系的主要参与者，更是确保我国在外部压力下维系产业链关键环节、关键材料、关键零部件、重大装备安全可控的重要力量。

1.1.3.2　增强专精特新中小企业创新力和控制力

专精特新中小企业通过技术创新网络，结合新技术应用、专业化生产和融入大企业的技术、产品协作体系，增强了中小企业抵御风险和适应经济形势变化的能力，有助于提升中小企业的整体素质和市场竞争力（盖文启，2006）。专精特新中小企业技术创新网络发展，更有利于获得资金扶持、税收减免和知识产权保护、创新支持等多方面的政策优惠。这些政策支持有助于企业在融资、市场开拓、技术创新等方面取得突破，增强其自身创新力和控制力。创新是专精特新中小企业获得竞争优势和持续增长的关键因素，研发投入是专精特新中小企业增强技术创新能力的重要环节与核心来源。创新驱动的发展模式是专精特新中小企业未来的发展方向，因此通过深入剖析专精特新中小企业技术创新网络演化的特征、驱动机理及其绩效影响机制，以技术创新网络作为支撑的专精特新中小企业的价值研究有助于发掘创新合作能力所体现的独特价值，以及在该领域中的创新协同竞争力。

1.1.3.3 丰富和完善中小企业创新理论体系

传统的创新理论多关注城市圈、大型企业、产业集群等研究对象，而对于"专精特新"中小企业这一特殊群体的创新网络及其对创新绩效的影响效应研究相对较少，缺乏深入和系统的分析（黄于娟等，2023；周钦等，2024）。随着专精特新中小企业成为提升产业链供应链稳定性和竞争力的基础力量，优化专精特新中小企业创新网络结构，促进创新要素更高效地协同，实现高质量发展已成为各界关注的焦点。通过深入探讨专精特新中小企业这一特定中小企业群体的创新网络特性，如网络结构、网络演化等，以及这些特性如何影响专精特新中小企业的创新产出，可以为创新管理理论提供新的视角和分析框架，丰富和完善了当前中小企业创新理论体系的研究。

1.2 问题的提出

本书基于中国专精特新中小企业创新网络动态演化特征→演化驱动机理→演化绩效及其影响机制→推动创新网络协同演化与创新绩效提升政策建议的研究思路，结合城市地理学、创新地理学等相关研究理论，依托大数据挖掘技术、社会网络分析、GIS空间分析和空间计量方法，探究在深化我国大中小企业融通发展背景下，分析中国专精特新中小企业技术创新网络空间结构和空间组织的动态演化及其驱动机理，并进一步分析网络创新绩效及其影响机制，基于政府部门和相关企业视角提出推动中国专精特新中小企业技术创新网络协同演化和创新绩效提升的政策建议。因此，本书研究的主要问题是：中国专精特新中小企业创新网络如何演化及其对创新绩效的影响机制如何？以下三个子问题构成这个主要问题。

1.2.1 创新网络动态演化特征和驱动机理如何

专精特新中小企业技术创新网络的演化是从个体到整体、从微观到宏观的逐步发展的过程，其微观的网络节点、网络连接对揭示宏观和整体的网络演化规律具有重要意义。而且专精特新中小企业技术创新网络的结构并不是匀质的（Phelps，2010；王飞，2012），网络核心节点甚至决定着网络演化的整体走势和方向，对于技术创新网络的演化发展具有举足轻重的作用（石乘齐和党兴华，2013）。本书基于网络节点视角，运用空间计量研究方法探究中国专精特新中小企业技术创新网络节点空间结构演化特征如何，并对中国专精特新中小企业技术创新网络节点间的差异性进行深入解析，明晰中国专精特新中小企业技术创新网络节点的时空演化布局和演化的结构特征，基于此，进一步分析专精特新中小企业技术创新网络演化的驱动机理。

1.2.2 创新网络动态演化绩效的影响机制如何

技术创新网络是专精特新中小企业实施开放式创新战略的重要手段，企业与其边界外组织共建技术创新网络，如何通过技术创新网络的演化形成良好的创新合作循环，促进知识、信息和资源的高效交流，进而提高创新绩效是专精特新中小企业进行网络合作创新亟待解决的问题（张永云和刘杜娟，2023）。技术创新网络在合作创新中往往能共享知识、分担成本和风险。但是随着时间的推移，技术创新网络结构复杂多变，也会出现如合作意愿和信任度等降低的问题，导致合作企业创新失败率高，影响合作创新积极性和创新绩效（曹湛，2022）。所以，研究专精特新中小企业技术创新网络的演化过程及网络结构，阐释技术创新网络对合作创新绩效的影响机制，探究促进专精特新中小企业创新能力提高的方法，具有重要的研究意义。

1.2.3 如何进一步提升创新绩效

基于中国专精特新中小企业技术创新网络的演化特征，多维邻近视角下创新网络演化的驱动机理以及创新网络绩效的影响机制分析，提出优化协同创新机制和提升创新网络绩效政策制定依据，包括基于政府部门和相关企业视角，实现中国专精特新中小企业技术创新网络节点、网络联系和网络空间组织协同演化的政策和建议；有效驱动中国专精特新中小企业技术创新网络协同演化的对策；提升中国专精特新中小企业技术创新网络绩效的政策和建议，以此推动中国专精特新中小企业技术创新力、控制力的高效和稳定提升。

1.3 研究内容

本书基于专精特新中小企业技术创新网络的"演化特征—演化模式—驱动机理—绩效提升"的层进式研究逻辑，具体的研究内容包括：

（1）企业技术创新网络的理论基础。基于创新地理学的视角，在对创新网络结构、演化、绩效等理论和实证进行述评的基础上，结合我国大中小企业融通发展实践背景，以网络理论、演化理论等作为基本的逻辑起点，分析企业技术创新网络演化特征、协同效应、驱动机理、影响机制等，形成中国专精特新中小企业技术创新网络研究的理论基础。

（2）专精特新中小企业技术创新网络的构建。基于文献梳理，本书选取国家知识产权局（SIPO）专利信息服务平台公布的专精特新中小企业联合申请专利数据，构建和分析专精特新中小企业技术创新网络数据库。为界定和筛选专精特新企业技术创新的专利数据，依据中华人民共和国工业和信息化部分三批公布的专精特新中小企业名录，分步骤获取与处理界定和筛选2010～2021年中国284个城市专精特新中小企业联合申请专利数据，并将创新主体进行筛选与区分；同时根据国际专利分类方法，专利以IPC分类号共分为八个部类进行统计。

（3）专精特新中小企业技术创新网络节点的演化特征。基于网络节点视角：第一，综合运用复杂网络分析、GIS 空间分析、数理统计等方法，探究中国专精特新中小企业技术创新网络节点空间结构演化特征；第二，采用泰尔指数等测算方式，对中国专精特新中小企业技术创新网络节点间的差异性进行深入解析；第三，运用 GIS 空间分析方法，明晰中国专精特新中小企业技术创新网络节点的时空演化布局和演化的结构特征。

（4）专精特新中小企业技术创新网络联系的演化规律。基于网络联系视角：第一，通过有向加权非对称网络的社会网络分析方法，运用节点数、边数、网络密度、聚类系数和平均路径长度等网络特征统计量来探究中国专精特新中小企业技术创新联系网络结构演化的复杂性；第二，结合中国精特新中小企业技术创新联系实际，绘制出专精特新中小企业技术创新空间联系网络图，以揭示专精特新企业技术创新网络联系演化特征及规律；第三，基于网络联系中心度视角，采用度数中心度、接近中心度、中介中心度来分析中国专精特新企业技术创新网络的多重中心性，利用 UCINet 软件计算中国专精特新中小企业技术创新网络的中心度，探索网络节点在网络联系中的重要地位。

（5）专精特新中小企业技术创新网络的空间组织的演化模式。基于网络空间组织视角：第一，数理统计、聚类算法及 GIS 空间网络分析技术相结合，依据 CONCOR 算法原理，利用 UCINet 软件划分专精特新企业技术创新网络的社团类型及结构，随后探究子群内部网络拓扑结构及空间组织演化特征；第二，依据数理统计，对于凝聚子群内首位联系城市的数量、序对及城市类型进行分析，使用首位联系解构中国专精特新中小企业技术创新网络的整体网络骨架特征，并归纳网络节点与连线的空间组织方式，从而揭示中国专精特新中小企业技术创新网络聚类特征和空间组织模式演化。

（6）专精特新中小企业技术创新网络演化的驱动机理。包括：第一，中国专精特新中小企业技术创新网络驱动因素指标测度，并阐析指标选取依据；第二，中国专精特新中小企业技术创新网络自相关分析，用全局空间自相关识别研究区域整体空间相关性，用局部空间自相关识别空间中的奇异值及集

11

聚的冷热点；第三，中国专精特新中小企业技术创新网络驱动机制空间杜宾模型结果分析，为深入探究各因素的空间溢出效应，在地理、制度、社会、经济以及信息等多维邻近视角下进行直接、间接效应分解分析；第四，中国专精特新企业技术创新网络门限效应分析，进一步研究中国专精特新中小企业技术创新网络格局驱动机制的具体作用强度。

（7）专精特新中小企业技术创新网络绩效的影响机制。包括：第一，构建专精特新中小企业技术创新网络对其创新绩效影响的理论模型并提出相应的假设；第二，通过问卷调查获取相关的研究数据，基于 SPSS 和 AMOS 软件，结合因子分析、相关分析、回归分析等方法检验理论假设；第三，创新网络投入方面，包括创新人员、创新资金、创新环境、网络中心度、结构洞限制度、多维邻近度六个维度；第四，将社会发展水平、投资规模强度、对外开放程度，信息发展水平、居民消费水平纳入控制变量，将其他可能影响到创新绩效的相关变量加以控制，以此考察创新网络对技术创新绩效的影响机制。

（8）技术创新网络的演化机理及赋能效应——以长三角为例。基于长三角一体化深入发展的背景，以长三角专精特新中小企业合作申请专利构建其技术创新网络，运用复杂网络和空间分析等方法系统剖析技术创新网络属性和空间结构演化特征，并利用负二项回归模型，从五个邻近性，包括地理和非地理邻近性以及地理邻近性与非地理邻近性的交互性，探究多维邻近性的影响机理，并进一步展开专精特新中小企业技术创新网络赋能城市创新的作用分析，最后从创新地理学层面提出相应的政策建议。

（9）推动创新网络协同演化及绩效提升的政策建议。本书基于中国专精特新中小企业技术创新网络的演化特征，多维邻近视角下创新网络演化的驱动机理以及创新网络绩效的影响机制分析，提出优化协同创新机制和提升创新网络绩效政策制定依据，包括基于政府部门和相关企业视角，实现中国专精特新中小企业技术创新网络节点、网络联系和网络空间组织协同演化的政策和建议；有效驱动中国专精特新中小企业技术创新网络协同演化的对策；提升中国专精特新中小企业技术创新网络绩效的政策和建议，以此推动中国专精特新中小企业技术创新力、控制力的高效和稳定提升。

1.4 研究方法

本书基于对中国专精特新中小企业技术创新网络的深入思考，通过规范分析和实证检验相结合的研究方法，遵循传统的"规范分析—模型构建—实证检验"模式。

（1）文献和规范研究。文献研究阶段应用文献计量学方法，利用CiteSpace、NoteExpress等软件梳理国内外相关领域研究成果，阐释了创新网络和专精特新等基础理论的最新前沿动态，通过对创新网络的定义、特征、演化机制、产出评价等文献阅读和收集，进行整理、归纳和规范演绎的分析，形成本书的理论基础。

（2）演化机理研究。实证研究阶段通过复杂网络分析、GIS空间分析、数理统计等方法，通过Python、UCINet、ArcGIS等软件操作进行演化分析和绩效评价。

（3）影响机制研究。模型构建阶段采用结构方程模型、回归分析、空间杜宾模型、Malmquist指数和门限自回归模型等方法构建创新网络演化及绩效评价。

（4）结论与应用。通过专家研讨和政府部门访谈等方法，进行对策建议应用效果的提升。

1.5 研究思路

研究思路主要是基于中国专精特新中小企业创新网络的演化特征→演化机理→演化绩效→政策建议的分析逻辑，结合城市地理学、创新地理学等理论，依托大数据挖掘技术、社会网络分析和空间计量等分析方法，探究中国专精特新中小企业技术创新网络的时空动态演化特征及其驱动机理，并进一步阐释技术创新网络的创新绩效及其影响机制，基于此提出了推动中国专精特新企业技术创新网络协同演化和创新绩效提升的政策建议。具体技术路线如图1-2所示。

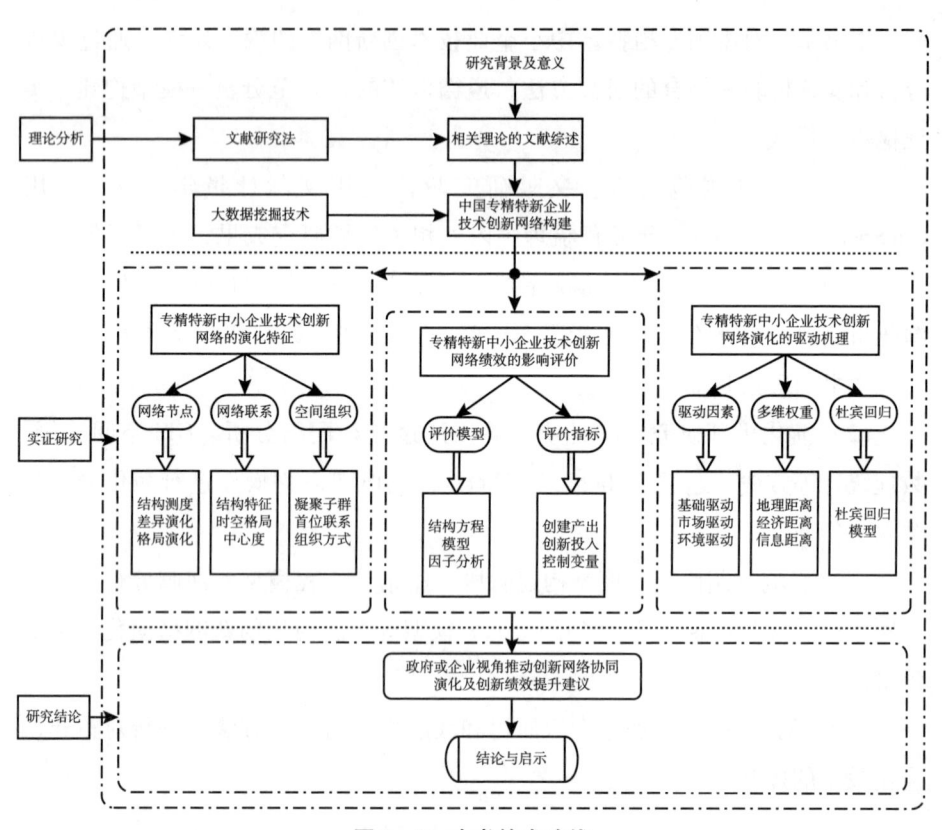

图1-2 本书技术路线

1.6 主要创新点

随着专精特新中小企业成为我国提升产业链供应链稳定性和竞争力的基础力量以及大中小企业融通发展微生态的形成，优化专精特新中小企业技术创新网络结构，促进创新要素更高效地协同，提升创新网络绩效，实现区域高质量发展已成为各界关注的焦点。新技术往往需要多种互补性技术的同步发展，单个企业往往对此无能为力，需要掌握相关技术的组织携手合作，形成技术联盟合作或创新网络，共同推动技术进步（刘丹和闫长乐，2013）。环境的变化催生了企业技术创新网络，使企业、政府、高校、科研机构、金融机构及中介组织等异质主体的结网合作成为必然，创新网络就是一种致力于系统性创新的基本制度安排，是专精特新中小企业与其他组织间为寻求高效创新而建立起的松散、非正式和复杂的合作关系（梁智野，2023）。当前，创新不确定性正在不断提升，单一封闭的创新模式逐渐演化为开放的创新合作网络，建构整合式创新生态、打造高效协同的技术创新网络成为提升专精特新中小企业创新力和成长力的重要途径。然而，专精特新中小企业技术创新网络的理论研究仍明显滞后，无法助力于实践发展（Zhai et al.，2023）。专精特新中小企业技术创新网络是一个有待进行深入和系统理论研究的领域。但目前研究专精特新中小企业技术创新网络的学者极为少数（陈稼瑜等，2023），理论与如火如荼开展的专精特新中小企业创新活动的实践极不协调。本书主要的创新点为：

（1）专精特新中小企业技术创新网络的构建。通过相关文献梳理，得出中国专精特新中小企业合作专利数据建构创新网络的合理性。基于此，利用Python和Matlab编程获取合作专利数据进行创新网络的构建，并以加权度等测度创新网络的强度，为解构中国专精特新中小企业技术创新网络演化特征奠定理论基础。

（2）专精特新中小企业技术创新网络空间结构和组织的动态演化特征及其驱动机理的解析。基于深化我国大中小企业融通发展背景，运用GIS空间分析、社会网络分析等方法透视中国专精特新中小企业技术创新网络结构的动态演化特征，并通过复杂网络分析与GIS的空间网络分析技术相结合分析创新网络的空间组织动态演化规律和演化模式；运用空间计量模型等方法探讨城市创新网络动态演化的驱动机理。

（3）专精特新中小企业技术创新网络对创新绩效影响机制的阐释。选取

BBC 模型、Malmquist 指数作为创新网络运行效率测度模型，结合 2010~2021 年中国 284 个城市专精特新中小企业技术创新投入和产出的面板数据对创新绩效进行评价，并在此基础上结合相关控制变量探究中国专精特新中小企业技术创新网络对创新绩效影响机制。基于政府部门和相关企业视角，驱动中国专精特新中小企业技术创新网络节点、网络联系和网络空间组织协同演化、实现创新网络绩效提升的政策和建议，以此推动中国专精特新中小企业技术创新力和控制力。

第 2 章 创新网络的理论基础

创新网络是由多维创新主体组成的特殊组织形式，在创新能力发展、创新绩效提升等方面发挥着重要作用。创新网络的理论基础是多角度的，最早可追溯到马歇尔的产业区位理论，后大致经历了聚集经济学、社会经济网络及创新系统理论的演化过程。结合本书研究需要，对部分区域创新网络相关理论进行概述和分析，为科学地分析专精特新中小企业技术创新网络研究中的问题提供理论和方法，可确定与创新网络相关的研究理论基础，即社会网络理论、协同创新理论、价值共创理论、创新生态系统理论等（Elia et al., 2020）。本章主要通过这些理论进行梳理，为后续研究提供理论基础。

2.1 社会网络理论

社会网络理论作为跨学科研究方法论体系，其思想渊源可追溯至 20 世纪中叶的社会学研究。布朗（Brown, 1940）在社会结构研究中开创性地提出关系拓扑概念，为后续网络化研究奠定认知基础。米契尔（Mitchell, 1969）通过系统解构网络构成要素，构建了整体网络与自我中心网络的经典二分框架，标志着该理论进入结构化发展阶段。格兰诺维特（Granovetter, 1985）

突破传统分析维度，创新性地提出双重嵌入性理论框架——关系性嵌入与结构性嵌入，揭示出个体行为与网络架构的交互影响机制。韦尔曼和波克维茨（Wellman & Berkowitz，2008）在此基础上构建动态网络系统模型，阐释多元主体通过持续性互动形成稳定关系矩阵的过程机理，特别强调组织间协同效应与网络成熟度的正向关联。罗家德（2012）的后续研究则进一步证明，行动者决策不仅受制于既有关系存量，更受到网络拓扑动态演化的路径依赖影响，而臧祺超等认为社会网络是行动者通过交流、沟通将信息、知识和资源传递给其他行动者的关系网络（臧祺超等，2020）。

在关系强度维度方面，格兰诺维特（Granovetter，1973）开创性地构建四维测量体系（互动频度、情感强度、互惠程度、亲密指数），提出强弱联结的辩证关系：高强度联结有助于构建信任机制与风险共担体系，而低强度联结在知识扩散效率与跨界资源整合方面更具比较优势。该理论体系在伯特（Burt，1980）的结构洞理论中得到延伸发展，其核心命题指出：占据桥接位置的节点可通过控制信息通路获得竞争优势，结构洞丰度与非冗余资源获取能力呈显著正相关，这一发现为网络权力研究提供了新的分析视角。值得注意的是，臧祺超等（2017）通过引入资源异质性维度，完善了结构洞理论的解释边界，认为网络权力推动异质性行业中企业连接，进而促进资源转化为创新绩效，证实网络位置优势向创新绩效转化的条件机制。

与社会网络理论相辅相成的分析手段被称为社会网络分析法，社会网络分析方面的研究文献早在21世纪初就呈现出了指数型增长的显著特点（Borgatti & Foster，2003）。社会网络分析的核心在于将复杂多主体的关系格局转化为多样化的网络结构形式，进而从个体与整体两个层面深入探究网络的结构特征、规模、互动模式及其动态过程。自社会网络分析理论问世以来，国内外学者相继提出了"机会链""嵌入性""平衡理论"等概念、模型和理论框架，这些理论贡献不仅推动了社会网络分析理论的成熟与完善，也极大地拓展了其应用领域的边界。

社会网络分析法（SNA）通过将多元关系抽象为节点-边拓扑结构，实现对社会资本的可视化计量与动态模拟。这种方法论相比于其他方法主要具备以下三点特征：一是采用中心度、核心－边缘指数等位置指标解构权力分布；二是运用密度、凝聚子群等关系指标刻画交互模式；三是通过结构洞指数量化节点中介控制能力。随着社会网络分析技术的日益成熟，研究学者逐渐认识到，在开放创新管理领域，相较于传统的从正式组织结构角度对企业进行分析和管理的方法，社会网络分析展现出显著优势。具体而言，社会网络分析能够全面而准确地评估企业外部的社会资本等相关资源，进而深入剖析这些外部局部关系如何对整体社会资本产生影响。此外，通过社会网络分析，企业不仅能够获得定性的战略指导，还能获得定量的精准定位依据，从而在开放创新环境中实现更加科学有效的管理决策。

社会网络分析法在20世纪90年代开始逐渐应用于企业管理及创新管理研究领域，为该领域的研究提供了坚实的理论基础和分析手段。社会网络涵盖了节点之间的所有直接关系和非直接关系，企业网络的规模和结构也能从一定程度上衡量企业拥有的所有资源及其异质性程度。对于技术创新网络的研究和管理而言，采用社会网络分析法有利于突破企业创新研究的内外部界限，实现内外资源和关系联动分析，故本书采用该理论及其分析手段作为基础，涉及的社会网络分析理论内容包括以下几个方面。

2.1.1 结构洞理论

创新网络作为多方协作的平台，其核心功能在于为各参与方之间知识、信息和技术等资源的流动提供明确的路径和方向。这些资源流动路径与方向的差异直接决定了网络中不同主体获取资源的方式方法，进而在合作基调上催生了各主体间的博弈关系。针对此现象，伯特（Burt，2010）引入了"结构洞"概念，强调网络位置对节点间关系强度及社会资本持有的决定性作用。具体而言，占据连接两个无直接关联节点（即存在结构洞）中间位置的主体，能够掌控该段信息流通，从而享有资源流通的控制优势。在有向网络中，这种结构洞位置的优势因资源流动方向的固定性而更为显著。

结构洞还体现为参与者间非冗余关系的构建，区别于体现强关系、网络位置与资源相近的冗余关系，非冗余关系通过弱联系实现节点间的间接连接。技术创新网络的核心目标在于获取内外部异质性的创新资源，因此，在整个生命周期内保持网络资源的异质性，即维持大量非冗余关系，剔除冗余关系，对于实现创新目标至关重要。冗余关系的识别依据主要包括结构对等性与凝聚性标准。结构洞的存在加剧了网络中参与者的博弈非公平性，占据结构洞位置的主体在相同条件下更易获得优先权，从而掌控更多的网络资源。

2.1.2 结构对等性理论

纳德尔（Nadel，1957）在"平衡"理论框架内阐述了社会网络的结构对等性概念，他认为角色是社会网络分析的核心要素，之后"结构对等性"逐渐取代"平衡"概念，成为学术界广泛采纳的分析视角。在社会网络研究中，整体网络分析侧重于探讨网络规模与凝聚力等宏观特征，而个体网络分析则聚焦于节点在网络中的具体角色与位置。两者相辅相成，共同构成了全面理解社会网络的必要维度。其中：角色，是指单个节点在网络中所扮演的社会身份及其关联的行为规范；而位置，则代表一系列在网络中具有相似关系模式的行动者集合。识别网络节点的角色与冗余关系对于深入理解社会网络具有重大意义，结构对等性分析作为一种评估网络关系相似性的方法，能够有效服务于上述目的。网络模型研究的显著进展，很大程度上得益于对结构对等性的深入研究（刘军，2005）。

结构对等性不仅具备分析节点网络角色的能力，还能有效识别非冗余关系。当两个行动者在网络中可相互替代而不改变整体网络结构时，它们被视为在结构上对等（刘军，2004）。拥有相似角色的行动者在面对市场与环境变化时，往往展现出相对一致的行为模式。进一步地，若多个行动者受到相同的网络制约，共享类似的社会关系与机遇，则它们在结构上被视为对等（Friedkin，2002）。目前，结构对等性理论在管理学与社会学领域已积累一定的研究成果，例如，斯科特（Scott，1986）运用该理论分析了商业财团内部的主导产业与次属产业之间的结构对等性。随后，该理论与方法被引入创新研究领域，徐顺龙等（2008）便利用社会网络结构对等性对产业集群的创新活动进行了深入探讨。

2.2 价值共创视角

2.2.1 价值共创内涵

价值共创理论体系的构建始于普拉哈拉德和拉马斯瓦米（Prahalad & Ramaswamy，2004）的奠基性研究，两位学者突破传统价值创造范式，首次从消费端视角提出价值生成并非单一主体行为，而是多元主体协同作用的必然产物。随后学界围绕该理论展开多维拓展：服务主导逻辑学派代表格罗鲁斯（Grönroos，2008）系统论证了价值共创的资源整合本质，强调服务交互过程中企业、消费者等主体通过资源交换实现价值增值的共生机制，正式确立消费者作为价值共创核心主体的理论地位。

在理论范式演进方面，武文珍和陈启杰（2017）通过二元分析框架，从生产端与消费端双重维度解构价值共创机理，揭示在服务主导逻辑下，价值共创实为企业与利益相关群体通过资源供给与获取的持续互动所形成的价值聚合效应。高哈特（Gouilart，2014）进一步构建四维分析模型，指出组织架构、交互平台、体验感知及经济要素构成价值共创效能的关键影响变量，强调跨组织协同对价值创造的决定性作用。

随着理论研究的深化，瓦戈和卢尔希（Vargo & Lurch，2016）引入服务生态系统理论框架，将价值共创界定为异质性社会行动主体在制度规约与技术赋能下，基于价值主张协同开展服务生产与价值创新的动态过程。该观点在杨学成（2016）的研究中得到实证支持，其研究揭示价值共创本质上是利益相关方通过问题识别与协同解决实现价值增值的循环迭代过程。值得注意的是，瓦戈（Vargo，2020）的研究突破传统认知边界，提出制度性协同理论，强调共同价值目标与制度安排形成的结构化互动网络才是价值共创的根本驱动力，在此过程中企业作为关键节点承担着资源整合与价值传导的核心功能。

2.2.2 价值共创理论

价值共创理论的应用研究分为对价值共创过程机制研究和价值共创主体演化研究两方面。在价值共创过程机制研究中，学术演进呈现显著的理论深化轨迹。杨学成和陶晓波（2015）通过历时性分析，系统揭示了价值共创范式从线性价值链、多维价值矩阵到弹性价值网络的演化规律，创新性地提出链式驱动、互动协同与结构重构的三阶段演进模型。周文辉（2019）依托扎根理论构建四维动态模型，通过对小米生态的实证研究表明，价值共识形成、资源共享实施、共生关系构建及共赢目标达成的循环机制，能够有效促进异质性资源识别与创新要素转化，最终实现平台生态的协同进化。姚伟等（2021）在此基础上拓展研究边界，通过混合研究方法构建知识服务创新模型，论证了需求诊断、诉求匹配、资源聚合与价值适配的递进式互动机制对科技型中小企业协同创新的赋能效应。这些研究共同揭示了价值共创的本质在于通过价值共识构建主体联结网络，借助资源交互与价值协同形成动态适配机制，最终驱动组织间协同创新效能提升。

在价值共创主体演化的研究上，价值共创理论研究经历了从二元主体向生态化网络演进的范式转换。戴亦舒等（2018）基于腾讯众创空间案例，率先突破传统企业-消费者二元框架，揭示开放式创新背景下知识、技术与人才等互补性资源流动如何驱动大型企业、服务机构与政府部门形成创新共同体。王发明等（2015）进一步整合社会网络理论，构建"企业-供应商-渠道商-科研机构-用户"五维创新生态模型，提出多元主体通过价值主张协同实现创新生态系统层级跃迁的理论框架。随着数字经济深入发展，冯文娜和刘如月（2021）将动态资源观引入制造领域，证实信息共享机制与价值共创实践的交互作用对企业服务创新绩效的倍增效应。刘德文等（2022）则聚焦主体角色转换机制，揭示企业通过数字化赋能与社会责任嵌入等策略，有效推动消费者向价值网络中的生产型节点转化。

2.2.3　价值共创主线：连接－互动－资源整合

在价值共创主体连接上。乔晗等（2021）创新性提出社会资本理论框架，论证制造企业通过情感联结与社交网络建构，能够形成"供应商－经销商"多维协作网络，这种社会性嵌入不仅强化主体间价值认同，更显著提升创新网络的信息传递效率与资源配置效能。刘鸿宇（2022）进一步深化该领域研究，构建包含互惠规范、公平感知与信任积累的三维联结模型，揭示合作深度与关系资本正反馈机制对创新网络韧性的强化作用。焦勇和刘忠诚（2020）则从数字化转型视角切入，指出数字经济时代的主体联结已突破传统价值交换范式，转向基于数据要素的市场洞察与流程重构的新型协同模式。

在价值共创创新主体互动上。孙静林等（2023）通过实证研究提出"协商型－互惠型"二元交互理论，揭示不同交互模式对创新网络治理结构的差异化影响。王涛（2022）在此基础上构建战略协同框架，证实"组织层－团队层"双重协同机制对利益共同体形成的催化作用。值得关注的是，刘鸿宇（2022）创新性引入制度性契约理论，提出包含参与规则、监督机制与道德准则的三维治理体系，为平台化创新生态的规范化运作提供理论支撑。江积海和李琴（2020）通过社会网络分析法，构建关系密度－联结强度－信息透明度三维评估模型，论证关系网络质量对知识溢出的乘数效应。王发明和朱美娟（2018）进一步拓展研究边界，发现信任阈值与创新意愿的非线性关系，为创新生态系统治理提供决策依据。

在价值共创资源整合上。张婧和何勇（2018）等开创性提出知识势能差理论，揭示知识密集型组织通过内外知识梯度差驱动创新主体交互的微观机制。孙璐等（2023）基于动态能力视角，构建"资源识别-配置-转化"三阶段模型，论证信息资源整合对平台化创新生态的建构作用。随着数字技术发展，李树文等（2022）提出数字资源双螺旋模型，阐明数据要素集聚与数字服务能力协同对创新生态系统的重构效应。

总体而言，理论层面的价值共创从内涵概念入手，价值共创的研究对象从以"企业-消费者"二元主体为主发展到以"企业-相关利益者"多元主体为主的生态系统。本书基于价值共创主线，参考王发明等学者的观点，认为价值共创是企业和其他多元创新主体基于信任、公平，通过企业协同创新主体之间的知识资源连接，促进主体间互动，实现资源整合，推动企业协同创新发展。

2.3　创新理论

2.3.1　协同创新理论

系统科学视角下的协同理论奠基研究始于哈肯（Haken，1976）的突破性贡献，其创立的协同学理论体系揭示了复杂系统从无序向有序演化的普遍规律，提出伺服机制、自组织原理与协同增效三大核心命题，为现代协同创新研究奠定了系统科学基础。随着理论发展，协同创新研究呈现多学科融合态势：埃利希（Ehrlich & Raven，1964）开创性地将生态学共生理论引入创新研究，提出组织间协同演化存在非线性交互效应；安索福（Ansoff，1965）从战略管理维度构建协同增效模型，论证异质组织通过战略耦合可实现创新产出的超线性增长；罗特韦尔（Rothwell，1992）则突破传统线性创新范式，提出网络化协同创新的集成模型。

在理论体系深化阶段，知识管理学派贡献突出。陈劲和阳银娟（2012）

系统阐释知识势能驱动理论，揭示创新主体通过知识要素的动态匹配与价值转化实现创新网络增值的微观机制。何郁冰（2012）构建"战略－知识－组织"三维协同框架，论证战略导向的基石作用、知识流动的核心价值与组织保障的制度功能间的动态耦合关系。值得关注的是，彼得（Peter，2002）提出的网络化协同创新范式，强调自组织网络成员基于共同愿景形成的知识流动与创新涌现效应，为数字经济时代的协同创新研究提供前瞻视角。

已有学术研究指出，协同创新并非各要素的简单叠加，而是强调创新主体间的协同互动。在这一过程中，各创新主体围绕共同目标，通过相互协作促进知识资源与信息资源的高效匹配，从而实现协同效应，即整体效果大于部分之和。本书立足于协同创新理论框架，致力于构建专精特新企业协同创新网络，深入分析该创新网络的结构特征对专精特新企业协同创新绩效的影响机制。

2.3.2 集成创新理论

集成式创新理论源于技术创新与集成思想的融合。亨德森和克拉克（Henderson & Clark，1990）提出的"元件－架构"双元知识整合模型，首次将技术整合视为产品创新的核心逻辑，强调企业需同时掌握技术元件的内在知识与系统架构的协同逻辑。伊阿辛蒂（Iansiti，1998）在此基础上提出"技术集成"的概念，认为创新是技术要素与市场需求的动态匹配过程，其"结构性重组"理论成为集成创新的早期范式。此后，随着创新理论的兴起，学者对于集成式创新的研究越来越深入，哈达克（Hardaker，1998）提出"文化－技术－管理"三维集成框架，揭示了组织适配在创新实践中的关键作用；王毅和吴贵生（2004）将架构创新理论引入中国情境，提出"技术架构知识"是集成创新的核心要素；近年来，技术创新的重要性日益凸显，众多企业家与学者逐渐认识到，技术创新的重点在于企业自主研发与外部技术资源的有效整合，集成式创新模式因此备受关注。当前，学术界主要聚焦于探讨技术集成创新的影响因素。例如，韦恩等（Wayne et al.，2010）针对可持续创新领域，阐述了集成创新的五项基本原则——多样性、愿景、网络、融合与涌现，并详细描述了集成创新的五个阶段；杰里米等（Jeremy et al.，1998）则通过文献研究与专家访谈，分析了软件企业集成创新的驱动力，指出外部知识、领导力与团队管理为关键要素；赵等（Zhao et al.，2012）基于集成创新理论，提炼出动机、关键点、本质、基础与框架等影响因素；魏江与王铜安（2007）强调，在企业进行技术与产品集成创新时，外部环境对整合内外部技术资源具有重要影响；慕玲与路风（2003）则指出，集成创新成功的关键在于企业能否将内部资源与用户需求紧密结合，以满足消费者的创新需求。

尽管已有学者从系统管理的视角出发，对技术集成创新系统进行了深入分析，探讨了企业技术创新集成要素间的关系及其在创新过程中的作用，进而识别出集成创新的关键影响因素，但整体而言，该领域的研究仍显理论化，缺乏足够的实践指导性，难以有效促进研究成果的落地应用。

2.3.3 分布式创新理论

分布式创新作为全球化与技术革命深度融合的产物，在当前这个全球化和信息化时代越来越受到相关学者重视。早期研究聚焦技术创新的全球化特征，学者们发现跨国企业通过分布式研发网络可显著缩短技术迭代周期（Howells et al.，2003），这一发现推动理论研究从传统线性创新模式向网络化创新范式转型。而随着资源基础观的引入，研究重点转向企业如何通过打造战略联盟获取互补性资源（Mittra，2007），特别是技术平台在资源整合中的枢纽作用逐渐显现（Consoli & Patrucco，2008）。在此基础上，知识管理学派系统阐释了分布式创新的运行机理，提出知识势能差驱动理论（陈劲等，2012），揭示隐性知识显性化与知识产权保护对协同创新的双重影响（徐国军等，2016）。

分布式创新理论的核心概念可界定为：企业通过构建跨地域、跨组织的协作网络，整合异质性资源与知识要素，实现创新效率与价值创造能力的系统性提升（徐国军等，2016）。当前理论研究主要聚焦以下四种维度视角：第一，在组织模式维度。相关研究突破传统二元主体框架，构建涵盖企业、供应商、科研机构的多边协同模型（王发明和朱美娟，2019），且有实证研究表明创新网络中心性与结构洞特征显著影响知识流动效率（Acha & Cusmano，2005）；还有一些学者从管理机制角度出发，指出将知识产权保障体系的引入分布式创新网络能有效维系跨组织协作，显著提升创新网络治理效能（Eschenbächer et al.，2009；Lakhani & Panetta，2007）。第二，在技术创新维度上。学者虽然已普遍认同分布式创新是一种新型的技术创新模式，但在分布式创新影响因素的研究领域上，学者们尚未形成统一认识。此外，这些研究并没有对分布式创新进行系统性的深入探讨，使其难以区别于其他创新模式。第三，在知识管理维度。学者认为分布式创新知识管理的关键在于对组织间复杂知识的编码、创造、传播。一方面，可以显著提高知识的应用率，即某个创新主体可以获取、转移并应用另一创新主体的知识；另一方面，可以促进新知识的探索，即分布式创新主体通过知识的共享与整合来创造新的知识（Bonifacio et al.，2001；Barjis et al.，2011；Swart & Harvey，2011）。第四，在资源维度。传统学派强调地理分布与组织边界双重跨越的必要性（Coombs & Metcalfe，1998；Yakhlef，2005），而新兴观点则认为企业内部分散式资源整合也具有分布式创新属性（刘国新等，2011）。这种认知分歧凸显出理论界对创新边界的界定标准尚未达成共识。

2.3.4 创新生态系统理论

创新生态系统的概念涉及各种理论的核心原则。特别是创新系统理论描述了创新系统的自适应学习能力（朱文涛，2016），对创新生态系统中脆弱性（机会和风险）的理解在很大程度上基于"人－环境"耦合系统理论（Edquist，2014）。创新生态系统在时间框架内的转型及其发展和弹性，以及对社会可持续性的影响，在泛政府理论、创造性破坏、破坏性创新和转型理论中进行了讨论（李万等，2014）。根据定义创新生态系统结构的不同因素之间的相互依赖性，对创新的早期解释可以追溯到熊彼特。他确定了企业家精神和企业家领导力对于知识的分配和使用的关键作用，最终导致创新（Chambers，2004）。此外，根据熊彼特的观点，创新被认为是决定"创造性破坏"的因素的"新组合"，涉及五个核心领域，即产品、生产方法、市场、原材料来源和产业结构（Christensen et al.，2010）。企业家的关键作用在于实施熊彼特的"新要素组合"，将想法和发明商业化，创造新的投资和就业机会，最终增强经济竞争力和变革（Lehmann et al.，2022）。然而，创新创业者对知识形成和传播的贡献取决于他们的经济和技术能力及其知识，以及他们对环境和机会的感知（Hwang & Mabogunje，2013）。此外，另一个重要的决定因素是创新动机，特别是设计或遵循创新环境的动机（曾国屏等，2013）。熊彼特还确定了创新系统中非经济因素的重要影响，如个人动机和文化历史因素。

理解创新网络的创新生态系统方法的含义基于数字化及其风险和机遇可能被视为一系列社会挑战之一。后者本质上是复杂的，不能孤立地看待，而是具有从全球范围到公司层面和每个人的影响。因此，要理解和成功管理创新网络，需要一种全面的创新系统方法，更好地了解环境对不同利益相关者和系统维度的各种影响（见图2-1）。通过将知识定义为创新系统中的一个关键要素，研究人员区分了两种不同机构发挥作用的方法。狭义方法主要考虑制度对知识获取、分配和使用的影响，而广义方法包括政治、文化和经济因素及政策对制度的影响、相互作用以及进一步的创新绩效。

基于上述分析，创新生态系统可以被定义为一个在政治、文化和其他因素的影响下，将广泛的要素及其在不同层面（从内部管理流程到机构网络）上的相互作用耦合在一起的系统，形成知识创造和传播以及进一步创新表现的条件。然而，创新系统的强大驱动力是可能导致"创造性破坏"的创新活动和计划。

图 2-1　创新生态系统

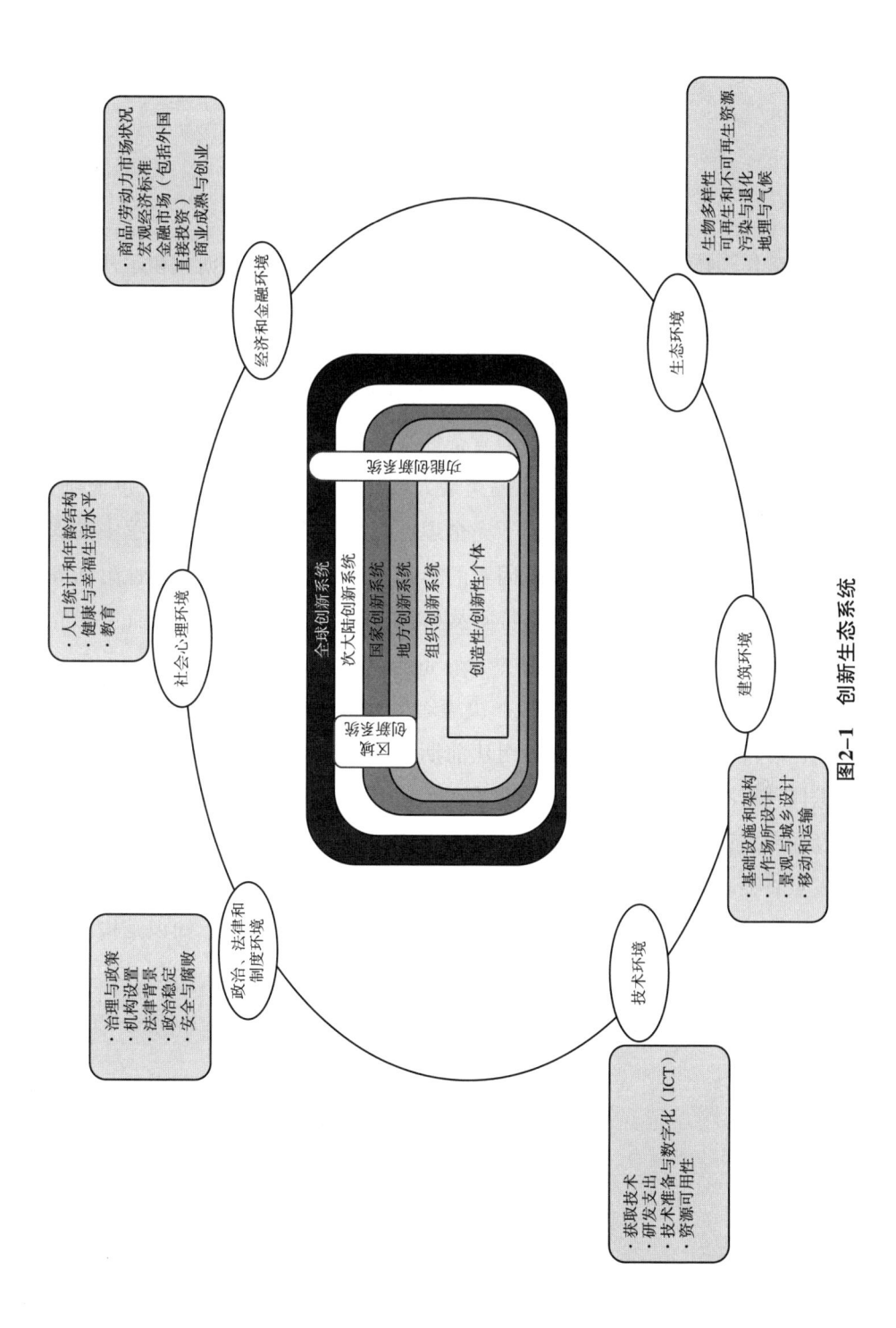

2.4　行为决策理论

决策作为技术创新网络全生命周期中的核心环节,对其创新和运营管理具有至关重要的作用。行为决策理论(behavioral decision theory)源于组织行为学理论,深入探讨了决策过程(Herbert,1960)。该理论的核心假设为有限理性(bounded rationality),指出决策者在面对决策时受限于风险的未知性、信息的不确定性、决策事件的复杂性及利益考量等多重因素,难以达到完全理性状态,因而其决策往往偏离最大收益原则,转而遵循满意度原则。行为决策理论强调,人的理性介于完全理性与非理性之间,决策过程中受到认知局限、主观心理因素及环境因素的影响,导致决策偏好和非理性附和等现象。决策者的知识结构、人格特质及利益出发点均会影响其对信息的感知、选择与解释,进而影响最终决策(Gartenberg & Pierce,2017)。

在技术创新网络的不同阶段,决策者需面对多样化的决策挑战。例如,在初创阶段,决策者需决定是否组建前期联盟以拓宽潜在合作伙伴范围,并依据何种标准筛选合作伙伴。具体而言,在选择能胜任创新任务的伙伴时,以及在专家评估指标权重和选择关键合作伙伴时,决策者的知识结构和利益出发点将显著影响决策结果,甚至可能导致偏离技术创新网络初衷的选择。因此,在技术创新网络的全生命周期中,决策者的认知导向、知识结构及利益考量对决策过程及结果具有深远影响。

第 3 章
创新网络与专精特新的研究回顾

基于对前文研究问题的考虑，本章的研究目的在于围绕国内外创新网络与专精特新的研究文献进行分析和整理，包括创新网络的界定、演化发展、产出评价等，以为后文研究提供研究基础和铺垫，同时通过总结现有研究，发现本研究的切入点。本章使用 CiteSpace 6.2.6 作为可视化分析软件，该软件具备多种可视化功能，如关键词共现分析、机构分布分析、作者合作分析和文献耦合分析等。这些功能可以帮助通过图形化的方式展现并分析学科前沿的演进趋势以及知识之间的关联状态，如关键词创新网络、专精特新、创新网络与驱动机制等，并且利用 Excel、Note Express、Matlab 工具进行辅助分析。

3.1 创新网络综述

国外有关创新网络的研究，最早由学者弗里曼（Freeman，1991）提出，他将创新网络定义为一种应对复杂、系统性创新行为的制度安排，其核心连接机制源于企业间的创新合作关系。网络的基本连接机制是企业间的创新合作关系。在此基础上，学术界深入探讨了创新网络的结构、功能、演化及绩效等多个维度。

(1) 创新网络的结构与功能。创新主体作为理性决策者，在合作进程中持续调整策略以满足自身需求。中小企业通过与利益相关者合作积累社会资本，以增强竞争优势，社会资本因此被视为驱动创新网络构建的内在动力（Cristina，2015）。希米亚苏（Himyasu，2014）将创新依赖性融入网络架构，构建了科研合作的网络架构，认为组织邻近性对创新网络的生成具有重要的作用，邻近性越高，网络结构紧密性越强（Cowan，2013）。克拉克（Kratke，2010）通过对德国专利合作网络的实证分析，揭示了网络密度、凝聚性、中心势、区域内及区域外联系等指标对创新网络结构的综合影响。汤姆（Tom，2015）则从研发费用的视角出发，发现研发基金持有量与企业在网络中的重要性呈正相关。此外，弗兰克（Frank，2015）的研究指出，网络中的知识共享与扩散促进了技术多样性的提升，进而塑造了创新网络的结构。

(2) 创新网络的演化。该领域的研究聚焦于创新网络拓扑结构的动态变化及其驱动因素。沃尔（Woo，2011）利用社会网络分析法研究了高技术创新网络动态演化情况，发现不同连接机制对演化路径产生差异化影响，且技术成熟度随时间推移而提升（Taecho，2012）。弗莱明（Fleming，2007）指出核心主体的加入促使网络结构由松散转向集中，因此，创新网络的结构最终趋向于形成平均路径短、凝聚力强的小世界网络（Ebadi，2015）。关于影响因素，巴兰（Balland，2011）认为，地理邻近性、组织邻近性以及制度邻近性对创新网络生成和演化有积极影响，而认知邻近性则会产生负面影响。此外，还有学者引用复杂网络中的博弈理论，从不同拓扑结构的网络环境入手（Lee，2011），运用"囚徒困境""雪堆模型"等经典博弈模型（Apicella，2012），结合仿真技术深入分析了创新网络的演化机制（Alvarez，2015）。

(3) 创新网络的绩效。现有研究广泛认同企业间合作联系的数量与创新产出之间存在正相关关系（Kastelle，2010），而处于中心位置的企业因掌握更多信息和控制资源而享有非正式权力优势（Corsara，2012）。埃希氏（Eisingericha，2010）通过跨国创新集群研究发现，网络强度对创新绩效具有促进作用，但这种作用随环境不确定性增加而减弱；同时，开放的网络环境有助于提升创新绩效。格拉夫（Graf，2011）揭示了组织在网络中的守门人位置与其创新产出之间的正 U 形关系；金侯（Jinho，2013）则发现无标度网络结构能够增强成员学习效率，进而提升整体绩效；网络资源的获取对创新产出有直接正影响（Ginta，2015）。阿比奥登（Abiodun，2015）针对发展中国家指出尽管资源稀缺限制了中小企业的创新绩效，但网络规模的扩大显著提升了其创新能力和协同发展的速度。此外，埃希氏（Eisingericha）和格拉夫（Graf）的研究还揭示了网络强度与协同创新发展的复杂关系，以及网络规模对协同创新绩效的积极影响。

对于国外创新网络的研究，通过梳理相关文献发现，国外学者对于创新网络的研究主要集中在三个方面。第一，创新网络自身的结构与要素对创新网络的影响。迈克尔和马蒂娜（Michael & Martina，2010）认为创新网络的结构会对知识转移产生影响，两者之间的关系对于知识和信息的交流有促进作用。第二，创新网络的演化。有学者认为网络结构内生效应能够促进创新网络的演化，因此格拉夫（Grif et al.，2008）等以 1980～2015 年全球光伏产业为研究对象，分析光伏产业知识网络的演化机制，并得出网络规模和网络中心势能够加快网络内部相关要素的流动。也有学者认为企业的声誉会对企业技术创新网络有关，通过实证分析，得出企业声誉对技术创新网络的演化有中介效应（Lan et al.，2022）。此外也有学者认为多维邻近性对创新网络的演化有重要作用，波希马（Boschma，2010）从经济地理学的角度分析多维邻近性对创新网络的形成以及演化机理的作用机制。第三，创新网络的绩效。学者从网络嵌入这一特征出发对不同创新主体的创新网络的某一要素的绩效进行分析。

基于 CiteSpace 对我国 2010～2023 年创新网络领域进行文献计量分析，根据图 3-1 高频次关键词节点的分布，可以将 2010 年以来国内创新网络研究分为三个阶段。第一阶段（2010～2013 年），创新网络研究的横向扩散期；第二阶段（2014～2016 年），创新网络研究的纵向探索期；第三阶段（2017 年至今），出现了"众创""协同创新""合作创新"等聚类节点。对于国内创新网络的研究，本书采用的数据集来源于中国知网（中国期刊全文数据库），通过文献计量的方法进行主题检索，检索条件设置为"创新网络"，数据库选定为期刊库，来源类别为中国知网（CNKI）检索平台内的 CSSCI 索引数据库。经过精确检索，共检索到2212篇文章（检索日期截至2023年12月28日），使用Note Express进行数据清洗，剔除与本书研究主题相关度低或无关数据96条，数据处理过程中有4条年代缺失的数据，通过再次在数据库中查询，补全题录数据，手工筛选整理最终得到有效数据集885条作为本书的研究对象，以Refworks文件格式导出构成本研究的文献样本。其年度分布如图3-1所示。

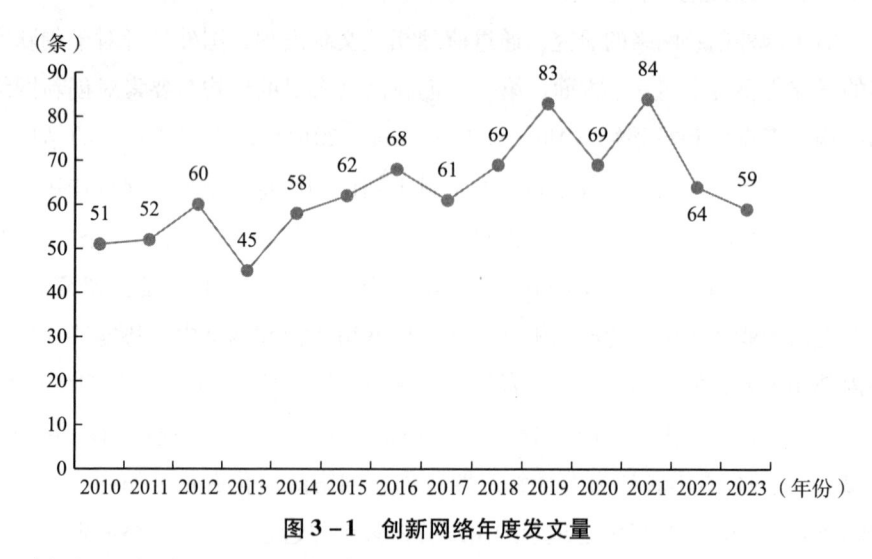

图3-1 创新网络年度发文量

资料来源：中国知网（CNKI）数据库。

由图3-2可见，国内对于创新网络的相关研究文献总体呈现上升趋势，尤其在2018年和2021年较多，近两年对创新网络的研究文献数量有所下降，但是总体保持在相对稳定的区间。在完成数据清洗后，将数据导入CiteSpace可视化计量分析软件中，进行知识图谱的生成与分析。

3.1.1 创新网络关键词共现

提取CNKI中2010~2023年创新网络相关研究文献的关键词，得到关键词共线网络图（见图3-2）。其中，高频的关键词节点共有10个。关键词的出现频次大小通过节点大小来体现。2010~2023年，基于"创新网络"的主题，产生了协同创新、技术创新等热点话题；研究视角主要集中在中国、产业集群等空间尺度视角。基于CiteSpace，根据图3-2的关键词节点的分布，可以将2010年以来国内创新网络研究分为四个阶段。同时，基于CiteSpace对国内近十年创新网络的驱动机制进行文献计量分析，根据图3-2高频次关键词节点的分布，可以将2010年以来国内创新网络驱动机制研究分为四个阶段。第一阶段（2010~2013年）：创新网络驱动机制研究主要是对全球创新网络、区域创新网络和产业集群驱动机制方面的研究。这一时期创新网络驱动机制的研究视域较为宽广。第二阶段（2014~2016年）：创新网络驱动机制研究聚焦于产学研合作、协同创新网络和企业创新网络等方面。说明创新网络驱动机制研究从第一阶段逐步转移至更加具象的创新主体层面，创新网络驱动机制研究更加细化。第三阶段（2017~2019年）：这个时期内的时区图谱中出现了"先进制造业""装备制造业""中小制造企业"等聚类节点，主要特征是开始精准关注创新网络主题内部的复杂驱动机制。第四阶段（2020~2023年）：时区图谱中出现了"城市创新"、"多维邻近"等聚类节点，这是未来创新网络驱动机制研究方面的重点。

国内学者针对创新网络驱动机制的研究主要采用以下方法进行探讨：

（1）多以QAP回归模型和空间计量模型来剖析创新网络的驱动机制。方大春和马为彪（2018）采用QAP回归分析，得出地理位置、产业结构、科技投入、对外开放、经济发展水平等的区域差异均显著影响区域创新的空间关联和溢出效应。叶堂林和李国梁（2019）采用空间滞后模型（SLM）和空间误差模型（SEM）对创新扩散的关键性影响因素进行回归分析，得出津冀的技术推广企业在创新腹地中的部分节点城市高度集聚，区域性创新枢纽建设基础较好。孙大明和原毅军（2019）采用空间杜宾模型（SDM）实证检验协同创新对产业升级的空间外溢效应，得出协同创新的空间外溢效应存在一定区域边界内，具有明显的地理距离衰减特性。

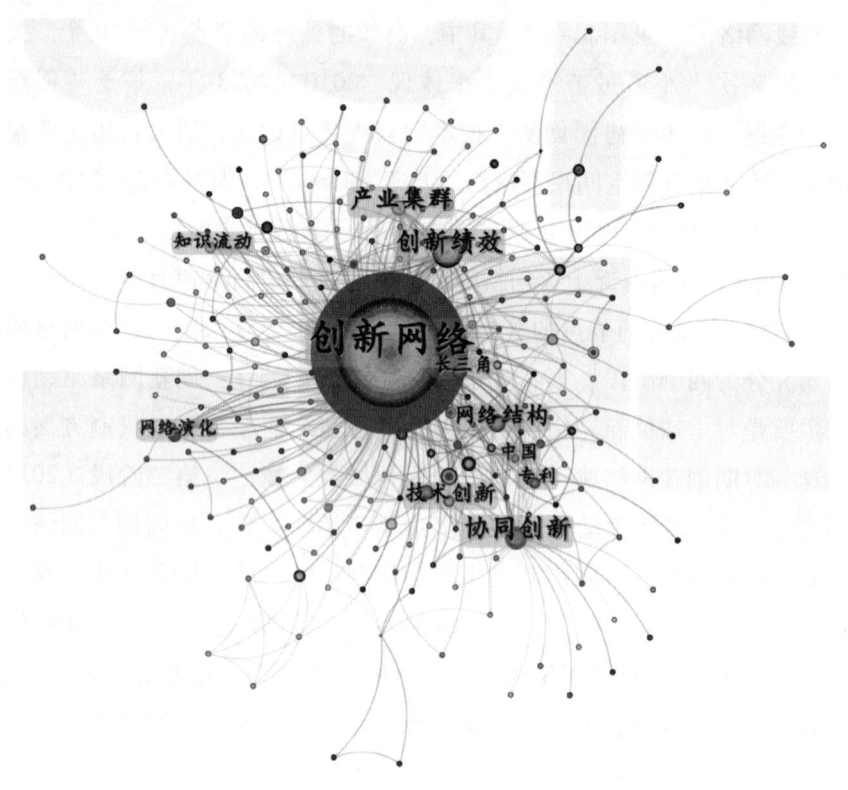

图 3-2　创新网络关键词共线图（2010~2023 年）

资料来源：中国知网（CNKI）数据库。

（2）多维邻近视角是新的研究热点。多维邻近打破地理邻近的局限，考虑了认知邻近、技术邻近、社会邻近等多维角度，将其与创新网络驱动机制联系起来是未来的研究方向。余谦和朱锐芳（2020）定义了多维邻近创新网络，并将邻近性因素纳入扩散函数，建立了不同邻近性网络中知识扩散的过程模型，得到地理邻近因素在产业发展初期对网络中知识扩散发挥主要作用；技术邻近性是网络中知识增长的核心因素；网络中知识扩散受社会邻近性影响最小，但持续时间最长。谢伟伟等（2017）基于长江中游城市群28个城市高水平合著论文构建知识创新合作网络，分析网络特征并探讨网络邻近性作用机制，结果表明地理、社会、技术和人力资本邻近性都对知识创新合作网络有显著影响。阮平南等（2017）基于IBM专利合作网络数据，运用Feature Selection方法，从地理邻近、社会邻近、技术邻近、组织邻近和制度邻近五个维度分析技术创新网络多维邻近性演化特征。

此外，通过分析图3-3的节点大小，可以发现除主题词"创新网络"外，出现频率最高的是"创新绩效"，其次是"协同创新""网络结构""产业集群"等，表明近几年对创新网络的研究主要集中在创新绩效上。不少学者通过分析不同区域、城市的创新网络从而得出创新绩效以及网络演化机理。例如，蒲珊琳（2017）通过分析江苏省人工智能产业2010~2021年产学研合作专利数据，探究中心度与结构洞两类指标对产学研合作创新绩效的影响；程丹亚和曾刚（2023）通过分析长三角区域的联合发明专利授权数据，探究创新网络的结构演化特征以及网络空间联动机制。

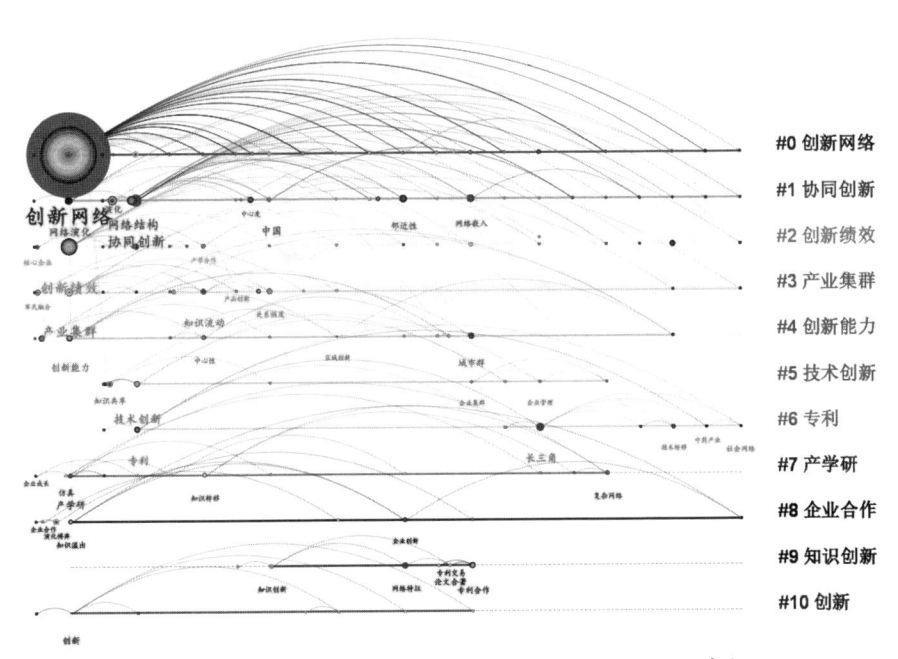

图3-3 国内创新网络关键词节点分布（2010~2023年）

资料来源：中国知网（CNKI）数据库。

3.1.2 创新网络关键词的突现

关键词突现现象指的是在特定时间段内，学术文献中频繁出现的关键词，这些关键词往往是该领域研究热点和前沿动态的直接反映。为了凸显这些关键词在研究领域中的核心地位与受关注程度，学者们常采用在关键词突现起始点与结束点之间绘制红色标记线的方法。若某关键词的突现时长较长，不仅表明该关键词在该领域的热度持续较久，还暗示其在学术研究中的前沿性和重要性更为显著。通过监测关键词的突现情况，可以洞察学术研究的最新趋势与热点变迁。图3-4和图3-5为分阶段的国内创新网络关键词突现图谱，可以清楚地看到关键词随时间的变化和关键词的突现情况能够反映词频在短期有较大变化的关键词。

关键词	年份	强度	起始	结束	2010~2017年
技术创新	2010	2.5	2010	2011	
结构	2010	1.63	2010	2012	
网络演化	2011	2.49	2011	2013	
演化博弈	2011	1.42	2011	2013	
核心企业	2011	2.01	2012	2013	
知识溢出	2012	1.9	2012	2013	
产学研	2011	2.06	2014	2015	
创新绩效	2011	3	2015	2017	
知识流动	2015	2.35	2015	2017	

图3-4 创新网络关键词突现图（2010~2017年）

资料来源：中国知网（CNKI）数据库。

关键词	年份	强度	起始	结束	2018~2023年
合作创新	2018	1.85	2018	2019	
产学研	2018	1.59	2018	2019	
演化博弈	2018	1.54	2018	2019	
仿真	2018	1.5	2018	2020	
网络惯例	2018	1.44	2018	2019	
产品创新	2019	1.42	2019	2020	
创新协同	2020	1.36	2020	2021	
创新空间	2020	1.36	2020	2021	
复杂网络	2019	1.27	2020	2021	
知识图谱	2020	1.18	2020	2023	
知识创造	2021	1.57	2021	2023	

图 3-5　创新网络关键词突现图（2018~2023 年）

资料来源：中国知网（CNKI）数据库。

从关键词的突现情况来看：第一阶段中，2010~2012 年的研究重点在于创新网络的结构方面的分析，其中 2010~2011 年的重点在于技术创新的分析；2011~2013 年的重点在于创新网络演化的分析，主要通过创新网络自身的某一要素来探究创新网络，针对的创新主体主要是核心企业；2015~2017 年创新网络的研究重点在于自身内部的某一要素如知识流动等对创新网络的作用。第二阶段中，2018~2019 年的重点在于分析不同产业的产学研领域的合作创新网络的结构以及演化的机理，同时通过演化博弈建立模型探究不同的创新主体对不同类型的创新网络进行分析；2020~2021 年的创新网络的研究重点逐渐趋于分析不同类型的创新网络如产品创新网络以及创新空间网络，并从不同空间尺度如不同的创新主体来分析创新网络；2020 年后，学者主要运用知识图谱对创新网络进行相应的分析，主要分析创新网络对知识创造的作用机制，这表明学者对于创新网络的研究逐渐细化，并且近几年学者从关注静态的某一个主体自身的要素趋向于关注创新网络不同主体之间的复杂交互关系。

3.1.3 创新网络关键词聚类

为深入了解 2010~2023 年创新网络的研究核心领域，本书将关键词分阶段进行聚类分析（见图 3-6 和图 3-7）。

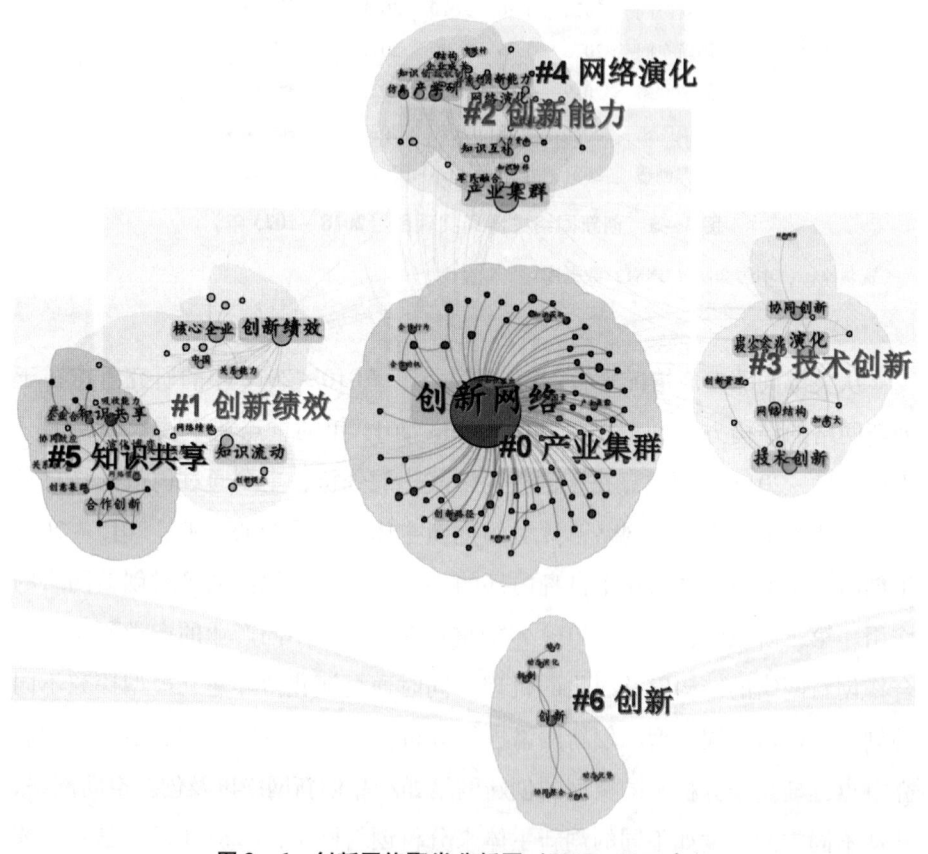

图 3-6　创新网络聚类分析图（2010~2017 年）

资料来源：中国知网（CNKI）数据库。

图 3-7　创新网络聚类分析图（2018~2023 年）

资料来源：中国知网（CNKI）数据库。

（1）第一阶段共形成了 6 个聚类，其中模块值（Q）为 0.508（大于 0.3），表明聚类团结构显著；平均轮廓值（S）为 0.9607（大于 0.7），表明聚类具有高信度（王秋玉等，2016）。通过图 3-6 可知 2010~2017 年国内创新网络研究领域集中在技术创新、创新能力、网络演化等方面。

（2）第二阶段共形成了 8 个聚类，其中模块值（Q）为 0.4349（大于 0.3）。通过图 3-7 可以发现创新网络研究领域集中在创新绩效、协同创新、技术创新、影响因素、城市群、知识共享、网络演化以及区域创新上。

如：辛本禄和耿晶晶（2024）通过层次回归分析法对企业样本进行分析，探究服务创新网络中社会资本对创新绩效的影响；戴靓等（2023）通过网络视角分析长三角地区协同创新的时空格局与演化机制；江凯乐和梁双波

（2023）通过分析长江经济带城市间专利转移与合作数据，探究专利流向的发展规律、多维邻近性对技术转移与合作的影响；冯粲等（2023）从多维邻近性视角分析城市创新主体间共同申请专利和专利权转移数据，探究创新网络结构形成的影响因素；齐洁等（2023）选取2002~2020年长三角各个城市与全国城市之间的专利服务关系网络探究专利服务网络的演化；孔晓丹和张丹（2020）通过建立知识扩散模型，探究异质因素对知识扩散均衡和扩散效果的影响；陈钰芬和王科平（2023）通过分析全球人工智能领域的专利合作数据，探究邻近性对人工智能合作创新网络演化的影响；苏屹和曹铮（2023）以京津冀区域联合申请专利数据为样本分析其协同创新网络的演化机制和影响因素。

3.1.4 创新网络研究热点与演进历程

以 Web of Science、中国知网（CNKI）和中国社会科学引文索引（CSSCI）数据库作为文献来源，运用 CiteSpace 对国内外创新网络研究文献进行计量分析，基于经济地理学视角，可将2010年以来国内外创新网络主要研究内容分为三阶段。第一阶段（2010~2013年）：创新网络研究的横向扩散期，主要特征是对不同类型的创新网络进行结构、功能和绩效等方面的研究。这一阶段"区域创新网络""企业创新网络""集群创新网络""网络绩效""网络结构"等具有高度中介中心性的聚类标签集中分布于时区图，说明不同类型创新网络结构的研究备受关注。第二阶段（2014~2016年）：创新网络研究的纵向探索期，主要特征是从创新网络中的某一关键要素出发，对创新网络拓扑结构演化及其影响因素等方面进行研究。时区图谱中以"企业""知识"等聚类节点为典型，说明创新网络研究开始转移聚焦于网络内部的复杂要素，创新网络研究逐渐深化。第三阶段（2017年至今）：时区图谱中出现"众创""协同创新""合作创新"等聚类节点，主要特征是进一步关注创新网络多元空间和多元主体间的复杂交互关系。相关代表性文献列表如表3-1所示。

表 3-1　　　　　　　　　　创新网络相关文献梳理

研究视角	研究主要内容	代表性文献来源
创新网络的概念和特征	①概念 ②特征	顾伟男、刘慧和王亮（2019）；周志太（2019）；Wu，Wu 和 Zhou 等（2020）；鲁若愚、周阳和丁奕文等（2021）
创新网络结构和演化	①研究方法 ②网络构建 ③研究区域	Moreno（2005）；Paci（2005）；Apicella（2012）；Cowan（2013）；Cristina（2015）；Stare 和 Križaj（2018）；马双等（2018）；邵汉华等（2019）；高爽等（2019）；胡悦等（2020）；Ducharme 等（2021）；Rowan 和 White（2022）；张战仁等（2022）；程露和李莉（2023）；杜亚楠等（2023）Apicella（2012）；Cowan（2013）；Cristina（2015）；蒲珊琳（2023）；索琪、王梓豪和王文哲（2022）；齐洁、王俊松和李桂华（2023）；王琳琳、王光辉和陈刚（2023）
创新网络驱动机理	①计量模型 ②聚类节点 ③多维邻近	Balland（2017）；方大春等（2018）；Matsushita 等（2019）；叶堂林等（2019）；孙大明等（2019）；饶悦等（2021）；李琳等（2021）；Fan 和 Xiao（2021）；Yang 等（2022）；孙茜和黄丽（2022）；徐维祥等（2022）；马菁（2022）；刘彦平等（2023）；曹霞和张鑫（2023）；Balland（2017）；Matsushita 等（2019）；Fan 和 Xiao（2021）；Yang 等（2022）；田锐和郭彬（2023）；杜亚楠、王庆喜和王忠燕（2023）；Eisirengericha（2015）；Pan 等（2018）；Min 等（2020）；莫琦和魏冉（2023）
创新网络产出评价	①绩效影响机制 ②创新效率评价	Goncalves（2009）；Eisirengericha（2015）；Aroles 和 McLean（2016）；Pan 等（2018）；Zarei 等（2019）；Min 等（2020）；徐建中和赵亚楠（2021）；张娜等（2021）；刘岩等（2022）；梁杰（2022）；仇怡等（2022）；韩斌等（2022）；彭硕毅（2022）；罗茜等（2022）；Sun 等（2022）；孙笑明等（2023）；王海花等（2023）；苏屹和曹铮（2023）；Eisirengericha（2015）；Pan 等（2018）；Min 等（2020）；莫琦和魏冉（2023）

资料来源：笔者整理而得。

3.1.4.1　创新网络的概念和特征

对创新网络的研究近年来持续增长，众多学者从不同角度对创新网络概念进行界定，创新网络的内涵也在不断丰富。国内较早提出创新网络的是学者盖文启，他认为创新网络是一种稳定的系统，该系统建立在异质性行为主体的长期合作交流的基础上（盖文启，1999）。顾伟男等（2019）认为创新网络是一个动态开放、自我反馈和适应的系统，各个创新主体会择优甄选合作伙伴,并不断演化。周志太(2019)认为协同创新网络是创新网络中最有效和灵活的部分,能够实现不同主体之间的协同。鲁若愚等(2021)认为企业创新网络是指集中在一定区域的企业与创新主体之间在交互式的作用下建立的关系总和。程露和李莉(2023)认为创新网络是符号网络,企业间存在着代表竞争的负联系,其加深了创新个体间的联系,突出显现了网络局部小世界结构。李长升等(2023)认为在主体协同创新网络中,创新能力、合作广度以及创新经验会对网络演化产生影响。国外"创新网络"的概念是1991年由弗里曼(Freeman,1991)提出的,他认为创新网络是一种基本制度安排,目的是应对系统性创新,其联结机制是企业间的互助创新和互利合作关系。随着创新网络概念的提出,国外学者不断在原有的概念基础上提出基于不同研究视角以及不同领域的概念;例如:李二玲等(Li et al., 2018)从中国农业政产学研出发,研究合作创新网络;马尔迪法西(Maldifassi,2018)通过研究智利瓦尔帕莱索地区的技术创新网络,确定创新网络的特征。

综上所述,对于创新网络的定义主要是根据不同的视角来界定的,同时创新网络也可以通过不同的视角以及研究方法而分成不同的类型。随着创新网络的不断发展,创新网络的定义也更加趋于多样和完整。本书认为创新网络是由多个企业及相关组织组成的,通过空间尺度、网络节点、网络功能等视角对专精特新中小企业的联合申请专利数据进行分析,从而得出专精特新中小企业创新网络的演化机理。创新网络的特征主要集中在两个方面:第一,从不同空间尺度、不同视角分析创新网络的特征。张凯煌等从经济地理学出发,分析中国新能源汽车创新活动和创新网络的多尺度空间特征并分类,研究发现,我国真实绿色创新效率以2012年为折点先降后升,呈"东—中—西"梯次分布,其中中部潜力最大;空间差异上,总体区域差距较大,但差距正在缩小,西部组内差距最大,"东部—西部"区域间差距最显著;空间收敛上,存在显著绝对β收敛和条件β收敛,条件收敛速度呈"中—东—西"排序,相同因素对不同区域收敛速度的调节效应不同(张凯煌等,2021)。第二,运用各种模型以及社会网络分析方法分析其特征。羊晚成等

(2023)通过修正后的引力模型构建创新网络,并使用社会网络分析法探究,认为区域之间存在创新关联,并且随着各区域产业集群的创新网络密度不断升高,区域之间的创新关联的强度也在不断增强,关联方向以地域指向性为主,凝聚子群呈现"北高南低"的空间格局。张峰和陈嘉伟(2023)通过建立 SBM 模型对京沪高铁沿线城市装备制造业的绿色创新效率进行测算,研究得到网络关系数量与网络密度呈现波动性增长,且具有显著的网络小世界性,并且对外开放水平差异、经济开放水平差异、政府创新支持力度差异、地理邻近性差异对空间关联网络的形成具有显著的影响。

3.1.4.2 创新网络结构和演化

首先,基于合作专利和论文等构建和分析创新网络。学者以国内外期刊数据库合作论文数据为基础(高爽等,2019),以江浙沪 A 股上市公司与其他创新主体联合申请的专利数测度组织协同创新情况(李明星等,2020);以高新技术企业间等合作申请专利数据为样本(Woo,2011;Aroles & McLean,2016;苏屹等,2021;戴靓等,2022;王海花等,2023),以母子公司或跨国企业共享专利(张战仁等,2022),得出知识联系网络演化呈现的结构特征。其次,以社会网络分析和引力模型等方法研究网络结构及其演化特征。主要应用社会网络分析法测度网络关系数与密度(Cowan,2013;Ducharme et al.,2021;Rowan & White,2022;舒季君等,2022;索琪等,2023),分别运用整体网络特征、中心性分析和块模型,多尺度网络视角(徐维祥等,2022;杜亚楠等,2023),考察创新网络结构,探讨创新网络结构演化的拓扑特征(Cristina,2015;高爽等,2019;胡悦等,2020)。或应用引力模型(马双等,2018;邵汉华等,2019;Kutter et al.,2020)构建创新能力的空间关联矩阵,以分析其演化特征。最后,主要以北美及欧洲地区、长江经济带、长三角、京津冀城市群、粤港澳大湾区为重点研究区域。国外学者主要分析北美及欧洲地区合作创新活动的时空差异(Moreno,2005;Paci.2005;Matsushita et al.,2019),利用经典博弈模型(Apicella,2012;Stare & Križaj,2018),结合仿真分析探究创新网络的演化特征和趋势(Alvarez，2015；程露和李莉，2023）。国内学者刻画长江经济带城市间创新联系网络的网络密度、中心性和网络拓扑结构（马双等，2018；王越等，2018）；采用京津冀地区跨区域合作专利数据，构建知识流动有向网络，研究京津冀产学合作从外延广度扩张往内延深度合作演变（陈暮紫等，2019）；实证考察粤港澳大湾区创新网络对城市经济韧性的影响机制（王鹏和钟敏，2021）。

（1）国内外学者大多以合作专利和合作论文研究分析创新网络的结构和演化，例如，蒲珊琳（2023）通过分析江苏省人工智能产业2010~2021年产学研合作专利数据，探究中心度与结构洞两类指标对产学研合作创新绩效的影响，研究发现产学研合作创新网络的中介中心度、结构洞对创新绩效起正向促进作用，接近中心度则负向影响合作创新绩效。英扬（Inyoung，2023）通过分析1980~2015年联合专利的企业网络数据探讨协同创新网络的演化机制。

（2）在分析方法上，学者大多使用社会网络分析方法研究创新网络的结构和演化机制，例如，索琪等（2022）利用社会网络分析方法构建协同创新网络，分析电子信息1985~2017年专利数据探究协同创新网络的创新模式，研究表明空间格局非均衡发展特征显著，跨区域合作呈现出以核心区域为主的放射型网络形态。檀菲菲（2023）运用社会网络分析法对长江经济带城市的绿色创新能力进行评估，发现城市创新网络各板块中城市开放程度、环境规制等差异因素对城市绿色创新空间关联网络呈显著正向影响，而产业结构、地理距离等差异因素则呈显著负向影响。侯兰功等（Hou et al.，2023）等通过社会网络分析方法并结合其他方法探究区域科研合作网络的特征。

（3）在空间尺度上，国内学者大多选择长三角、京津冀城市群、粤港澳大湾区、产业集群为研究对象探究其结构和演化机理。例如，齐洁等（2023）选取2002~2020年长三角各个城市与全国城市之间的专利服务关系网络探究专利服务网络的演化，表明"长三角－全国"的专利服务网络呈现"一轴两翼"式的空间格局，服务主体则逐渐从"单中心集散"向"多中心集散"转变，服务联系既存在路径依赖，同时也出现了新的路径。近几年国内学者也逐渐研究产学研创新网络的结构和演化，例如，王琳琳等（2023）通过三螺旋理论对296个地级市的数据分析，将产学研专利合作归纳为

"产-研""学-研""产-学""产-学-研"等四种类型，运用社会网络分析法对产学研创新合作网络进行定量分析。国外学者主要以北美以及欧洲地区作为研究对象。巴纳比（Barnabe，2023）以艾伯塔省为研究对象找出存在的问题，并总结经验与教训。

3.1.4.3 创新网络演化的驱动机理研究

首先，主要以QAP回归模型和空间计量模型剖析驱动机理。采用QAP回归分析，得出地理位置、产业结构、科技投入等的区域差异均显著影响区域创新的空间关联和溢出效应（Balland，2017；方大春等，2018；饶悦等，2021；苏屹等，2021；李琳等，2021；孙茜和黄丽，2022）。采用空间滞后模型和空间误差模型（叶堂林等，2019）、空间杜宾模型（孙大明等，2019；刘彦平等，2023）、社会网络分析和负二项回归模型（Fan & Xiao，2021；古惠冬等，2021；Yang et al.，2022）、ERGM模型（徐维祥等，2022）对创新网络格局演化及驱动机理等进行深入研究。其次，以先进制造业、新兴技术行业、新能源汽车行业等为聚类节点。研究产业主要涉及装备制造（叶琴等，2017；Matsushita et al.，2019）、生物医药（马菁，2022）、新能源汽车（曹霞和张鑫，2023）、集成电路（Min et al.，2020；于永达和闫盛枫，2022）、物流（孙春晓等，2021）、绿色技术（尚勇敏，2021）等重点和新兴产业，分析创新网络演化的驱动机理。最后，多维邻近视角成为研究热点。从地理、社会、认知、制度等邻近性视角分析其演化驱动机理，探讨其替代效应、互补效应和交互效应等（Frank，2015；Rezaei et al.，2017；Mandl et al.，2020；戴靓等，2022；曹湛等，2022；赵康杰等，2022；苏屹和曹铮，2023）。

（1）学者大多是通过QAP分析法研究创新网络的演化以及驱动机理，并结合社会网络分析法、负二型模型等分析相应地数据，例如，田锐和郭彬（2023）首先运用社会网络分析方法，发现山西省协同创新网络初步形成了"核心-边缘"的区域创新合作网络体系，建立起了省域内区域合作和省外跨区域合作的多维空间结构，并通过QAP回归分析方法，研究山西省城市间的地理邻近性、科技资源投入、第二产业增加值占地区总 GDP 的比重这三个因素对山西省协同创新网络的演化影响。杜亚楠、王庆喜和王忠燕（2023）使用负二项模型对中国三大城市群创新网络演化进行分析，深入剖析，对比差异成因。

（2）对于驱动机理的研究主要以先进制造业、新能源汽车等为主要研究对象。刘国巍等（2023）运用社会网络分析和纵向案例方法探究新兴产业创新网络的演化。曹霞和张鑫（2023）以新能源汽车为研究对象，分析其合作专利数据，分析多维邻近性对于产学研创新合作的作用机制，认为邻近性中的地理邻近以及认知邻近对产学研合作的影响比较小，而社会邻近、组织邻近、制度邻近对产学研创新网络具有持续的正向促进作用。李德贵和张晶晶（2023）通过非平衡面板数据的固定效应模型，分析 15 个国家的数据，认为资金供给、需求刺激和技术环境工具对国际创新网络中国家的合作广度和合作深度存在积极的影响。

（3）大多数学者是以多维邻近视角分析创新网络的驱动机理，例如，杜亚楠等（2023）通过社会网络分析和负二项模型分析三大城市群的创新网络演化的特征，认为网络效应和城市双边属性是三大城市群创新合作的重要保障，而多维邻近性则表现出典型的城市群异质性。冯粲等（2023）分析三大城市的协同创新网络的空间结构，认为多维邻近中的地理邻近、制度邻近、认知邻近对城市间协同创新能力具有非常显著的正向影响。

3.1.4.4 创新网络绩效或效率评价

首先，基于负二项回归模型等分析创新网络绩效的影响机制。基于面板数据，采用负二项回归模型探究依存型多层网络、企业在创新网络社群内结构动态和社群间结构动态对其创新绩效的影响（张娜等，2021；孙笑明等，2023；王海花等，2023）；多伙伴平均关系强度和关系强度离散程度对创新绩效影响（梁杰，2022）；在创新网络中基础研究广度和深度对技术创新绩效的影响（Pan et al.，2018；Kastelle，2018；刘岩等，2022）；创新网络环境越开放，创新绩效越高（Eisirengericha，2015；Aroles & McLean，2016；Zarei et al.，2019；苏屹和曹铮，2023）。其次，基于 DEA 方法评价创新网络效率。运用三阶段 DEA 模型（Min et al.，2020；仇怡等，2022；韩斌等，2022）、三阶段超效率 SBM-DEA 模型（彭硕毅，2022）、动态 SBM-DEA 模型（罗茜等，2022），测算创新效率，并分析其动态演化及时空跃迁路径（Goncalves，2009；徐建中和赵亚楠，2021；Sun et al.，2022）。

（1）学者主要以负二项回归模型并结合社会网络分析法探究创新绩效。莫琦和魏冉（2023）通过负二项回归以及社会网络分析法并运用中心度和网络关系强度这两个数据分析 2017~2021 年制造业 A 股上市公司的专利申请数据，探究度数中心度与网络关系强度对企业技术创新的影响。齐洁等（2023）分析长三角各城市的专利代理服务数据，运用负二项回归模型研究专利服务网络的时空演化特征以及影响因素。孙笑明等（2023）通过面板数据，运用负二项回归模型分析多维邻近性对关键研发者与企业探索式和利用式创新产出关系的调节效应，认为地理邻近性、社会邻近性以及技术邻近性对于关键研发者参与比例对合作企业利用式创新起促进作用。

（2）通过 EDA 方法得到相应结果从而评价创新网络效率。彭硕毅（2022）等运用三阶段 SBM-DEA 模型，计算我国的真实绿色创新效率，并通过计算结果分析其空间特征。仇怡等（2022）通过长江中游城市的面板数据，构建评价指标体系，运用三阶段 EDA 模型测算城市创新效率并分析其特征。罗茜等（2022）通过构建 SBM-DEA 模型，分析环境异质性对绿色技术创新效率的影响，并探究其演化特征以及时空跃迁路径。徐建中和赵亚楠（2015）基于面板数据，利用改进的 J-SBM 三阶段 DEA 模型测算地毯创新网络效率，分析环境因素等对于创新网络效率的影响。

3.2 专精特新综述

通过采集中国知网（中国期刊全文数据库）的研究数据，基于文献计量的方法进行主题检索，检索条件设置为"专精特新"，数据库选定为期刊库，来源类别为中国知网数据库内所有的核心期刊数据库。经过精确检索，共检索到1826篇文章（检索日期截至2023年12月28日），最终得到有效数据集308条作为本书的研究对象，其年度分布如图3-8所示。

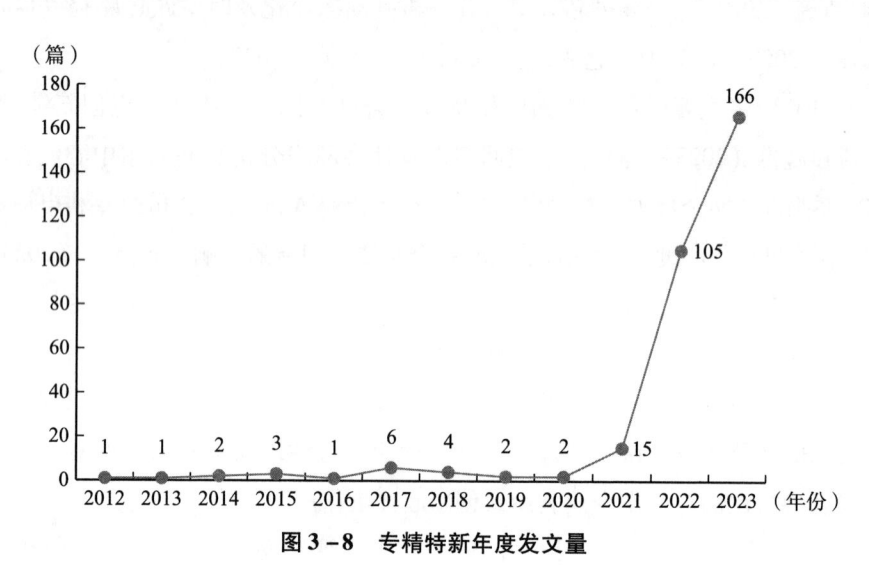

图3-8 专精特新年度发文量

资料来源：中国知网（CNKI）数据库。

由图3-8可见，国内学者对于专精特新的研究文献呈现逐步上升的趋势，这表明我国在"专精特新"概念于2011年由工信部首次提出后，专精特新的研究开始受到重视。2019年至今，工信部已累计开展五批国家级专精特新"小巨人"企业培育工作，并且在"十四五"期间，优质中小企业梯度培育办法首次推广使用，使得发文量快速增长，2022年、2023年发文量达到上百篇。在完成数据清洗后，将数据导入CiteSpace可视化计量分析软件中，进行知识图谱的生成与分析，主要研究维度如下。

3.2.1 专精特新关键词共现

本书提取2010~2023年专精特新相关研究文献的关键词，得到关键词共线网络图（见图3-9）。其中，高频的关键词节点共有7个。关键词的出现频次大小通过节点大小来体现。由图3-9可见，2010~2023年，在"专精特新"这一主题下，产生了隐形冠军、科技创新等热点话题，以专精特新中小企业为主要研究对象，并对其融资约束、创新能力、产业链等进行深入研究。

图3-9 专精特新关键词共线网络

资料来源：中国知网（CNKI）数据库。

3.2.2 专精特新关键词的突现

基于CiteSpace得到关键词突现图（见图3-10）。可以发现，2013年和

2014年学者主要研究专精特新中小企业，2015年和2016年转向研究专精特新小微企业，到了2017年和2018年则主要分析专精特新企业中的隐形冠军的路径，2019~2021年对于专精特新企业的研究趋于细化，分析专精特新企业中的管理实践的作用机制；在2014~2021年学者主要运用实证分析法对专精特新这一主题词进行分析，2021~2023年则主要研究"小巨人"的发展路径，分析其中的问题，并提出相应的对策。

关键词	年份	强度	起始	结束	2010~2023年
中小企业	2013	1.14	2013	2014	
实证分析	2014	1.54	2014	2021	
小微企业	2015	1.35	2015	2016	
隐形冠军	2017	1.51	2017	2018	
管理实践	2019	1.19	2019	2021	
小巨人	2021	1.3	2021	2023	
科技金融	2021	0.77	2021	2023	
对策	2021	0.77	2021	2023	

图3-10 专精特新关键词突现情况

资料来源：中国知网（CNKI）数据库。

3.2.3 专精特新关键词聚类

通过2010~2023年的专精特新相关文献中的关键词聚类分析，形成九个聚类，其中模块值（Q）为0.5332（大于0.3），表明聚类结构显著；平均轮廓值（S）为0.8719（大于0.7），说明聚类有高信度。通过图3-11可以发现，围绕"专精特新"出现了"中小企业""隐形冠军"表明专精特新的有关研究对象主要集中在这三个主体，"路径""融资约束""创新能力"表明学者主要研究专精特新的某一要素的作用机制以及分析某一主体的发展路径，为以后的专精特新企业提供思路。

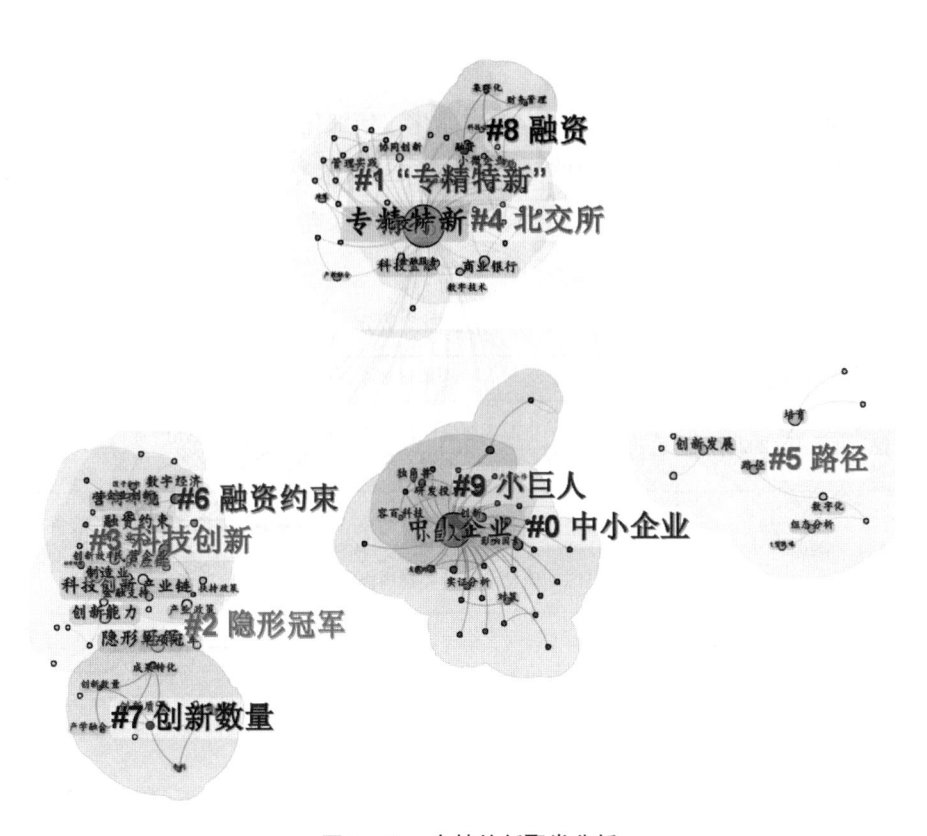

图 3-11　专精特新聚类分析

资料来源：中国知网（CNKI）数据库。

3.2.4　专精特新研究热点与演进历程

3.2.4.1　专精特新相关概念演化

基于表 3-2 可得，专精特新重点研究对象为关键领域内具备专业化、精细化、特色化和新颖化特点的中小企业，这些企业通常集中在新兴中高端核心产业，拥有较强的价值链和产业链的调控能力，是国家创新驱动发展战略的重要组成部分，目前专精特新企业已成为创新型中小企业的代表，对于提升产业链韧性、破解关键核心技术瓶颈、增强我国经济高质量发展的核心竞争力具有重要作用。本书研究的专精特新中小企业是指在中国 284 个地级市中，聚焦某一细分领域，具有一定的专业化、精细化、特色化和新颖化特征，且在 2010~2021 年与其合作伙伴通过合作申请技术专利的中小企业，并以此作为创新网络构建的基础，进行创新网络演化的探究。

表 3-2　　　　　　　　　　专精特新企业概念界定

学者	专精特新企业的相关概念
唐德森和黄涛（2021）	专精特新中小企业主要集中在新兴中高端产业，有较强的价值链和产业链调控力，创业赋能是促进专精特新中小企业发展最重要因素
董志勇和李成明（2021）	专精特新企业聚焦于产业链中端环节，专注提供零部件、元器件及其配套服务，已经成为破解关键核心技术瓶颈、增强产业链韧性的核心力量，是经济高质量发展的关键构成要素
李平和孙黎（2021）	专精特新企业在成长历程中，能够展现出与一般中小企业积累资源与获取竞争优势地位相同的发展路径，其核心竞争力在于通过持续创新掌握关键核心技术，并借此开拓新市场机遇，从而不断突破由细分市场规模限制所带来的成长边界，以及资源简单累积所形成的成长瓶颈，实现基于创新驱动的可持续成长
张璠（2022）	专精特新企业凭借其持续的技术创新与管理，在特定领域内开发出更具独特竞争优势的高附加值产品和服务，进而在激烈的市场竞争中占据领先地位
荆浩和曲贵民（2023）	专精特新中小企业是国家创新驱动发展战略的重要组成部分，对于实现企业高绩效具有重要引领作用
杨燕红（2023）	专精特新企业专注于某一细分领域做大做强，是创新型中小企业的代表，已成为提升产业链韧性不可或缺的一部分
曾宪聚和曾凯等（2023）	专精特新企业是指具有专业化、精细化、特色化和新颖化特征并聚焦某一细分领域并取得引领地位的中小企业
连俊华（2024）	专精特新企业作为产业链供应链体系中的关键枢纽，不仅是深度融入全球产业链供应链体系的重要环节，而且是确保维护产业链关键环节、核心材料、关键零部件及重大装备自主可控能力的关键力量

资料来源：中国知网（CNKI）数据库。

3.2.4.2 专精特新研究热点

从研究热点来看，专精特新的研究主要围绕在专精特新中小企业及隐形冠军企业的培育方式路径、考察评价体系、未来高质量发展路径、相关影响因素等方面，可以说虽然目前关于专精特新的相关研究并没有十分多且呈现碎片化，并未形成完善的体系，但其研究视角以及切入点仍旧多样化，包括对于专精特新"隐形冠军"成功因素的研究，李永发（2010）通过分析隐形冠军企业的发展要素，深入探讨了其成功的关键因素；董志勇与李成明（2021）指出，在推动"专精特新"企业发展过程中，仍面临创新体制机制不健全等问题，并建议通过夯实创新发展制度保障与加大基础投入，以激发创新活力，促进"专精特新"企业实现高质量发展；周婷婷与李孟可（2023）基于核心技术突破及关键技术供应链自主性的增强，强调硬科技创新是专精特新企业解决"卡脖子"问题的有效途径，有助于推动企业实现跨量级发展；丁建军等（2023）的研究进一步揭示，由于中心城市（如上海、深圳等）交通便利、产业基础雄厚、科研创新氛围浓厚，这些地区吸引了众多技术密集型制造业与知识密集型服务业的专精特新企业集聚；此外，专精特新企业常通过整合组织内外部资源，充分挖掘异质性资源，以有效突破成长瓶颈。其中，人才作为知识资源的核心载体，其交叉知识融合在一定程度上促进了专精特新企业的技术创新（王瑶等，2023）。

除了企业自身情况，相关政策也是专精特新企业的研究重点之一。例如曹梦弋与夏青（2021）主张，通过实施基于公平竞争的财税与金融政策，可以有效缓解专精特新企业的融资约束，进而显著提升其全要素生产率；曹虹剑等（2021）进一步指出，这些政策是引导专精特新企业迈向高质量发展的重要工具，特别是创新基金的设立，对专精特新企业的成长具有显著的激励作用；张米尔等（2023）的研究表明，专精特新"小巨人"遴选政策的实施显著促进了企业发明专利的申请活动，并建议持续推进该政策的遴选与后续考核机制；张璠等（2022）则将扶持政策细分为需求型、供给型和环境型三类，并发现这三类扶持政策均对专精特新企业的升级发展具有显著的促进作用；刘昌年和梅强（2015）以江苏地区的企业为例，结合中小企业自身特点，系统性地提出了企业实现专精特新的六大途径：提升创新能力、加大财税金融扶持力度、增强协作能力、培育带动力量、建立公共服务平台以及实施品牌发展战略。

还有单一中小企业的案例分析，例如：彭朝林和林奇（2015）通过剖析专精特新与中小企业之间的关系，深入探索了广东省中小企业实现专精特新发展的可行路径；徐晋等（2023）则聚焦于长三角地区的上市企业，分析了其发展模式，为中小企业的发展路径提供了启示；辛琳（2022）则通过翔实的数据分析，探究了专精特新 A 股上市公司在融资约束方面的作用机制；此外，贾依帛等（2023）选取了三家隐形冠军企业作为研究对象，深入剖析了这些企业在全球价值链背景下的形成过程及其背后的关键因素；雷等（Lei et al.，2020）则采用了纵向案例研究方法，探讨了不同管理认知结构对隐形冠军企业成长的影响。

3.3　文献回顾总结

3.3.1　前人研究小结

创新网络作为推动区域经济发展和企业技术升级的重要机制，是新时代下城市群发展研究的核心议题，因而近年来创新网络得到了学者普遍的关注和丰富的诠释。创新网络旨在通过多主体协同合作促进知识流动与技术创新，而专精特新企业作为产业链细分领域的"隐形冠军"，是行业内重要的创新主体之一，其自主创新能力和关键技术的创新显得越发重要，因此将这两者结合起来进行相关研究对于区域经济创新发展具有重要推动作用。本书基于国内外文献的系统梳理，总结创新网络的结构、演化、驱动机理及绩效评价，同时聚焦专精特新的概念演化与研究热点，以期为后续研究提供理论支撑与研究切入点。前人主要研究总结以下：

3.3.1.1 创新网络的研究述评

（1）创新网络的概念和特征。

随着近年来各领域学者对创新网络研究的日益深入，创新网络的概念在不同学术视角下得到了广泛的界定与拓展，其内涵也在不同学科领域中不断丰富和发展。创新网络的概念最早由弗里曼（Freeman，1991）提出，定义为是一种制度安排，旨在应对系统性创新过程中的复杂性和不确定性。随后，国内学者盖文启（1999）在此基础上进一步拓展了创新网络的概念，强调其建立在异质性行为主体长期合作交流之上的稳定性。随着研究的不断深化，学者们从多个角度对创新网络进行了深入剖析。从系统稳定性视角来看，创新网络被视为一个长期稳定的系统，依赖于行为主体间的持续合作与交流。动态演化视角则关注创新网络随时间推移的演化过程，强调其动态性和适应性（顾伟男等，2019）。协同创新视角突出了创新网络中不同主体间的协同作用，认为协同创新是提升创新效能的关键（周志太，2019）。区域交互视角聚焦于创新网络在特定区域内的交互作用，揭示了区域环境对创新网络形成与演化的影响（鲁若愚等，2021）。此外，网络结构视角通过分析创新网络的结构特征，如小世界现象和节点间关系，深化了对知识流动和创新过程的理解（程露和李莉，2023）。主体能力视角则强调主体能力在创新网络演化中的重要性，包括创新能力、合作经验和资源获取能力等（李长升等，2023）。特定领域视角则根据具体领域的特性，对创新网络进行了针对性的界定，展示了创新网络在不同应用背景下的多样性和灵活性（Li et al.，2018）。

除了关于创新网络的定义随着不同视角的研究不断丰富以外，就创新网络特征的研究也在不断深化，目前学术界总结出关于创新网络的特征主要集中于空间尺度和分析方法两大维度。在空间尺度上，创新网络表现出明显的地域性差异，如中国新能源汽车创新网络呈现"东—中—西"梯次分布，区域间存在显著差距但正逐渐收敛。不同区域间的创新活动关联强度随产业集群密度的提升而增强，呈现出地域指向性（张凯煌等，2021）。在分析方法上，引力模型与社会网络分析法成为揭示创新网络特征的关键工具。这些模型不仅有助于理解区域间的创新关联，还有助于深入探究网络关系数量、密度及小世界性等结构特征（羊晚成等，2023）。进一步研究还发现地理邻近性、政府支持等因素对创新网络的形成和演化具有显著影响（张峰和陈嘉伟，2023）。综上所述，创新网络特征复杂多样，受多种空间因素和分析方法共同塑造。

（2）创新网络结构和演化。

近年来，在创新网络的结构与演化的研究中。前人研究主要从研究方法、网络构建、研究区域三个维度方向进行展开。首先，在研究方法上，国内外学者广泛利用合作专利和合作论文研究来揭示创新网络的结构特征和演化趋势。例如，高爽等（2019）、李明星等（2020）基于合作论文或专利数据，分别分析了创新网络中的知识流动和协同创新情况。较多学者则通过高新技术企业间的合作申请专利数据，深入探讨了创新知识网络的演化机制，揭示了创新知识网络演化过程中呈现的结构特征（Woo，2011；Aroles & McLean，2016；苏屹等，2021；戴靓等，2022；王海花等，2023）。蒲珊琳（2017）则是通过江苏省人工智能产业的产学研合作专利数据，发现中心度和结构洞对创新绩效有显著的正向促进作用。其次，在网络构建上，社会网络分析和引力模型成为构建创新网络的主要工具，学者们主要运用社会网络分析法通过测度网络关系数与密度，运用整体网络特征、中心性分析和块模型等多尺度视角，深入考察创新网络的结构与演化。例如，索琪等（2022）利用该方法分析了电子信息领域的协同创新网络，揭示了其非均衡发展的空间格局。而引力模型则通过构建创新能力的空间关联矩阵，分析创新主体间的相互作用和空间分布特征（马双等，2018；邵汉华等，2019）。最后，在空间尺度上，创新网络主要分布在经济发达地区。国内学者多聚焦于长三角、京津冀城市群、粤港澳大湾区以及产业集群等区域，深入分析这些区域的创新网络结构和演化机理。例如，齐洁等（2023）对长三角区域的专利服务网络进行了深入研究，揭示了其空间格局的演变。同时，国内学者近年来也开始关注产学研创新网络的结构与演化。相比之下，国外学者则更多地将研究视野投向北美及欧洲地区，分析这些地区的合作创新活动及其时空差异（Moreno，2005；Paci，2005；Matsushita et al.，2019）。他们利用经典博弈模型结合仿真分析，深入探究创新网络的演化特征和趋势（Apicella，2012；Stare & Križaj，2018）。

（3）创新网络演化的驱动机理研究。

目前，众多学者从不同角度和层面深入探讨了创新网络演化的驱动机理。这些研究可总结成三个主要的驱动机理：计量模型、聚类节点、多维邻近。首先，在计量模型上，QAP回归模型和空间计量模型是其中的重要工具，揭示了地理位置、产业结构、科技投入等区域差异对创新网络空间关联和溢出效应的显著影响（Balland，2017；方大春等，2018；饶悦等，2021；苏屹等，2021；李琳等，2021；孙茜和黄丽，2022）。具体而言，学者们常采用以下方法进行研究：空间滞后模型和空间误差模型（叶堂林等，2019）、空间杜宾模型（孙大明等，2019；刘彦平等，2023）、社会网络分析和负二项回归模型（Fan & Xiao，2021；古惠冬等，2021；Yang et al.，2022）、ERGM模型（徐维祥等，2022）。例如，田锐和郭彬（2023）通过QAP回归分析揭示了山西省协同创新网络演化的影响因素；而杜亚楠等（2023）运用负二项模型深入分析了中国三大城市群协同创新网络的演化差异。其次，在聚类节点上，学者们聚焦于先进制造业、新兴技术行业等重点领域和新兴产业，以其为聚类节点分析创新网络演化的驱动机理。这些产业涵盖了装备制造（叶琴等，2017；Matsushita et al.，2019）、生物医药（马菁，2022）、新能源汽车（曹霞和张鑫，2023）、集成电路（Min et al.，2020；于永达和闫盛枫，2022）、物流（裴小忠等，2021）、绿色技术（尚勇敏，2021）等领域。例如，刘国巍等（2023）运用社会网络分析和纵向案例方法探究新兴产业创新网络的演化；曹霞和张鑫（2023）则针对新能源汽车产业，分析多维邻近性对产学研创新合作的影响。最后，在多维邻近性上，其涉及地理、社会、认知和制度等多维度邻近性。学者们通过分析这些邻近性对创新网络演化的驱动机理，探讨其替代效应、互补效应和交互效应（Frank，2015；Rezaei et al.，2017；Mandl et al.，2020）。例如，杜亚楠等（2023）利用社会网络分析和负二项模型，研究发现多维邻近性在城市群创新网络演化中表现出城市群异质性；冯粲等（2023）的研究则指出，地理邻近、制度邻近和认知邻近对城市间协同创新能力有显著正向影响。

（4）创新网络产出评价。

在创新网络绩效与效率评价方面，学者们采用了多种方法进行深入研究。首先，在创新网络绩效影响机制上，学者们广泛运用负二项回归模型分析多层网络结构（张娜等，2021；孙笑明等，2023；王海花等，2023）、多层伙伴关系强度（梁杰，2022）、基础研究广度和深度（Pan et al., 2018；Kastelle, 2018；刘岩等，2022）、创新网络开放度（Eisirengericha, 2015；Aroles & McLean, 2016；Zarei et al., 2019；苏屹和曹铮，2023）等因素对创新绩效的影响。例如，莫琦和魏冉通过结合社会网络分析法，学者进一步揭示了度数中心度、网络关系强度以及多维邻近性对创新绩效的具体作用机制。其次，在创新网络效率评价上，学者们采用多种 DEA 模型进行分析。他们运用三阶段 DEA 模型（Min et al., 2020；仇怡等，2022；韩斌等，2022）、三阶段超效率 SBM-DEA 模型（彭硕毅，2022）及动态 SBM-DEA 模型（罗茜等，2022）来测算创新效率，并深入探讨创新网络的动态演化路径。例如，彭硕毅等（2022）通过三阶段 SBM-DEA 模型评估了我国真实绿色创新效率的空间特征；仇怡等（2022）利用三阶段 EDA 模型分析了长江中游城市的创新效率；罗茜等（2022）则通过 SBM-DEA 模型探究了异质性环境对绿色技术创新效率的影响。

3.3.1.2 专精特新的研究述评

专精特新企业，作为对特定细分市场企业的独特称谓，在德国常被称为"隐形冠军"企业，而在美国和日本则多被称为"利基企业"。在中国，这类企业被明确界定为"专精特新"企业（谢菁和关伟，2015）。此类企业以其专业化、精细化、特色化和新颖化的显著特征，成为优质中小企业的典范。它们不仅具备卓越的创新能力和深厚的科技实力，还是推动产业创新升级的生力军，对创新网络的相关研究具有重要的借鉴意义。

在专精特新概念的演变过程中,学者们从不同角度对其进行了深入界定。唐德森和黄涛(2015)强调专精特新企业集中在新兴中高端产业,具备强大的价值链和产业链调控力,创业赋能是其发展的关键。荆浩和曲贵民(2015)则指出,专精特新企业是国家创新驱动发展战略的重要组成部分,对于提升企业绩效具有重要作用。杨燕红(2019)进一步阐述,专精特新企业专注于细分领域,力求做大做强,成为创新型中小企业的代表,对提升产业链韧性至关重要。曾宪聚等(2023)则明确专精特新企业应具备专业化、精细化、特色化和新颖化特征,并在某一细分领域取得引领地位。综上所述,专精特新概念经历了从产业定位到战略意义,再到企业特征和行业贡献的逐步深化和丰富,强调其在经济发展中的不可或缺性。

除了概念内涵以外,专精特新企业的研究热点也随着时间推移而逐渐丰富和深化,主要集中在以下几个方面:首先,研究初期主要聚焦于中小企业群体,特别是被誉为"隐形冠军"的专精特新企业,探讨其在市场中的独特地位和竞争优势。这一阶段的研究如杨燕红(2019)通过分析隐形冠军企业的发展要素,揭示了其成功背后的关键因素。其次,研究视角逐渐拓展至对单一中小企业的深入案例分析。例如,彭朝林和林奇(2015)针对广东地区的中小企业,探究了专精特新发展路径,为其他地区提供了借鉴;徐晋等(2023)则通过分析长三角地区的上市企业,进一步拓宽了专精特新中小企业发展路径的研究范围。最后,近年来专精特新企业的研究热点进一步细化,开始关注企业内部的某一要素对整体发展的影响。例如,辛琳(2022)通过分析专精特新 A 股上市公司数据,深入探讨了融资约束对专精特新企业发展的影响机制,为理解企业外部融资环境与内部发展动力之间的关系提供了新的视角。综上所述,专精特新企业的研究热点呈现出不断深化和细化的趋势。

3.3.2 研究的切入点

当前国外相关学者主要从创新网络的概念和特征、结构和演化、驱动机理、产出评价等视角针对创新网络进行了相关研究探索,但目前研究主要集中于地理、经济、技术邻近性对创新网络的影响等方面，鲜有针对专精特新中小企业创新网络动态演化及其邻近性机理的研究，相关研究缺少一定的针对性和系统性，对于多维邻近性机理以及交互效应等仍有待进一步深入研究。并且，专精特新中小企业技术创新网络的理论研究仍明显滞后，无法助力于实践发展（Zhai et al.，2023）。因此，本书切入点主要从以下三个方面进行：

（1）专精特新中小企业技术创新网络的动态演化有待深入研究。

（2）专精特新中小企业技术创新网络的邻近性机理有待进一步探究。

（3）专精特新中小企业技术创新网络对创新绩效的影响有待深入剖析。

3.3.3 主要概念界定

本书涉及的主要概念有专精特新中小企业创新网络，其中涉及专精特新中小企业、专精特新中小企业创新网络、多维邻近性和创新绩效，为后面研究的方便，将本书已界定的主要概念整理如下：

（1）专精特新中小企业。专精特新中小企业是指聚焦某一细分领域，具有一定的专业化、精细化、特色化和新颖化特征的，具备特色专业技术的创新型中小企业。本书研究的专精特新中小企业是依据中华人民共和国工业和信息化部分三批公布的专精特新中小企业名录，在2010～2021年与其合作伙伴通过合作申请了技术专利的中小企业。

（2）专精特新中小企业创新网络。本书认为创新网络，是由多个企业及相关组织组成的，通过空间尺度、网络节点、网络功能视角对专精特新中小企业的联合申请专利数据进行分析，从而得出专精特新中小企业创新网络的演化机理。基于国家知识产权局（SIPO）专利信息服务平台公布的专精特新中小企业联合申请专利数据，构建和分析专精特新中小企业技术创新网络数据库，据此构建专精特新中小企业创新网络。为界定和筛选专精特新中小企业技术创新的专利数据，依据中华人民共和国工业和信息化部分三批公布的专精特新中小企业名录，分步骤获取与处理界定和筛选2010～2021年中国284个城市专精特新中小企业联合申请专利数据，并将创新主体进行筛选与区分；同时根据国际专利分类方法，专利以 IPC 分类号共分为八个部类进行统计。

（3）多维邻近性。多维邻近性是各不同主体（如企业、研究机构等）在多维度上的接近程度或相似性，其中多维度是指不仅考虑物理空间上的接近性，还需深入探讨非空间因素对于这些主体的知识共享、技术创新和合作行为的影响。本书将从地理邻近、制度邻近、经济邻近、社会邻近、技术邻近等五个维度以及不同维度间的交互作用出发，通过计量模型构建探究多维邻近性对于专精特新中小企业技术创新网络的影响机制。

（4）创新绩效。在本书中创新绩效这一概念是指专精特新中小企业在技术创新活动中所取得的成效与产出的综合评价指标。它涵盖了企业在创新过程中的多个关键方面，例如创新成果的数量、质量、效益、市场表现等。创新绩效不仅衡量了专精特新中小企业在技术创新领域的实际产出，如新产品或服务的开发数量、专利授权量等量化指标，更是反映了专精特新中小企业在技术创新方面的整体效能，通过综合考量创新绩效，可以全面评估专精特新中小企业在技术创新领域的优势和不足。

基于文献述评可知，专精特新中小企业技术创新网络是一个有待进行深入和系统理论研究的领域，但目前研究专精特新中小企业技术创新网络的学者极为少数（陈稼瑜等，2023），理论研究与如火如荼开展的专精特新中小企业技术创新活动的实践极不协调。因此，本书通过结合专精特新中小企业与创新网进行深入探究，既可以进一步丰富当前创新地理学研究，并为优化我国专精特新中小企业创新协同机制，实现区域高质量协同发展提供参考。

第4章 技术创新网络的演化特征

基于对前文研究问题的考虑和文献回顾，本章的研究目的在于通过获取构建专精特新中小企业技术创新网络的研究数据及厘清分析创新网络演化特征、驱动机理的研究方法，分析其技术创新网络演化的特征，包括演化主体、网络类型以及网络空间结构等方面。

4.1 数据来源

联合申请专利是创新主体技术创新合作与知识交互的主要表现形式，已成为众多学者构建技术创新网络研究的依据。本书以中国284个城市专精特新中小企业为研究对象。数据来源于中华人民共和国工业和信息化部分三批公布的专精特新中小企业名录，选取2010~2021年专精特新中小企业的联合申请专利数据。基于国家知识产权局（SIPO）专利信息服务平台，搭建专精特新中小企业合作申请专利数据库，分析专精特新企业技术创新网络。为界定和筛选技术创新的专利数据，依据工信部公布的专精特新企业名录，分步骤获取与处理其联合申请专利数据：

（1）以申请人为专精特新企业名称检索专利项的申请时间、申请人类型、专利类型、IPC分类号等属性，共获取专利数据345339项。

（2）提取联合申请专利项，并剔除个人申请专利项，将每项合作专利涉及的申请人两两组合，筛选出95327项联合申请专利数据。

（3）考虑到2000年以前的专利数据较少，且SIPO申请专利到获批需18个月左右，将研究区间设置为2001~2021年，最终获取联合申请专利数据88069项，技术创新网络分析主要基于2010~2021年合作申请专利数据。

（4）将技术创新主体分为国有企业、民营企业、合资企业、高校、研究所、事业单位、医院、民间组织等8种类型。

（5）根据国际专利分类方法，专利以IPC分类号共分八个部类（A~H）：A部类为生活需要；B部类为作业、运输；C部类为化学冶金；D部类为纺织造纸；E部类为固定建筑物；F部类为机械工程、照明、加热、爆破；G部类为物理；H部类为电学。

技术创新网络演化影响因素包括市场因素、基础因素以及环境因素数据来源于2010~2021年的《中国城市统计年鉴》，对部分缺失数据运用插值法进行填补。

4.2 研究方法

4.2.1 社会网络分析法

社会网络分析方法作为对社会网络进行量化分析的技术和研究范式，已被广泛地运用于创新网络的研究（刘可文等，2023），适用于研究创新网络的空间结构、动态演变过程及影响因素（王圣云等，2023）。运用复杂网络分析法，以创新主体为节点，不同主体间的专利合作关系为边，专利合作次数为边的权重，构建无向加权的专精特新中小企业技术创新网络。通过Gephi、ArcGIS等软件从中心性、网络空间层面等角度进行分析。技术创新网络的节点为联合申请主体及其地理位置，节点间合作专利的数量关系为边，以此基于图论分析方法构建中国专精特新企业创新合作关系型数据网络,运用社会网络分析方法,借助 UCINet、Gephi、ArcGIS 等分析工具,从网络主体、网络部类、网络空间结构等层面,对中国专精特新企业技术创新网络进行分析(见表 4-1)。

表 4-1　　　　　　　　　　网络指标及其含义

指标	计算公式	公式解释	实际意义
合作规模	$S_i = \sum_{j=1}^{N} a_{ij}$	与创新主体 i 连接的主体数量之和	创新主体间创新合作规模
变异系数	$CV = \dfrac{S}{\bar{E}}$ $S = \sqrt{\dfrac{\sum_{i=1}^{N}(E_i - \bar{E})^2}{N}}$	加权度标准差与均值的比值	创新网络的分异程度
网络密度	$D = \dfrac{\sum_{i=1}^{N}\sum_{j=1}^{N} d(i,j)}{N(N-1)}$	创新主体间实际联系数量占最大可能联系数量的比例	所有创新主体之间的联系紧密程度
聚类系数	$C_i = \dfrac{2e_i}{k_i(k_i-1)}$	与创新主体 i 直接相邻主体间实际存在边数占最大可能存在边数比例	创新网络整体凝聚力
平均路径长度	$L = \dfrac{1}{1/2N(N-1)} \sum_{i \geq j} d_{ij}$	创新主体 i 和 j 之间的最短路径	创新主体合作的远近程度

注:N 表示网络中创新主体总数;a_{ij} 表示与创新主体 i 相连接的主体数量;S_i 表示创新主体 i 的创新合作规模;CV 表示变异系数;S 表示标准差;$\bar{E}$ 表示均值;$d(i,j)$ 表示创新主体 i 和创新主体 j 联系数量;e_i 表示创新主体 i 的 k 个邻居间边的数量;k_i 表示创新主体 i 拥有的边数;d_{ij} 表示从创新主体 i 到创新主体 j 的距离。

4.2.2　空间计量模型构建及变量选择

综合考虑我国 284 个城市的创新网络合作发展特征以及数据的完整性、可靠性等,从基础、市场以及环境三个方面探讨对我国 284 个城市创新网络的影响,并以经济基础、功能基础、智力基础、信息基础、产业驱动、消费驱动、人才支撑、政府扶持和众创氛围作为二级指标(见表 4-2)。运用熵值法测度我国284个城市创新网络的发展水平，采用空间自相关分析法并构建空间杜宾模型，其公式为：

$$\ln(Y_{it}) = \rho \sum_{j=1}^{n} W_{ij}\ln(Y_{it}) + \beta\ln(X_{it}) + \sum_{j=1}^{n} W_{ij}\ln(X_{it})\gamma + \mu_i + \lambda_t + \varepsilon_{it} \quad (4-1)$$

其中：Y_{it}为各创新主体创新网络联系的加权度值；X_{it}表示i城市在第t年的影响因素；ρ是空间滞后回归系数；μ_i表示空间固定效应；λ_t则表示的是时间固定效应；ε_{it}是空间自相关误差项；W_{ij}为空间权重矩阵；$W_{ij}\ln(Y_{it})$表示与i城市邻近的城市$\ln(Y_{it})$对$\ln(Y_{it})$的影响作用；$W_{ij}\ln(X_{it})$则表示的是与o城市相邻城市的$\ln(X_{it})$对$\ln(X_{it})$的影响作用。

表4-2　　　　　　　　　　城市创新网络指标及权重

一级指标	二级指标	指标含义	权重
基础因素	经济基础	人均GDP（万元）	0.0168
	功能基础	固定资产投资总额（万元）	0.0228
	智力基础	每百人公共图书馆藏书（册、件）	0.3400
	信息基础	年末移动电话用户数（万户）	0.0182
市场因素	产业驱动	批发零售贸易业商品销售总额（万元）	0.0740
	消费驱动	社会消费品零售额（万元）	0.0280
	人才支撑	第一产业从业人数（万人）	0.2757
		第二产业从业人数（万人）	0.0290
市场因素	人才支撑	第三产业从业人数（万人）	0.0323
环境因素	政府扶持	科学事业费支出（万元）	0.0705
	众创氛围	城市创新指数（%）	0.0927

4.2.3　负二项回归模型

鉴于以计数变量（专利数据）作为因变量，且方差大于均值，借鉴相关学者的做法（Scherngell & Hu，2008；刘承良等，2017），本书构建负二项回归模型探讨多维邻近性对中国专精特新企业技术创新网络结构的影响。模型如下：

$$P_{ij} = \alpha + \beta_1 Geo_{ij} + \beta_2 Reg_{ij} + \beta_3 Eco_{ij} + \beta_4 Soc_{ij} + \beta_5 Tec_{ij} + \varepsilon_{ij} \quad (4-2)$$

其中：α 为常数项目；ε_{ij} 为随机误差项；β_i 为自变量系数；因变量（P_{ij}）为节点间专利技术合作的数量，即专精特新企业技术创新网络中节点间对应的强度；自变量分别有地理邻近性（Geo_{ij}）、制度邻近性（Reg_{ij}）、经济邻近性（Eco_{ij}）、社会邻近性（Soc_{ij}）、技术邻近性（Tec_{ij}）。

（1）地理邻近性是指行为主体地理空间的远近程度，主体间空间距离较近往往增加技术合作的可能性，这有助于显性、隐性知识高效传达接收，促成构建创新合作关系。本研究借鉴相关学者的测度方式（李颖等，2021），通过计算创新主体所属城市的欧式距离来度量。

（2）制度邻近性是指行为主体受到规则约束力的接近程度，行为主体处于近似的约束环境下，会适用较为统一的行业标准、业务逻辑和宏观政策等，这有利于知识交流。本书参考相关学者的做法，以城市行政等级来衡量制度邻近性（桂钦昌等，2021），将直辖市、副省级城市、省会城市、地级市的制度值分别取值为4、3、2、1。制度邻近性公式为：

$$Reg_{ij} = |r_i - r_j| \quad (4-3)$$

其中：Reg_{ij} 表示城市 i、j 的制度距离；r_i 和 r_j 分别表示城市 i 和城市 j 的制度值。

（3）经济邻近性是指行为主体间经济实力的差异程度，较为均衡的城市间的经济实力有助于创新要素涌动和技术知识交互，使行为主体间达成创新合作。本书借鉴相关学者的做法表征城市间经济实力的邻近水平。经济邻近性的公式：

$$Eco_{ij} = \frac{\min(e_i, e_j)}{\max(e_i, e_j)} \times \frac{e_i + e_j}{2} \quad (4-4)$$

其中：e_i、e_j 分别表示城市 i 和城市 j 的人均 GDP。

（4）社会邻近性表示行为主体间以正式或者非正式形式建立起来的共同关系程度，主体间互动交流愈频繁越有利于促进知识传播，这有助于深化合作。本书借鉴舍恩格尔和巴伯（Scherngell & Barber，2009）的测度方式，利用

Jaccard 指数度量城市间的技术创新合作的社会邻近性。社会邻近性公式为：

$$Soc_{ij} = \frac{P_{ij}}{C_s(i) + C_s(j) - P_{ij}} \quad (4-5)$$

其中，$C_s(i)$、$C_s(j)$ 分别为城市 i、j 的强度中心性，即城市 i 与城市 j 的两两合作的总和。

（5）技术邻近性表示行为主体之间技术基础的适配程度与相似程度，主体双方在技术基础和行业经验的匹配程度与接近程度越高，越发增加创新合作的概率。本研究参考 Jaffe 指数来衡量技术邻近性（Jaffe et al.，2008），技术邻近性公式为：

$$Tec_{ij} = \frac{\sum_{k=1}^{8} P_{ik} P_{jk}}{\sqrt{\sum_{k=1}^{8} P_{ik}^2 P_{jk}^2}} \quad (4-6)$$

其中，P_{ik}、P_{jk} 分别为城市 i 和 j 第 k 个国际专利分类号（IPC）下的专利申请数。

4.3 技术创新网络主体演化

2001 年始，中国专精特新中小企业专利合作数量逐步增长，尤其是 2011 年后，专利合作数量迅速增长，2015 年达到 4767 项；2016 年后专利合作数量显著增长，至 2021 年已达 16548 项（见图 4-1）。

为归纳总结其技术创新网络的阶段性增长特征，本书将其划分为以下三个阶段：2010~2013 年、2014~2017 年、2018~2021 年。2010 年以来，创新网络主体结构如图 4-2 所示，2010 年以来，民营企业一直占据着主导地位，到 2021 年占比为 65% 左右；高校在 2011~2021 年的占比较为稳定，总体占比稳定在 7% 左右；研究所在 2010~2021 年的占比趋于稳定，总体占比也稳定在 7% 左右；国有企业的占比在 2011 年和 2012 年的占比相对稳定，基本稳定在 23% 左右，并且其占比仅次于民营企业，2012~2021 年国有企业的占比有所下降，但是仍旧占据着主要位置，其所占比例稳定在 20% 左右；医院、事业单位等占比较小，在2010~2021年占比较为稳定，医院占比稳定在1%左右，事业单位占比2%左右。

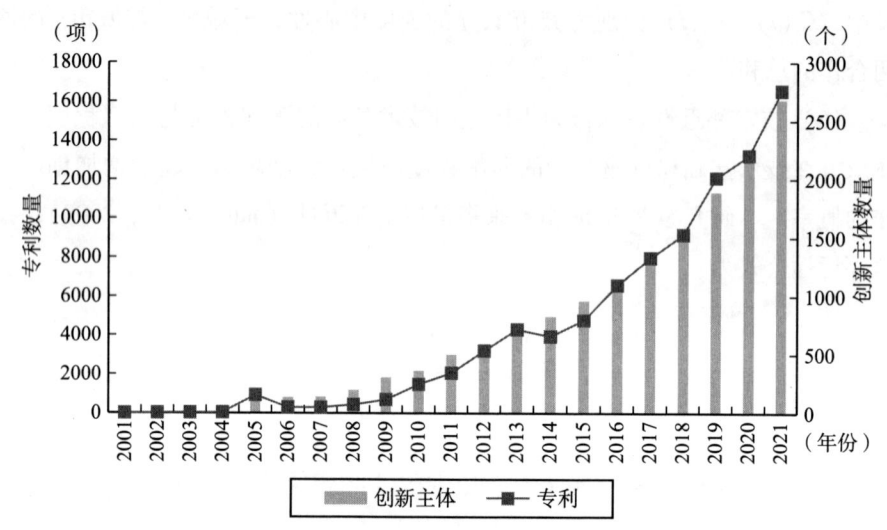

图4-1 2001~2020年中国专精特新中小企业技术创新概况

资料来源：国家知识产权局（SIPO）专利信息服务平台。

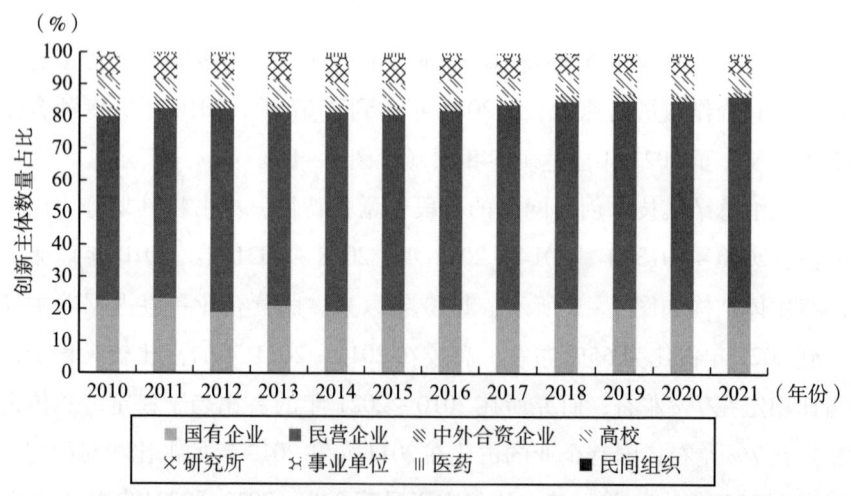

图4-2 2010~2021年中国专精特新中小企业技术创新网络情况

资料来源：国家知识产权局（SIPO）专利信息服务平台。

利用Gephi计算专精特新中小企业技术创新网络指标，并统计技术创新网络的基本属性，如表4-3所示。创新网络的规模处于不断增长的阶段，但是创新网络的紧密度有所下降。2010~2021年的网络扩张快速增长，节点数量由1485个增加到4150个，边数由1500条增加到4615条，表明新进入创新网络中的专精特新中小企业积极与其他中小企业参与创新互动以及交流，各个城市间的创新联系愈加频繁。与此同时，网络直径和网络密度均呈现上升趋势，分别由9增至21、由0.136增至0.767，这表明随着创新网络规模的逐渐扩大，机构间的联系日益增加，中小企业之间的平均合作次数有所增加；同时，平均路径长度有所下降，从2.985下降到2.220，这表明专精特新中小企业之间的联系变得更加紧密，网络的稠密性有所增加。2018~2021年的聚类系数较2014~2017年的变化较大，从9.964增加至20.768，这表明随着技术创新网络的不断扩张，网络的稠密性增加，企业间的合作联系增加，各个节点间的合作效率与之前相比较高，出现了"局域网"的现象。

表4-3　专精特新中小企业技术创新网络特征值统计

年份	节点数	边数	平均度	网络直径	网络密度	平均聚类系数	平均路径长度
2010~2013年	1485	1500	2.02	9	7.136	0.670	2.985
2014~2017年	2739	2876	2.10	25	9.964	0.594	2.763
2018~2021年	4150	4615	2.22	21	20.768	0.598	2.220

4.4　技术创新网络类型演化

从创新合作数量来看，各部类创新合作总量呈现逐年增长态势，2010~2021年增长迅速，如表4-4所示。其中A部类、D部类、E部类三类所占比重较低，分别稳定在3%、1%和4%左右；H部类的电学、电子通信等产业的创新合作数量在2010~2017年占据主要位置，至2014~2017年，其所占比例为 20.3%，在 2018~2021 年，H 部类的创新合作数量呈现倍速增长，其所占比例也有所上升，为 30.5%，占据着首位；2010~2013 年 B 部类的作业运输等交通运输业的创新合作数量占比为 20.7%，占据着首要位置，2014~2017 年 B 部类创新合作数量虽然呈现倍速增长的趋势，但是其所占比例有所下降，其比例下降至 20%，占据着主要位置，2018~2021 年 B 部类的创新合作数量上升，但是其所占比例下降至 17.5%；C 部类的化学冶金等重工产业的创新合作数量逐年增长，所占比例在稳定中有所下降，在 2018~2021 年为 15.8%；G 部类的物理、光学等技术产业的创新合作数量处于稳步增长的状态，其所占比例也有所上升，从 2010~2013 年的 15.2% 增长至 2018~2021 年的 19.2%；F 部类的机械工程、武器等产业的创新合作数量一直处于居中位置，数量也有所增长，但所占比例从 15.5% 下降到 8.6%。总的来说，中国专精特新中小企业的创新合作在机械工程、武器等产业中有所下降，在纺织造纸等传统产业中比例略有下滑，但是总体保持稳定，物理、光学、电子通信等高新技术产业的创新合作处于稳步增长的趋势。

表 4-4　专精特新中小企业分部类技术创新网络情况

年份	尺度	类型	合计	A	B	C	D	E	F	G	H
2010~2013 年		合作总数（项）	10739	343	2223	1810	201	656	1669	1632	2205
	市域尺度	本地比例（%）	45	43	47	46	21	43	44	49	43
		外部比例（%）	55	57	53	54	79	57	56	51	57
	省域尺度	本地比例（%）	52	62	52	55	42	46	51	54	48
		外部比例（%）	48	38	48	45	58	54	49	46	52

续表

年份	尺度	类型	合计	部类 A	B	C	D	E	F	G	H
2010~2013年	区域尺度	本地比例（%）	61	67	56	68	47	52	68	62	58
		外部比例（%）	39	33	44	32	53	48	32	38	42
2014~2017年		合作总数（项）	—	22660	1092	4541	4726	349	1020	2364	3958	4610
	市域尺度	本地比例（%）	39	41	40	40	48	32	36	38	40
		外部比例（%）	61	59	60	60	52	68	64	62	60
	省域尺度	本地比例（%）	48	53	50	47	59	40	44	46	51
		外部比例（%）	52	47	50	53	41	60	56	54	49
	区域尺度	本地比例（%）	62	68	62	64	66	54	66	58	61
		外部比例（%）	38	32	38	36	34	46	34	42	39
2018~2021年		合作总数（项）	—	37419	1092	6541	5928	482	1520	3231	7195	11430
	市域尺度	本地比例（%）	35	45	42	34	38	37	35	34	31
		外部比例（%）	65	55	58	66	62	63	65	66	69
	省域尺度	本地比例（%）	48	56	56	44	57	49	46	45	46
		外部比例（%）	52	44	44	56	43	51	54	55	54

续表

年份	尺度	类型	合计	部类							
				A	B	C	D	E	F	G	H
2018~2021年	区域尺度	本地比例（%）	59	70	64	59	70	59	73	55	53
		外部比例（%）	41	30	36	41	30	41	27	45	47

从创新合作空间尺度来看，基于市域尺度，2010~2021年所有部类的创新合作都是以外部创新合作为主的，并且2010~2017年外部创新合作的比例也在逐步增长，只有D部类的外部创新合作比例下降趋势明显，从79%下降到52%，这表明纺织业对德国传统产业的需求逐渐可以从内部得到满足；基于省域尺度，外部合作与本地合作的比例相差不大。细分来看，2010~2013年，C部类、F部类和G部类的创新网络合作主要以本地创新合作为主，到2018~2021年，外部创新合作比例逐步增长，形成以外部创新网络合作为主的局面，这表明这三个部类的创新网络合作不再局限于自身，更多的与外部其他中小企业进行合作，从而满足自身的需求；而D部类在2010~2021年的创新网络合作一直以外部创新网络合作为主，H部类在2018~2021年的创新合作也是以外部创新合作为主，其原因主要是创新能力强的主体会更愿意与外部合作，从而带动其他创新主体，提升企业自身的竞争优势。基于区域尺度，2010~2013年D部类创新网络的合作主要以外部创新网络合作为主，在2014~2021年则转变为以内部合作为主，这表明本地的资源能够满足其需求，从而减少了与外部企业之间的合作，2010~2021年除D部类外所有部类的创新合作都是以内部创新合作为主。

4.5 创新网络的空间结构

为刻画城市创新联系的网络结构特征，将联系值划分为五个等级，利用

ArcGIS 10.8 软件绘制创新联系网络图（见图 4-3 ~ 图 4-5）。

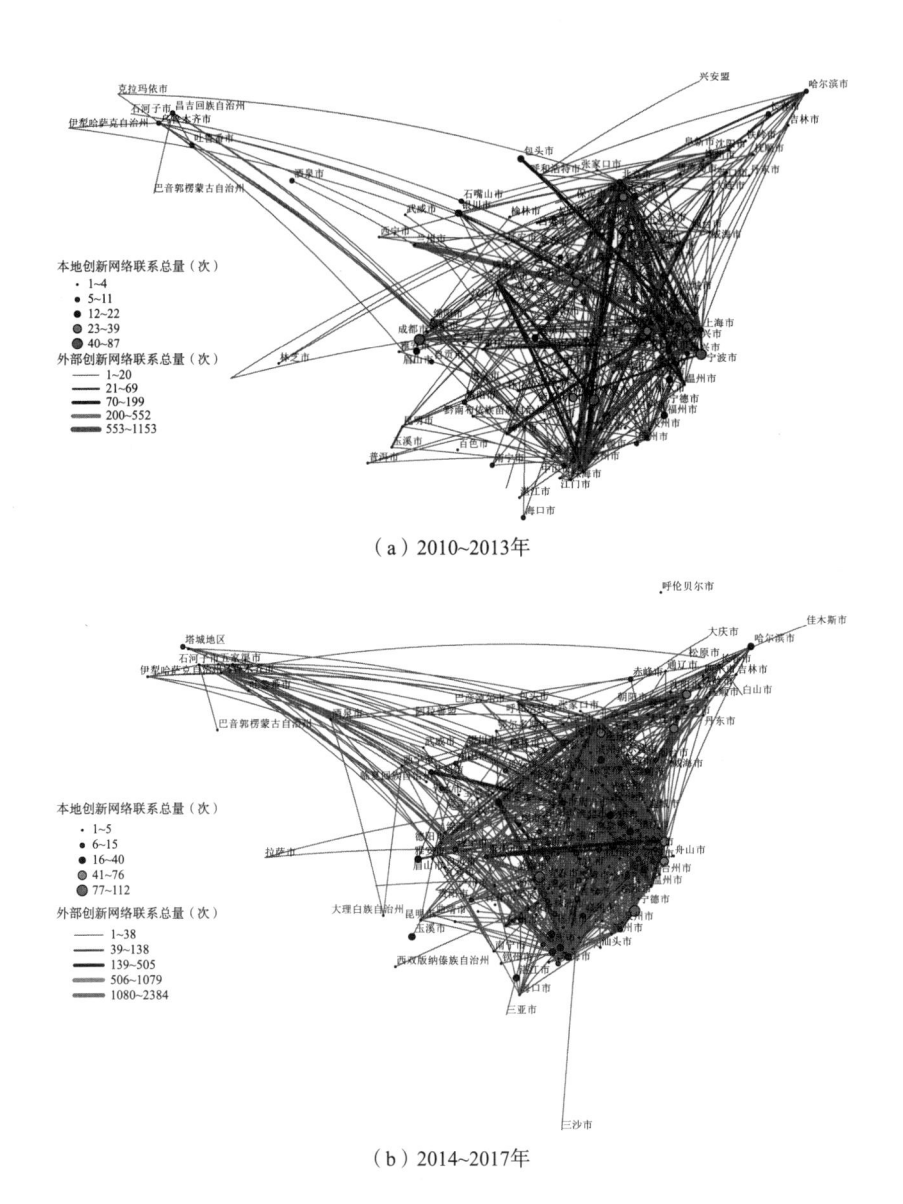

（a）2010~2013年

（b）2014~2017年

（c）2018~2021年

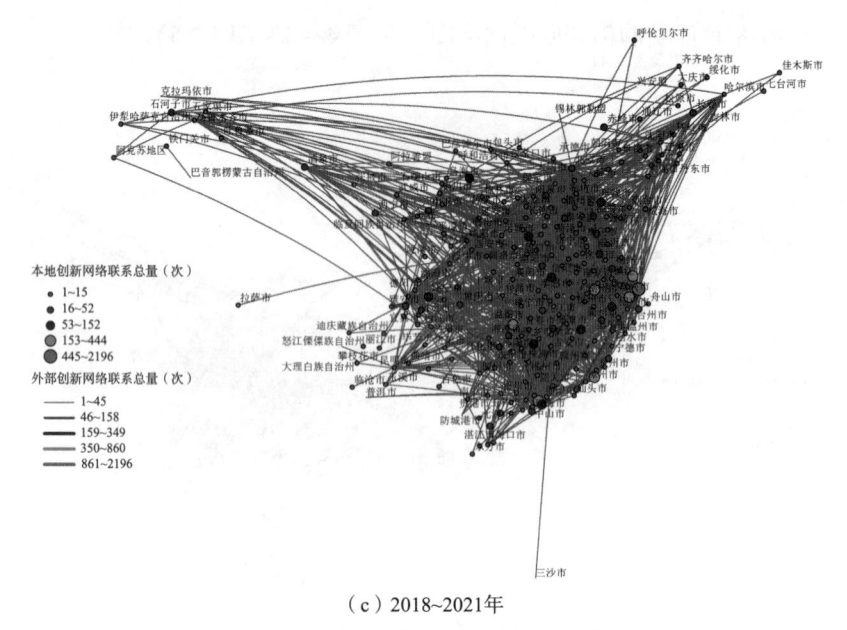

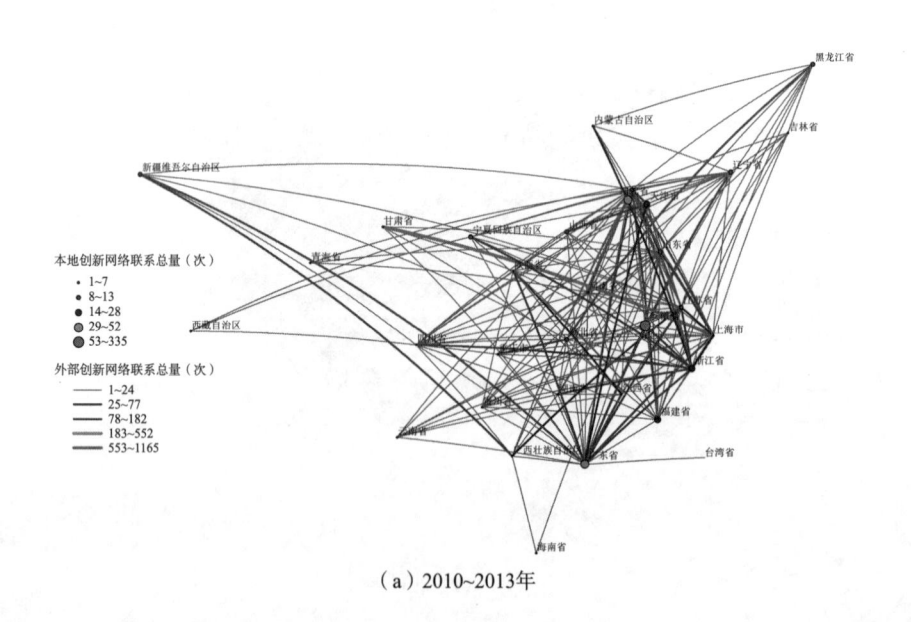

图 4-3　2010~2021年市域尺度技术创新网络空间格局

（a）2010~2013年

(b) 2014~2017年

(c) 2018~2021年

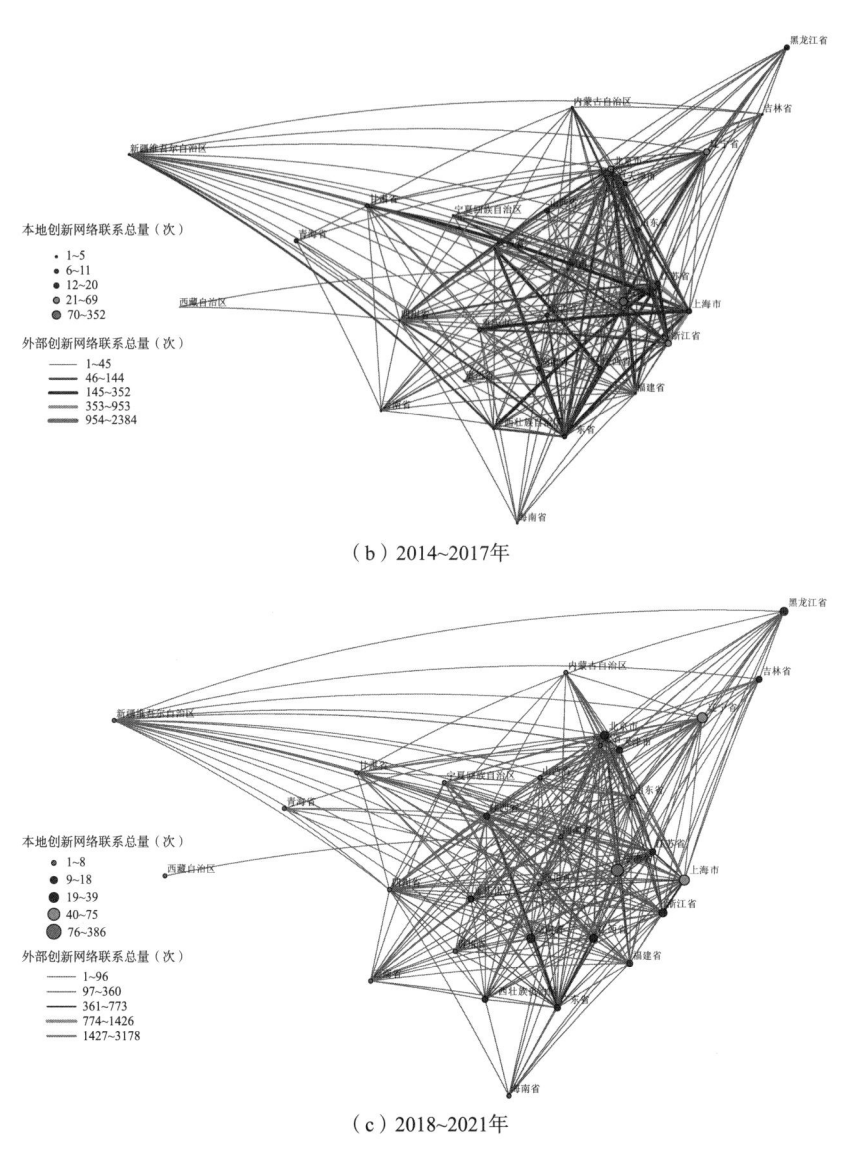

图 4-4 2010~2021 年省域尺度创新网络空间格局

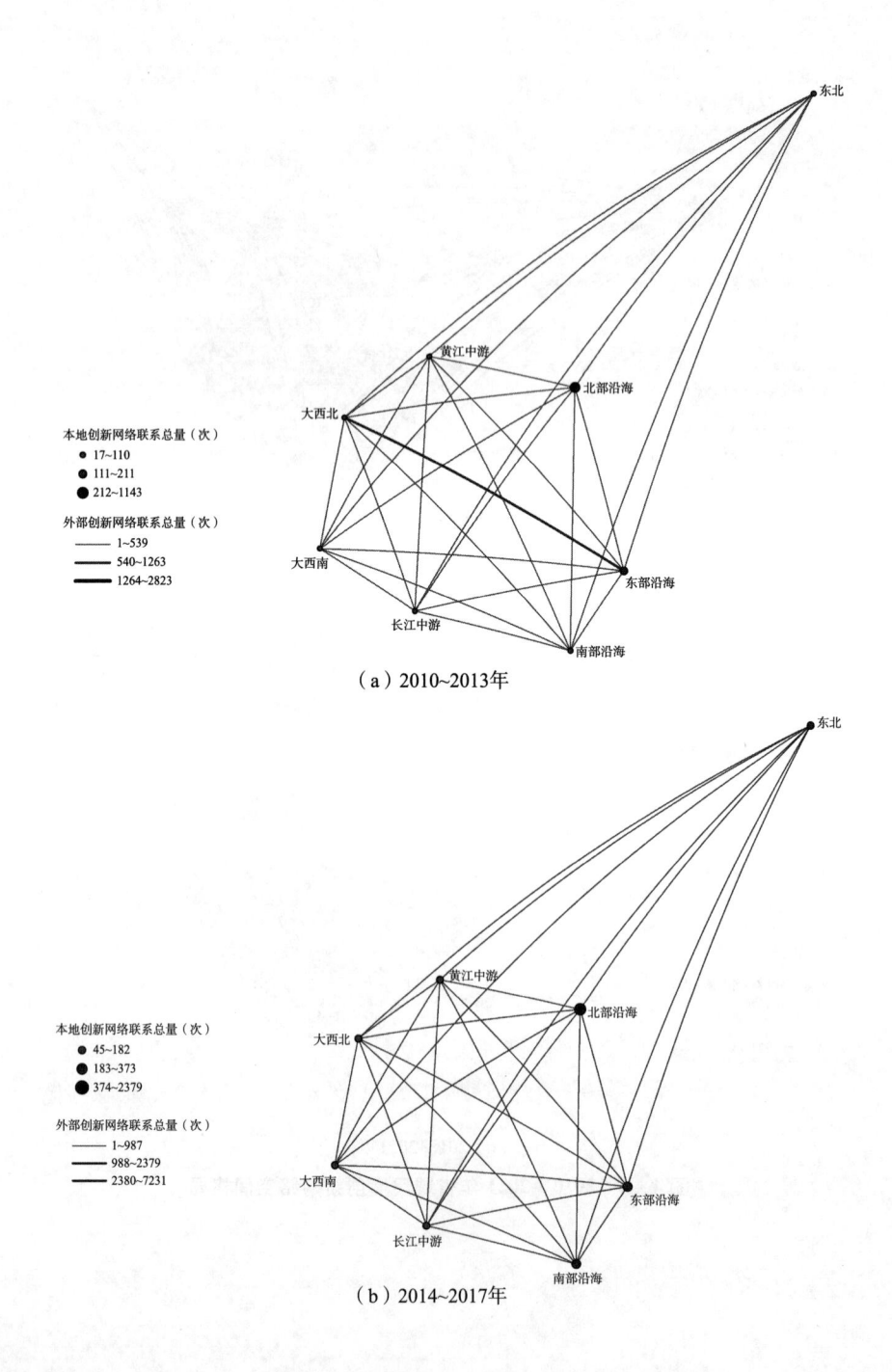

(a) 2010~2013年

(b) 2014~2017年

本地创新网络联系总量（次）
- ● 45~182
- ● 183~373
- ● 374~2379

外部创新网络联系总量（次）
- —— 1~987
- —— 988~2379
- —— 2380~7231

（c）2018~2021年

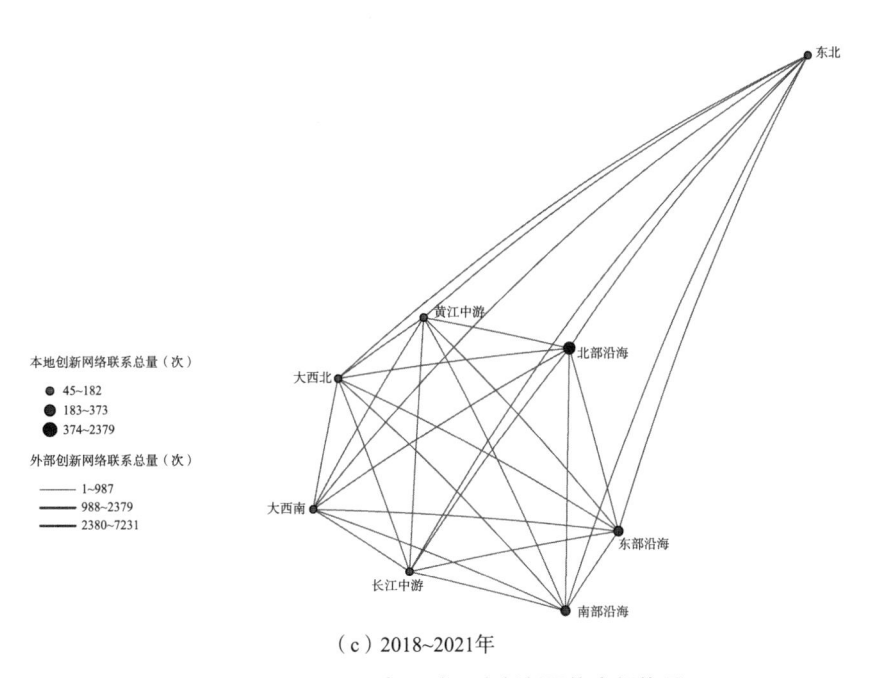

图4-5 2010~2021年区域尺度创新网络空间格局

4.5.1 基于市域尺度

基于市域尺度的本地创新网络演化结果表明，2010~2013年最大规模的本地创新网络合作城市为兰州市，而2014~2021年，上海市逐渐取代兰州市成为最大规模的本地创新网络合作城市，2014~2021年上海市的本地创新网络合作规模所占比例达到了26.3%；除此之外，北京市和无锡市的本地创新网络合作规模也占据着主要地位，两者所占比例为20.7%。外部创新网络演化结果表明，从2011~2020年，上海一直占据外部创新网络合作联系总量的首位；2010~2013年，上海外部创新网络合作总量为2198次；2014~2017年，上海市外部创新网络合作的总量快速增长，达到了4291；2018~2021年，上海市的外部创新网络合作数量增长至5635次，占外部创新网络合作总量的25.7%；与此同时，北京市与不同城市之间的合作更多、规模更大，但是其总量少于上海市，2018~2021年，北京市的外部创新网络合作总量占比为14.9%；同时，嘉兴市的外部创新网络合作的规模较为靠前，而本地创新网络合作规模较小，仅占0.6%，这表明本地创新网络合作规模与外部创新网络合作规模有明显差异。

4.5.2 基于省域尺度

基于省域尺度的本地技术创新网络演化结果表明，2010~2013年最大规模的本地创新合作省域为甘肃省；2014~2017年，上海市逐渐取代甘肃省成为最大规模的本地创新合作省域，其所占比例为21.4%；2018~2021年，广东省成为最大规模的创新网络合作省域。2018~2021年，江苏省、浙江省和北京市的本地创新合作规模排名靠前，分别占创新合作规模的12.1%、11.6%和6.1%；海南省、吉林省的本地创新合作规模排名最末，分别占创新合作规模的0.12%、0.11%。外部创新网络演化结果表明，上海市一直占据外部创新合作总量的首位，2018~2021年，其创新网络合作总量达到了5643次，占创新网络合作总量的比例上升至26.6%；浙江省取代北京市成为仅次于上海市的城市，其占比为20.2%；同时，西藏自治区的外部关系合作规模排名最末，仅占创新合作规模的0.02%。

4.5.3 基于区域尺度

基于区域尺度的本地创新网络演化结果表明，2010~2021年东部沿海地区一直占据本地创新网络合作规模的首位，但是其所占比例有所下降，所占比例由41.8%下降到39.8%。2010~2013年大西北地区的创新网络合作规模仅次于东部沿海地区，占比为南部沿海地区的创新网络合作规模仅次于东部沿海地区，所占比例为18.7%；2014~2017年北部沿海地区取代大西北地区，所占比例为16.4%；2018~2021年则是南部沿海地区取代了北部沿海的位置，所占比例为18.2%。东北地区和大西北地区的创新网络合作规模排名最末，分别为1.6%、1.1%。外部创新网络合作结果显示，2010~2013年，东部沿海地区、南部沿海地区、北部沿海地区在外部创新网络合作规模中占据主要地位，三个区域总和占外部创新合作规模的65.3%；2014~2017年，东部沿海地区仍旧为外部创新网络合作的主导，其与南部沿海地区和北部沿海地区的比例为61.5%；到了2018~2021年，南部沿海地区取代东部沿海地区占据着首要地位，其与东部沿海地区以及北部沿海地区的总和占比为60.5%，东北地区在2010~2021年的外部创新合作规模较小，排名最末，2018~2021年其占比为5.4%。

4.6 研究小结

基于上述研究，2010~2021年的创新网络主体以民营企业和国有企业为主，创新网络不断扩张，但网络的紧密性有所下降，出现了"局域网"的现象。创新网络的演化类型主要以B部类、G部类和H部类为主，主要集中在高新技术产业，而对于A部类、D部类和E部类的创新网络合作数量较少，在传统产业的创新网络合作数量占比较少。基于市域尺度，创新网络合作主要以外部创新网络合作为主，其外部比例随着时间的增长而不断增长，同时D部类的外部创新合作比例有所下降；基于省域尺度，其创新网络由省内部之间的合作转变为由省与省之间的合作，其中D部类和H部类则一直以外部创新合作为主，没有发生转变；基于区域尺度，创新网络合作主要以本地之间的合作为主，其中D部类的创新网络合作由2010~2013年的以外部创新网络合作为主转化为以本地创新网络合作为主。对于其空间结构，基于市域尺度，上海市在2014~2017年取代兰州市成为创新网络合作的首要城市，其所占比例达到了26.3%，北京市和无锡市的内外部创新网络合作规模也较大，与此同时，有些城市如嘉兴市的外部创新网络合作规模较大而内部创新网络合作规模较小，这表明其内外部合作规模存在明显差别；基于省域尺度，广东省成为最大规模的本地创新网络合作主体，而外部合作主体则为上海市，同时江苏省、浙江省以及北京市的内外部创新网络合作规模也较大；基于区域尺度，沿海地区为内外部创新网络合作的主导区域，而东北地区以及大西北地区的创新网络合作规模较小，所占比例也较少。

第5章
技术创新网络的演化规律及模式

基于专精特新中小企业技术创新网络演化特征的分析，本章为进一步阐释其技术创新网络演化的规律及模式，利用可视化工具 Gephi 软件绘制和分析技术创新网络不同阶段的网络图谱、中心性等（具体数据见本书附录一）。

5.1 技术创新网络图谱

利用 Gephi 软件绘制中国专精特新中小企业技术创新网络图谱，如图 5 – 1 至图 5 – 3 所示，并研究分析其规律及模式。

从创新合作数量来看，各部类创新合作总量呈现逐年增长态势，尤其是近十年增长迅猛。其中 A 部类、D 部类和 E 部类所占比重较低，分别稳定在 4%、2% 和 5% 左右；而 C 部类的化学冶金等重化工产业的合作数量历年位居前列，2006～2010 年迅速增长，后来所占比例稳定居于 19% 左右；B 部类的作业、运输等产业创新合作数量在经历 2006～2010 年快速发展、2011～2015 年增速放缓后出现阶段性下滑，但所占比例仍维持在 16% 以上；F 部类的机械工程等产业的创新合作所占比例在 2006～2010 年迅速增长至 18%，随后逐年下滑，2016～2020 年下滑至 9%；G 部类的光学、测量核算、仪器

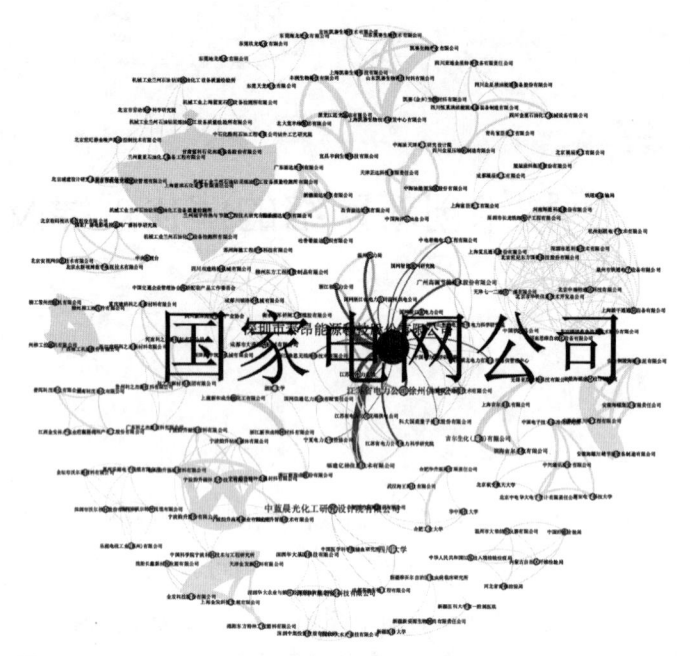

图 5-1　2010~2013 年中国专精特新中小企业技术创新网络图谱

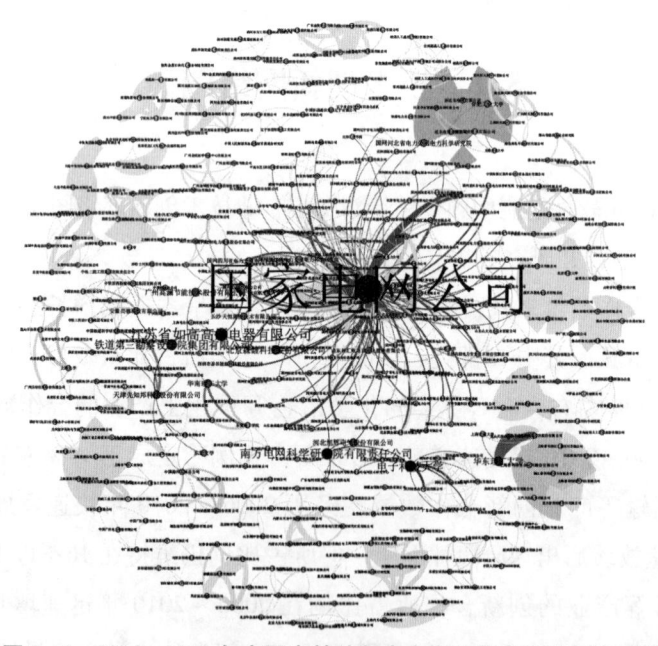

图 5-2　2014~2017 年中国专精特新中小企业技术创新网络图谱

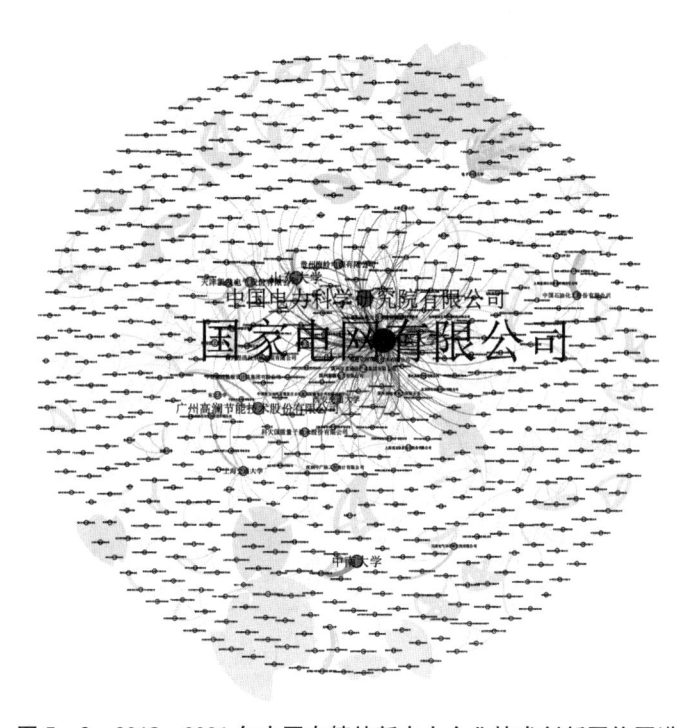

图 5-3　2018～2021 年中国专精特新中小企业技术创新网络图谱

制造等高新技术产业的创新合作数量逐年增加，至 2016～2020 年所占比例达到 17%；H 部类的电子通信技术等产业的创新合作数量历年领先，所占比例在 20% 以上，2016～2020 年增长率达到 200% 以上，为所有部类中最高。总体而言，中国专精特新企业技术创新合作在机械工程等产业层面比重下降，传统产业比重稳中有降，高新技术产业技术创新合作发展势头迅猛。

从创新合作空间尺度来看，基于市域尺度，多数部类的技术创新合作以市际为主，但 2006～2010 年 E 部类（以道路、铁路或桥梁建筑为主）、G 部类（光学装置、测量核算装置、仪器制造为主）创新合作主要集中于市内。基于省域尺度，2001～2005 年、2006～2010 年 E 部类、F 部类（以机械工程、发动机制造和工程元件为主）、G 部类、H 部类技术创新合作从以省际为主转变为以省域内为主。究其原因，根据创新知识外部性理论，创新合作前期，创新能力强的主体间有能力与意愿谋求与地理距离较远的主体合作，随后具备核心知识的创新主体会促进省域内创新知识的对接流动，提升省域内创新合作水平；而 2011~2015 年、2016~2020 年 E 部类、F 部类、G 部类、H 部类省际创新合作比例高于省域内。根据创新知识梯度溢出理论，随着创新合作的发展，低梯度省域会逐渐缩小与高梯度省域的创新差距，最终达到相对平衡，创新主体为赢得竞争优势，同省域外的高水平创新主体合作比例提升；同时 A 部类（以生活必需为主）、D 部类（以纺织、造纸为主）创新合作从省际合作比重较高转变为省域内合作比重较高，随着创新合作的发展，此类传统产业创新合作在省域内可基本得到满足；B 部类、C 部类省际创新合作比例呈现先减少后提升态势，在省域内创新合作无法满足创新主体的现实需求时谋求外部创新主体合作发展符合创新知识地理邻近扩散理论。区域尺度上，大部分部类的创新合作以区域内为主，而与电子通信技术相关产业相关的 H 部类的创新合作以区域外为主，之后逐渐演化为区域内部创新合作占大部分，这符合"蜂鸣－管道"创新知识合作网络的组织模式。

5.1.1　第一阶段

由图 5-1 可见，2010~2013 年，创新主体数量为 2228 家，民营企业占据主导地位，民营企业间合作是主要的合作形式，其数量为 5948 次，节点之间的创新网络合作频繁；国有企业间的创新网络合作较为频繁，仅次于民营企业间的合作，数量为 3660 次；而民间组织间的合作寥寥可数，仅为 16 次，与此同时，创新网络中出现了以国家电网公司为核心的小规模子群。

5.1.2　第二阶段

2014~2017 年创新主体的数量达到了 4231 家，民营企业仍旧占据着创新网络的主导地位，民营企业间合作也是主要的合作形式，其中民营企业间的创新网络合作数量为 15210 次。除了出现了以国家电网公司为核心的创新主体之间的密切合作，也出现了以不同创新主体为核心的小规模子群，例如，以南方电网科学研究院有限责任公司为主体的小规模子群，小规模子群的数量在不断增加，出现了以各种部类为创新合作依据的不同子群，但小规模子群主要还是集中在核心地区，边缘地区的小规模子群较为缺乏，各个创新网络主体之间建立起了相邻创新主体间的密切的合作关系，如图5-2所示。

5.1.3 第三阶段

由图5-3可见，2018~2021年，创新主体的数量呈现几何倍数增长，达到了8518家，民营企业间依旧是最主要的合作形式，其合作次数为29945次，国有企业间的合作仅次于民营企业间的合作，数量达到了4975次，与此同时，各个产业之间均有创新合作，同时各个创新主体之间的创新合作次数也明显增加，网络稠密性也进一步提高，具有"核心—边缘"结构特征，小规模子群的数量也进一步增加，2018~2021年创新合作产业主要以电子信息、电力以及通信产业为主，同时生物医疗、新兴材料产业等的创新合作也日益增加，更多的创新主体促进创新网络的发展。

5.2 中心性分析

利用Gephi软件计算创新主体创新网络的度数中心性、接近中心性以及中介中心性，并分析这三个中心性的意义。

5.2.1 度数中心性分析

点度中心度表现在创新网络的合作上，点度中心度反映不同创新主体对外进行创新合作的频次。点度中心度越高说明创新主体创新合作数量越多，说明创新主体越有合作意识，也说明其占据着创新网络的核心地位。由表5-1可见，2010~2021年北京市的点度中心度排名最高，这表明其创新网络合作的数量最多，占据首要位置，且其中心度每年都在上升，说明其创新网络合作不断增加，创新网络也在不断发展；2010~2021年上海市的中心度仅次于北京市，这表明上海市的创新网络合作数量屈居第二位，其中心度呈现先下降后上升的趋势，这表明在2014~2017年上海市的合作数量有所增加，但是其所占比例有所下降，2018~2021年上海市的创新网络合作数量增长同时其所占比例也相应上升；2010~2021年深圳市的中心度排名稳定，仅次于上海市，且其中心度也在不断增加，表明其创新网络合作数量也在不断增加，创新网络不断发展；2010~2021年广州市的排名呈现先上升后下降的趋势，这表明其创新网络合作数量在2010~2017年的增长较快，所占比例也较高，但是到了2018~2021年，其创新网络合作数量增长缓慢，所占比例也有所下降；2010~2013年南京市的点度中心度排名第四位，对于创新网络合作有着较大的引领带动作用，至2018~2021年南京市的点度中心度虽然有所上升，但是其排名跌至最末，表明其创新网络合作数量有所增加，但是其所占比例的增长速度较慢；通过度数中心度可以发现网络中各个城市之间建立起了较为广泛复杂的合作关系，且合作关系是在不断完善扩大的。

表5-1　　　　　　　技术创新网络度中心性（排名前十的城市）

年份	城市	入度	出度	度中心度	年份	城市	入度	出度	度中心度	年份	城市	入度	出度	度中心度
2010~2013年	北京市	49	64	113	2014~2017年	北京市	86	94	180	2018~2021年	北京市	91	103	194
	上海市	37	38	75		上海市	63	53	116		上海市	71	73	144
	深圳市	27	22	49		深圳市	37	30	67		深圳市	49	40	89
	南京市	17	20	37		广州市	29	32	61		天津市	39	45	84
	广州市	18	18	36		天津市	26	28	54		成都市	43	37	80
	成都市	17	17	34		西安市	29	21	50		西安市	37	38	75
	天津市	15	14	29		成都市	24	25	49		武汉市	30	37	67
	杭州市	12	17	29		南京市	20	29	49		广州市	29	38	67
	厦门市	11	16	27		合肥市	27	19	46		杭州市	30	36	66
	郑州市	16	8	24		嘉兴市	20	24	44		南京市	31	33	64

5.2.2 接近中心性分析

创新网络中的接近中心度反映一个节点与其他节点的接近程度,接近中心度越高,说明其与其他城市之间的合作越多,其中心地位越高。由表5-2可见,2010~2021年北京市、上海市以及深圳市的接近中心度都较高,排名前三位,这说明这三者与其他城市之间的合作更为广泛,数量也更加多,这也表明了这三者的中心地位较高,对于其他城市有带动引领作用;2010~2021年成都市的中心度虽然在不断增长,但是其排名呈现先下降后上升的趋势,究其原因,2014~2017年其创新网络合作规模的增长速度较为缓慢,中心度增长但是增长的速度也较为缓慢,而到了2018~2021年,其创新网络合作数量快速增长,其规模也在快速扩大,中心度呈倍速增长,因此排名有所上升;2010~2013年南京市的接近中心度排名较低,说明其中心地位较低,其与其他城市之间的合作较少,合作规模较小,到了2014~2017年,南京市的中心度下降,说明其中心地位的重要性在下降,与其他城市之间的合作有所减少,至2018~2021年,其中心度快速增长,说明其创新网络合作规模快速扩大,中心地位也在不断增长。

表5-2　　　　　　技术创新网络接近中心性(排名前十的城市)

年份	城市	接近中心度	年份	城市	接近中心度	年份	城市	接近中心度
2010~2013年	北京市	8733.982952	2014~2017年	北京市	16460.92246	2018~2021年	北京市	17981.36185
	上海市	4073.102515		上海市	7168.013911		上海市	8929.737215
	深圳市	2828.233616		深圳市	3724.977555		深圳市	4740.726956
	成都市	1285.980593		广州市	2378.094887		天津市	4417.764481
	广州市	1131.61722		天津市	2163.016761		成都市	4121.592332
	厦门市	1016.318188		成都市	2241.971271		西安市	3435.250481
	南京市	853.333597		西安市	2023.517201		武汉市	3251.852693
	杭州市	794.954676		合肥市	1448.875799		广州市	2420.079174
	天津市	778.169384		嘉兴市	1049.735055		南京市	1600.77015
	郑州市	313.912034		南京市	823.29634		杭州市	1014.432028

5.2.3 中介中心性分析

中介中心度反映了一个节点控制其他节点间的创新联系的能力,其中心度越大,说明其发挥的中介作用越强。由表5-3可以看出,2010~2021年北京市、上海市和深圳市的中介中心性较高,表明这三个城市在创新网络合作中起到重要的中介作用,对于创新网络有着较强的控制力和影响力,能够促进带动其他城市的创新网络合作,能够促进其他城市之间的创新联系;同样,2010~2013年天津市的中介中心度相较于其他几个城市排名较低,2014~2017年武汉市的中介中心度排名较低,2018~2021年苏州的中介中心度的排名较低,这表明其在创新网络中虽也起到中介作用,但是力度较前几个城市小,只能控制少数几个节点之间的创新联系。2010~2021年成都市的中介中心度在稳步增长,其排名呈现先下降后上升的趋势,这表明其在2014~2017年发挥的中介作用减少,对于控制其他节点间的创新联系减弱,而到了2018~2021年其中心度呈倍速增长,说明其中介作用快速增长,从而对其他城市之间的创新联系的控制越高,越能促进其他节点间的创新网络合作。同样,长沙市的排名在2018~2021年有所上升,这表明其中介作用在增强,对于其他城市的创新网络合作起到更强的中介作用。

表5-3 技术创新网络中介中心性(排名前十的城市)

年份	城市	中心度	年份	城市	中心度	年份	城市	中心度
2010~2013年	北京市	10309.58	2014~2017年	北京市	18973.57	2018~2021年	北京市	17981.361
	上海市	4648.778		上海市	8115.223		上海市	8929.737
	深圳市	3589.182		深圳市	3971.801		深圳市	4740.727
	成都市	1452.937		广州市	2862.936		天津市	4417.765
	广州市	1370.24		天津市	2843.311		成都市	4121.592
	南京市	1261.62		成都市	2591.063		西安市	3435.25
	厦门市	1118.686		西安市	2542.223		武汉市	3251.853
	佛山市	1005.263		厦门市	2247.658		长沙市	3042.87
	长沙市	975.512		合肥市	2151.804		广州市	2420.079
	天津市	958.474		武汉市	1925.595		苏州市	2191.533

5.3 研究小结

通过技术创新网络图谱分析可见，2010~2021 年的创新网络主体不断增加，民企与民企之间的创新网络合作一直是主要的创新网络合作形式，国有企业间的合作形式仅次于民营企业间的合作形式；同时其网络结构呈现"核心—边缘"结构，出现了以国家电网公司、南方电网科学研究院有限责任公司等为核心主体的小规模子群，且小规模子群在不断增加，网络的稠密性也在增加；通过对于 2010~2021 年中心性的分析可以发现，北京市、上海市和深圳市的三个中心性排名都较高，并且其中心度也较大，这表明三个城市对于创新网络的发展起到重要的带动引导作用，占据着主导地位；同时成都市的三个中心度的排名一直处于较为居中的位置，这表明成都市对于创新网络的发展也有引领带动作用，但是其强度较前几名有所减弱；南京市的点度中心度以及接近中心度的排名都较低，这说明南京市的中心地位较低，对于城市之间的创新网络合作起到的作用不是很大；苏州市的中介中心度排名最末，这说明其对于控制其他节点间的创新联系能力较差，没有起到很好的中介作用，对于创新网络的发展作用较微弱。

第 6 章
技术创新网络演化的驱动机理

已有针对中国专精特新中小企业技术创新网络特征及其多维邻近性机理的研究尚有不足，缺少一定的系统性。为丰富当前创新地理学的研究内容，本书基于中国专精特新中小企业合作申请专利数据，运用复杂网络分析和空间分析方法系统剖析技术创新的网络属性和空间结构特征，并利用负二项回归模型揭示技术创新网络演化的影响因素。基于专精特新中小企业技术创新网络演化特征、演化规律及模式的分析，本章为进一步阐释驱动技术创新网络演化的影响因素及其作用机理，并利用负二项回归模型揭示技术创新网络演化的影响因素，并进一步结合空间自相关和空间杜宾模型分析经济和地理权重的驱动机理。

6.1 多维邻近性机理

由于本书研究的因变量为计数数据，一般运用泊松回归进行估计，但企业技术创新合作申请专利数据存在较多因变量值为 0，且均值与方差差距大，难以满足泊松回归的等离散假设，因而本研究拟采用负二项回归模型对面板数据进行估计，探索邻近性对技术创新网络的作用机理。同时，为确保估计结果的可行度，运用层次回归分析方法。回归结果如表 6-1 所示。

表 6-1　多维邻近性对中国专精特新中小企业技术创新网络影响的回归

变量	模型（1）	模型（2）	模型（3）	模型（4）	模型（5）
Geo	-0.0011*** (0.0000)	-0.0012*** (0.0000)	-0.0006*** (0.0000)	-0.0003*** (0.0000)	-0.0003*** (0.0000)
Reg		0.9187*** (0.0325)	1.0376*** (0.0211)	1.2486*** (0.0181)	1.0868*** (0.0178)
Eco			1.8936*** (0.2233)	1.7484*** (0.0217)	1.2238*** (0.0211)
Soc				291.0799*** (4.5095)	206.0202*** (3.5679)
Tec					3.5850*** (0.0789)
常数项	-2.0403*** (0.0418)	-2.4648*** (0.0389)	-34.1979*** (0.3625)	-35.0075*** (0.3717)	-28.3981*** (0.03553)
$lnalpha$	6.7149*** (0.0153)	6.5924*** (0.0156)	5.4411*** (0.0178)	3.2332*** (0.0171)	2.9875*** (0.0173)
样本数	1.6e+06	1.6e+06	1.6e+06	1.6e+06	1.6e+06
Pseudo R^2	0.0152	0.0247	0.1130	0.3517	0.3770
LR chi^2	1770.40	2881.04	13153.50	40941.60	43888.35
Prob	0.0000	0.0000	0.0000	0.0000	0.0000

注：括号内为标准误差；显著性水平 *p<0.1、**p<0.05、***p<0.01。

地理邻近性（Geo）的回归系数是-0.0003，且通过1%的显著性水平检验，说明以地理距离衡量的地理邻近性对城市创新合作均为负向显著作用，地理距离越大越不利于市际创新合作。地理邻近能促进创新合作主体互动交流和隐性知识传播与扩散，因此，地理邻近为市际间技术创新合作提供便利条件，但随着地理距离的增加，互动接触成本提升，进而阻碍市际创新联系。这与弗里德曼（Friedman，2005）等学者提出的"地理已死"论断不一致，表明即使现今交通快捷与信息技术发达，地理邻近性仍在中国专精特新中小企业技术创新合作中发挥重要作用。

制度邻近性（Reg）的回归系数是1.0868，且通过1%的显著性水平检验。不同行政级别的城市制度环境各异，这种差异会致使创新合作面临制度壁垒，而同一个行政级别的城市具备相似的制度框架、科学规范或行为准则，这有利于减少制度障碍，增强互信，减少不必要的成本因素，提升促成创新合作达成共识的可能性。这与梅拉特（Maillat & Kebir, 2008）等学者的研究相似，相似的制度基础是市际间创新合作的基础。

经济邻近性（Eco）的回归系数是1.2238，且对技术创新合作有显著的正影响。城市的工业结构在一定程度上与经济发展水平有关，经济相近会形成相似的产业结构，这表明经济邻近性能够促进市际间创新合作，经济发展水平越接近的城市间越有机会发生创新合作。这一结论印证了孙（Sun & Liu, 2016）关于经济邻近性的论述，经济邻近的市际间拥有较为相似的技术发展水平和产业结构，使技术创新合作更易发生。

社会邻近性（Soc）的回归系数是206.0202，通过1%的显著性水平检验，表明专精特新企业技术创新合作的主体更倾向选择社会邻近的主体来建立合作关系，社会关系的密切程度是提高创新合作的重要因素。社会邻近性基于合作惯例和信任机制来降低创新合作的不确定风险，减少不必要的流程，提升创新要素流动及接受程度，增强市际间创新合作的路径依赖程度。社会邻近性对技术创新网络的回归系数最大，解释力最高，说明社会邻近性是中国专精特新企业技术创新合作的关键因素。

技术邻近性（Tec）的回归系数是3.5850，通过1%的显著性水平检验，技术邻近性对创新合作具有正向作用。技术创新主体间创新知识、经验、工业技术结构相似度与适配度越契合，主体间的隐性知识结构就越相似，越利于双方对多元化知识基础和稀有资源的获取，以及新技术的前景、应用价值判断及资源整合的理解，使市际间技术创新合作通道顺畅和高效。

本书从样本和方法两方面对模型回归结果进行稳健性检验。一方面，基于样本选择的检验，根据城市间技术创新合作规模的统计量，考虑到城市间技术创新合作规模为1的合作关系偶发性较大，创新合作可能不受多维邻近性限制，因而将创新合作规模为1的城市剔除，重新采用模型进行逐步回归。另一方面，基于模型回归方法的检验，本书利用Tobit模型重新进行实证演算。两种检验方式回归结果如表6-2所示，模型回归结果未出现相悖结论。

第6章 | 技术创新网络演化的驱动机理

表6-2 稳健性检验结果

变量	模型（1）	模型（2）	模型（3）	模型（4）	模型（5）	模型（6）	模型（7）	模型（8）	模型（9）	模型（10）
Geo	-0.0011*** (0.0000)	-0.0012*** (0.0000)	-0.0006*** (0.0000)	-0.0002*** (0.0000)	-0.0003*** (-0.0000)	-0.0234*** (0.0005)	-0.0250*** (0.0005)	-0.0185*** (0.0005)	-0.0110*** (0.0004)	-0.0112*** (-0.0004)
Reg		0.9094*** (0.3858)	1.0030*** (0.0247)	1.2495*** (0.0207)	1.0969*** (0.0205)		18.0906*** (0.3048)	15.6366*** (0.2988)	15.5753*** (0.2843)	14.0301*** (0.2949)
Eco			1.8923*** (0.0258)	1.7568*** (0.0248)	1.2506*** (0.0242)			33.7060*** (0.4452)	30.3454*** (0.4014)	21.3664*** (0.3873)
Soc				302.5883*** (5.1225)	218.4761*** (4.1396)				442.7345*** (5.8595)	386.4619*** (5.6041)
Tec					3.5892*** (0.0927)					56.2111*** (1.3550)
常数项	-2.0817*** (0.0490)	-2.4940*** (0.0457)	-34.2640*** (0.4180)	-35.4930*** (0.4253)	-29.1933*** (0.4076)	-124.0214*** (1.4071)	-133.5906*** (1.5172)	-663.8840*** (8.2042)	-607.1930*** (7.4240)	-495.3627*** (7.1472)
样本数	1.6e+06	1.6e+06	1.6e+06	1.6e+06	1.6e+06	1.6e+06	1.6e+06	1.6e+06	1.6e+06	1.6e+06
LR chi²	1313.75	2091.30	9608.37	32440.06	34593.71	4247.18	9486.86	24961.04	33845.91	37507.39
Prob	0.0000	0.0000	0.0000	0.0000	0.0000	0.0000	0.0000	0.0000	0.0000	0.0000

注：括号内为标准误差；显著性水平 *p<0.1、**p<0.05、***p<0.01。

95

采用负二项回归模型剖析多维邻近性对中国专精特新企业技术创新网络的机理中发现，地理邻近性、制度邻近性、经济邻近性、社会邻近性、技术邻近性均具有显著作用。地理距离在现阶段仍是专精特新企业技术创新合作的一个制约因素，影响创新网络作用力的排序是社会邻近性＞技术邻近性＞经济邻近性＞制度邻近性＞地理邻近性，其中社会邻近性作用力最强，其是带动知识和技术跨区流动的关键因素。

6.2 空间自相关分析

在对中国 284 个城市创新网络合作加权度的测算基础上，基于地理和经济 2 个角度的权重下对城市进行空间自相关分析，得到莫兰指数结果（见表 6-3），在两种权重下 Moran's I 都大于 0，这表明其均具有空间正相关性，值越大，空间相关性越大。由表 6-3 可见，在地理权重矩阵下 2011年、2012~2016 年、2018~2019 年的结果均为显著；经济距离权重矩阵下，2011 年、2013 年、2014 年及 2018 年的结果显著，表明我国城市的创新网络发展水平并非完全随机分布，同时被解释变量存在正向的空间自相关，可使用空间计量方法。

表 6-3   技术创新网络发展水平 Moran's I 指数

年份	地理距离权重矩阵		经济距离权重矩阵	
	Moran's I	p	Moran's I	p
2010	0.001	0.318	0.006	0.313
2011	0.008	0.014	0.009	0.012
2012	0.001	0.206	0.001	0.203
2013	0.007	0.023	0.006	0.039
2014	0.012	0.001	0.013	0.002
2015	0.005	0.052	0.002	0.156

续表

年份	地理距离权重矩阵		经济距离权重矩阵	
	Moran's I	p	Moran's I	p
2016	0.007	0.025	0.002	0.165
2017	0.003	0.112	0.001	0.296
2018	0.011	0.002	0.005	0.058
2019	0.005	0.041	0.001	0.220
2020	0.002	0.145	0.001	0.325
2021	0.002	0.129	0.003	0.451

注：显著性水平 *p<0.1、**p<0.05、***p<0.01。

6.3 空间杜宾模型分析

6.3.1 空间杜宾模型回归结果

通过 Stata 得出总体 SDM（见表 6-4），p 值在经济和地理两种权重下均为显著的，说明使用空间杜宾模型是正确的。在总体权重系数下，经济基础在经济权重矩阵下通过了 5% 的显著性检验，其对于创新网络的发展具有负向的作用，同时在地理权重矩阵下其对于创新网络的发展也具有负向作用，这表明经济基础越好反而会对创新网络的发展起到抑制作用；功能基础在两种矩阵下分别通过 1% 和 10% 的显著性检验，且其对于创新网络的发展均具有负向作用；智力基础在两种矩阵下对于创新网络的发展均具有不显著的正向作用，能够带动引领创新网络发展；信息基础在经济权重下通过 10% 的显著性检验，在两种矩阵下信息基础对于创新网络的发展均具有负向的作用，这表明信息基础越好，会抑制创新网络的发展；产业驱动在两种矩阵下分别通过 1% 和 5% 的显著性检验且其系数为正，这表明产业驱动对于创新网络的发展具有显著的正向影响,能够促进创新网络的发展;消费驱动在经济权重下对于创新网络具有正向的影响而在地理权重下则对创新网络产生负面影响;人才支撑中的第一产业从业人数在两种矩阵下均通过了5%的显著性检验,这表明第一产业从业人数对于创新网络的发展具有显著的带领引导作用,通过增加第一产业从业人数能促进创新网络发展;人才支撑中的第二产业从业人数在两种矩阵下分别通过1%和5%的显著性检验,这表明第二产业从业人数对于创新网络发展均具有显著的正向影响;人才支撑中的第三产业从业人数在经济权重下通过5%的显著性检验且其系数为负,这表明第三产业从业人数过多反而会抑制创新网络的发展。在地理权重下其对于创新网络的发展也具有负面影响;政府扶持在两种矩阵下对于创新网络的发展都是正向的,这表明政府扶持越多,对于创新网络发展越有利;众创氛围在两种矩阵下分别通过了10%和5%的显著性检验且其系数都为正,这表明众创氛围越好,越能促进创新网络的发展。

表6–4　　　　　　　　　空间杜宾模型回归结构分析

变量	创新网络发展水平	
	经济权重矩阵	地理权重矩阵
$\ln x1$	-3.3667 (-1.071)	-4.2471 (-1.321)
$\ln x2$	0.3304 (0.335)	0.1889 (0.192)
$\ln x3$	-1.7434** (-2.483)	-1.7399** (-2.473)
$\ln x4$	1.2593 (1.219)	1.2125 (1.178)
$\ln x5$	0.3323 (0.368)	0.3123 (0.345)
$\ln x6$	-1.3228 (-0.601)	-1.3257 (-0.597)

续表

变量	创新网络发展水平	
	经济权重矩阵	地理权重矩阵
ln$x$7	-3.3095* (-1.836)	-3.4487* (-1.905)
ln$x$8	-3.6568** (-2.443)	-3.3877** (-2.252)
ln$x$9	1.3118 (0.589)	1.2319 (0.552)
ln$x$10	-1.2743 (-1.614)	-1.0976 (-1.390)
ln$x$11	-4.6992*** (-3.007)	-4.6564*** (-2.923)
Wx ln$x$1	-40.2669** (-2.468)	-21.5620 (-0.972)
ln$x$2	-9.0208*** (-2.779)	-4.8716* (-1.725)
ln$x$3	1.4529 (0.351)	0.4966 (0.122)
ln$x$4	-7.1518* (-1.920)	-3.4579 (-1.035)
ln$x$5	26.2720*** (3.381)	17.7816** (2.001)
ln$x$6	1.7496 (0.177)	-2.1452 (-0.186)
ln$x$7	40.0706** (2.274)	37.0850** (2.022)
ln$x$8	26.7134*** (3.558)	16.3278** (2.166)
ln$x$9	-19.7806** (-2.038)	-13.1813 (-1.060)

续表

变量		创新网络发展水平	
		经济权重矩阵	地理权重矩阵
Wx	$\ln x10$	5.8081 (0.929)	3.3910 (0.523)
	$\ln x11$	11.3098* (1.894)	13.2886** (2.029)
ρ		0.2399** (1.995)	0.3554*** (3.287)
sigma2_e		404.4504*** (41.270)	404.4934*** (41.261)
样本数		3408	3408
R^2		0.025	0.030
Hausman		固定效应	固定效应

注：括号内为标准误差；显著性水平 * $p<0.1$、** $p<0.05$、*** $p<0.01$。

6.3.2 空间效应分解

在地理和经济权重下中国 284 个城市加权度呈现显著的结果，表明运用空间杜宾模型分析是合理的。通过地理和经济 2 个权重解释总效应，并把总效应分解为直接效应和间接效应，对本地城市创新网络合作有影响的为直接效应，对外部城市创新网络合作有影响的为间接效应。

根据表 6-5 可得，智力基础在经济权重和地理权重中对外部创新网络的合作均具有正向影响，而在两个权重中对内部创新网络的合作具有负向作用，这表明良好的治理基础会促进外部城市之间的创新网络合作，反而会对内部创新网络的合作产生抑制作用。与此同时，人才支撑中的第一产业和第二产业从业人数在两种权重矩阵下都对外部创新网络产生引领作用，而对内部城市之间的创新网络合作存在抑制作用，这表明第一产业和第二产业的从业人数过多会导致就业压力过大，从而会抑制本地创新网络的发展，同时，外部

第 6 章 | 技术创新网络演化的驱动机理

城市通过各种政策吸引人才,从而能够促进外部创新网络,起到良好的正向作用。人才支撑中的第三产业从业人数在两种权重矩阵下都对本地的创新网络存在正向影响,而对邻近城市的创新网络均存在负向作用,由于政府大力推行留住人才政策,留在本地的高新技术人才越多,从而促进了本地创新网络的发展,也影响了外部之间创新网络的合作。由于本地城市的政府对于创新投入力度加大,导致各个城市不利于与其他城市开展创新网络合作,阻碍了邻近城市之间的创新网络合作。经济基础在两种矩阵下对于内外部城市的创新网络均具有负向作用,究其原因,内需扩大缓慢,失业增加,高人均 GDP 导致外资带来过时的产品和技术,最终使民族经济发展缓慢,从而抑制了城市内外部的创新网络合作。消费驱动对于邻近城市的创新网络在地理权重矩阵下具有正向作用,而对于本地城市创新网络具有负向影响。随着网络零售和新型商业业态的发展,导致社会消费品零售额的提高反而会对外部的创新网络有引领带动作用,而对本地创新网络有削弱作用,对本地创新网络的发展产生不利影响。信息基础对本地城市创新网络均具有引领带动作用,而对于外部城市创新网络的合作则均具有负面影响,这表明技术网络的发达能够促进城市内部之间的交流,从而能够通过内部之间的合作交流满足自身的需求,从而也就减少了与外部城市之间的创新网络合作,使外部创新网络的合作被抑制。产业驱动对于内部之间以及邻近城市之间的创新网络合作均具有正向影响,且对于邻近城市之间的作用更加显著,这表明产业的快速发展能够起到引领作用,带动本地城市的创新主体进行创新网络合作,同时随着互联网技术的发展,电子商务的作用也越发凸显,这能够促进邻近城市之间的沟通交流,从而促进了外部城市之间的创新网络合作。功能基础在两种矩阵下对于创新网络具有正向作用,而对于外部创新网络则起到抑制作用,这表明固定资产的投资有利于改善城市的基础设施,从而方便内部之间的沟通交流,反而促进了城市内部创新网络的发展,同时内部之间的合作也满足了自身的需求,从而抑制了外部城市之间创新网络的发展。政府支持对本地城市的创新网络合作均具有负面影响,而对于外部城市创新网络合作均具有正向作用,这表明政府的扶持能够促进企业的发展,能够促进当地企业增加创新产出，因此当内部之间的创新网络合作不能满足自身需求时，就转向与邻近城市之间的合作，从而促进了外部城市之间创新网络的发展，也就抑制了内部城市之间的沟通交流。众创氛围对于本地创新网络合作均具有负向的作用，而对于外部城市之间的合作具有较为显著的正向作用，这表明研发投入不断增强，能够激发全社会的创新活力，提升科技创新能力，反而增加了与邻近城市之间的合作机会，从而对内部城市之间的合作起到负面作用。

表 6–5　　　　　　　　　直接、间接效应估计结果

变量	直接效应 经济权重矩阵	直接效应 地理权重矩阵	间接效应 经济权重矩阵	间接效应 地理权重矩阵
$\ln x1$	-3.3437 (-1.041)	-4.2146 (-1.290)	-54.3627** (-2.179)	-36.4040 (-0.927)
$\ln x2$	0.2673 (0.281)	0.1294 (0.136)	-12.2064*** (-2.601)	-7.8527* (-1.775)
$\ln x3$	-1.6671** (-2.483)	-1.6654** (-2.477)	1.6338 (0.290)	0.1558 (0.024)
$\ln x4$	1.2408 (1.232)	1.1984 (1.196)	-9.4298* (-1.798)	-5.1648 (-0.950)
$\ln x5$	0.3948 (0.453)	0.3779 (0.433)	34.9179*** (3.159)	27.6430* (1.902)
$\ln x6$	-1.2258 (-0.569)	-1.2402 (-0.572)	2.5980 (0.191)	-3.2511 (-0.170)
$\ln x7$	-3.2246* (-1.715)	-3.3282* (-1.762)	52.0802** (2.064)	55.3417* (1.848)
$\ln x8$	-3.6578** (-2.554)	-3.3901** (-2.360)	34.9406*** (2.929)	24.5923* (1.840)
$\ln x9$	1.4812 (0.676)	1.3992 (0.637)	-26.0637* (-1.822)	-20.0629 (-0.930)

续表

变量	直接效应		间接效应	
	经济权重矩阵	地理权重矩阵	经济权重矩阵	地理权重矩阵
$lnx10$	-1.2545 (-1.581)	-1.0802 (-1.365)	6.5770 (0.767)	3.9566 (0.374)
$lnx11$	-4.7658*** (-3.100)	-4.7071*** (-3.017)	13.3709* (1.670)	18.1499* (1.710)

注：括号内为标准误差；显著性水平 $*p<0.1$、$**p<0.05$、$***p<0.01$。

6.4 研究小结

通过采用负二项回归模型剖析多维邻近性对中国专精特新企业技术创新网络的机理中发现，地理邻近性、制度邻近性、经济邻近性、社会邻近性、技术邻近性均具有显著作用。地理距离在现阶段仍是专精特新企业技术创新合作的一个制约因素，影响创新网络作用力的排序是社会邻近性>技术邻近性>经济邻近性>制度邻近性>地理邻近性，其中社会邻近性作用力最强，其是带动知识和技术跨区域流动的关键因素。通过空间杜宾模型分析，经济基础即人均GDP越高，对各城市之间的创新网络合作形成阻碍，从而对创新网络的发展产生负面影响；功能基础即固定资产投资额越高，城市的基础设施就越好，对于本地创新网络的发展具有正向作用，而对于外部城市之间的创新网络合作则起到抑制作用；智力基础即每百人图书馆藏书对于外部创新网络发展起到正向作用，对于内部创新网络产生抑制作用；信息基础即年末移动电话用户数，其发展得越好，越能促进城市内部的交流，越能通过内部创新网络合作满足需求；产业驱动即批发零售贸易业商品销售总额，其越高，表明城市的产业发展得越好，能够促进内部创新网络的发展，同时内部创新网络合作不能满足其需求时，就促进了外部创新网络的合作；消费驱动即社会消费品零售总额，电商产业的发展，会促进外部创新网络更好发展，从而抑制了内部创新网络之间的合作；人才支撑中的第一产业从业人数和第二产业从业人数过多会抑制本地创新网络的发展，而外部城市吸引人才，从而促进外部城市创新网络的发展；人才支撑中的第三产业从业人数由于政策留在本地，从而促进本地创新网络发展，而外部城市吸引不到人才，就会对外部创新网络产生抑制作用；政府支持即科学事业费支出，其支出越多会促进企业的发展，需求就会越多，因此内部的创新网络合作不能满足其需求，创新主体会转而与外部城市合作，因此促进了外部创新网络的发展而抑制了本地创新网络的发展；众创氛围即城市创新指数，创新指数越高，越能激发社会的创新能力，从而增加了与外部创新网络的合作，而对本地创新网络产生负面影响。

第 7 章
技术创新网络对创新绩效的影响机制

本章聚焦于专精特新中小企业技术创新网络对其创新绩效的影响的理论和实证分析，目的在于揭示技术创新网络规模、网络强度和网络质量，以及二元创新能力、市场动态性影响专精特新中小企业创新绩效的机理，并基于技术创新网络视角提出相应的对策建议以提升其创新绩效。

7.1 理论分析和研究假设

7.1.1 技术创新网络对创新绩效影响的理论分析

专精特新中小企业的创新绩效受网络规模、网络强度和网络质量的显著影响。网络强度指的是专精特新中小企业与其合作伙伴之间的交流频率和深度，包括客户、供应商、竞争对手和中介机构。高强度的合作关系有助于快速有效地交换信息和资源，促进知识共享和技术转移，从而直接影响专精特新中小企业创新过程的效率和成果。强关系网络有助于促进信任的建立，降低合作的不确定性，使企业能更加灵活地应对市场变化和技术变革带来的挑战，加速产品或服务的开发和上市过程（肖久灵和韩玉冰，2022）。网络规模是指专精特新中小企业外部网络中众多复杂组织关系和关系中嵌入资源的多少。网络规模越大意味着企业外部网络关系越多，嵌入在网络关系中的资源往往越多，外部网络可能获取的知识资源往往也越丰富（党兴华和刘立，2014；李纲等，2017）。通过对国内外相关文献检索，专利合作技术是测度技术创新质量的合理指标之一（侯光文和刘青青，2022）。因此通过提升与合作伙伴间的网络交流强度，加大企业在创新网络中合作规模，以提升企业的专利合作水平，从而使专精特新中小企业更有效地获取和利用网络资源，促进网络知识的流动和技术的共享，从而提升其创新绩效。而专精特新中小企业双元创新能力作为中介变量，在网络规模、网络强度、网络质量与专精特新中小企业创新绩效之间也发挥着显著的影响作用。网络强度通过促进信息交流和资源共享，促进了企业间的合作；网络规模度则通过提高专精特新中小企业在网络中的关系影响力和资源获取能力；网络质量通过提高专精特新中小企业与其他企业或者机构之间的专利合作水平，三者所构成的技术合作网络共同推动创新绩效的提升。

专精特新中小企业所处技术环境的动态性，包括技术变化的频率、幅度以及预测难度等，涵盖产业技术变化的多个维度，不仅涉及新技术机会出现、新产品问世以及新工艺发明，还包括现有产品持续优化，以及相关技术法规和标准的更新。尽管应对技术环境的动态性并非专精特新中小企业动态能力不可或缺的部分（曹虹剑等，2022），但在此环境中，专精特新中小企业动态能力往往能展现其更大的价值（Cassiman & Veugelers, 2006；杨震宁和赵红，2020）。与此同时，市场动态性，包括市场需求波动的速度和程度，以及行业内部竞争的激烈程度与市场预测的难度，也是分析专精特新中小企业创新发展的重要视角，尤其是市场需求波动，例如，顾客偏好快速变化、新顾客群体不断壮大、顾客构成动态调整，以及顾客需求难以精准预测等现状。此外，竞争对手战略调整和行为模式改变、政府政策调整及原材料供应等不稳定性因素，都构成环境动态性的重要组成部分（王伟楠等，2023）。这些变化对于专精特新中小企业的创新发展具有深远的影响，因此，对于创新环境动态性的准确理解和把握，是影响专精特新中小企业技术创新长期成功的重要因素（黄苹，2019）。基于上述分析，本书的理论模型如图 7-1 所示。

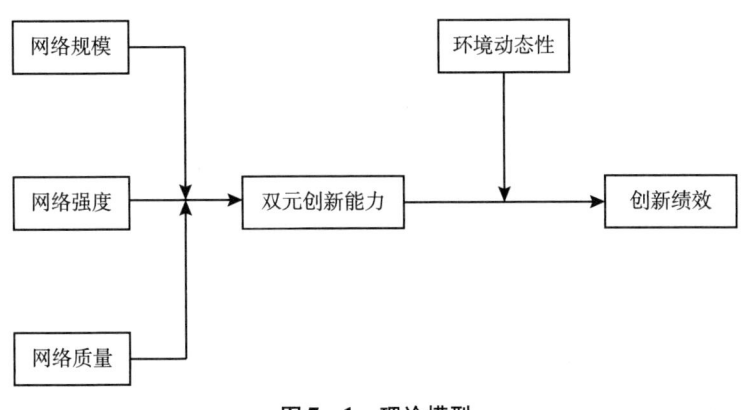

图 7-1 理论模型

7.1.2 技术创新网络对创新绩效影响的研究假设

7.1.2.1 网络规模与创新绩效

具有较大网络规模的专精特新中小企业通常被视为信息和资源流动的关键节点，这对于专精特新中小企业创新绩效有着显著的影响（李永周等，2018）。企业与合作伙伴间稳固的关系能够保证信息和资源的稳定流动，这种稳定性有助于专精特新中小企业在创新过程中减少不确定性，加速研发周期，提高创新绩效（王伟楠等，2023）。当企业的产品、技术或服务被网络内外多数企业所了解时，这表明企业在市场中具有较高的知名度和影响力，有助于企业间建立信任，吸引更多合作伙伴，为专精特新中小企业开展技术创新活动提供更广泛的资源和市场机会。通过充当其他企业间技术、知识或服务交流的中介，表明专精特新中小企业在网络中具有枢纽作用，这种角色使专精特新中小企业能够掌握更多的行业动态和技术趋势，促进其知识的积累和创新思想的产生，从而提高创新绩效（李伟红等，2023）。专精特新中小企业的技术创新网络规模对其创新绩效有着直接和积极的影响，网络规模更大的专精特新中小企业更容易获取关键信息和资源，建立稳定的合作关系并通过其市场和技术影响力来促进创新产品的开发和推广。基于以上分析，本书提出如下假设：

H1：专精特新中小企业技术创新网络规模对创新绩效存在显著正向影响。

7.1.2.2 网络强度与创新绩效

专精特新中小企业的创新绩效受其创新网络中关系强度的显著影响。关系强度体现在企业与其客户、竞争者、供应商以及中介机构等网络合作伙伴间的互动频率与质量。与客户紧密合作有助于专精特新中小企业精准把握市场需求，促进特色产品或服务的市场适应性；与竞争者的合作可以通过共享学习的知识和技术，加速创新的步伐，尤其对资源受限的专精特新中小企业至关重要；与供应商合作关系的深化则确保专精特新中小企业能够获得高质量原材料和先进的生产技术支持，进一步提升其创新成功率（王伟楠等，2023）；与中介机构的合作交流为专精特新中小企业提供宝贵的信息、咨询服务以及政策导向等，帮助企业在复杂的市场环境中砥砺前行。通过构建强大的技术创新合作网络，专精特新中小企业能够获得创新所需的关键外部资源和知识，加快信息流通和创新思维的交流，从而在竞争激烈的市场中不断增强创新能力，并保持其竞争力，显著提升创新绩效。基于以上分析，本书提出如下假设：

H2：专精特新中小企业技术创新网络关系强度对创新绩效有显著正向影响。

7.1.2.3 网络质量与创新绩效

创新网络作为专精特新中小企业获取外部知识、技术和资源的重要渠道，其网络质量直接决定企业能否从创新网络中获取有价值的信息和有质量的资源。高质量的创新网络往往能提供更准确、前沿和专业的知识资源和技术信息，这些资源和信息能极大地促进专精特新中小企业的创新活动。高质量创新网络往往具有更强的稳定性和更高的可靠性，企业与其合作伙伴间的信任关系更为牢固，创新合作更为顺畅，从而降低创新过程中的不确定性和风险。而且这种强稳定性和可靠性能够为专精特新中小企业提供更为安全的创新环境和条件，进一步提升专精特新中小企业的创新绩效。高质量的创新网络还能促进创新所需知识、技术和资源的有效整合和高效利用。在创新网络中，专精特新中小企业可以通过与其他合作伙伴进行创新的交流和合作，将各自所拥有的优势资源进行整合，形成优势互补效应，共同推动开展创新活动和提升创新绩效。这种创新所需资源的整合和利用能够提高专精特新中小企业的创新效率和效果，进而提升创新绩效。基于以上分析，本书提出如下假设：

H3：专精特新中小企业技术创新网络质量对创新绩效存在显著正向影响。

7.1.2.4 双元创新能力的中介效应

双元创新能力作为中介变量，可以强化网络规模、网络强度和网络质量对创新绩效的正向影响，并且揭示了专精特新中小企业如何通过创新网络中的互动和合作，提升其创新能力和绩效，具体而言，网络强度作为企业与合作伙伴之间互动的基础，通过频繁和深入的交流，促进了知识的共享和技术的转移。在网络合作中，高质量的网络合作，能够提升对资源的利用和整合能力，从而进一步加深了企业与企业之间的合作关系。这种紧密的合作关系不仅加速了创新思维的交流，还增强了专精特新中小企业对市场变化的响应能力，从而提高了创新的质量和速度。在这个过程中，双元创新能力发挥了中介作用，使企业能够更有效地利用网络中的资源进行探索式创新和利用式创新；网络规模反映了企业在创新网络中的能力程度，网络规模越大的企业更容易获取关键信息和资源，建立稳定的合作关系。这种规模优势，通过双元创新能力的中介作用，转化为创新绩效的提升。专精特新中小企业能够通过探索性创新进入新市场和技术领域，同时利用模式创新优化现有产品和技术，实现创新绩效的最大化。

H4.1：探索式创新在网络规模与技术创新绩效之间具有中介效应

H4.2：探索式创新在网络强度与技术创新绩效之间具有中介效应

H4.3：探索式创新在网络质量与技术创新绩效之间具有中介效应

H4.4：利用式创新在网络规模与技术创新绩效之间具有中介效应

H4.5：利用式创新在网络强度与技术创新绩效之间具有中介效应

H4.6：利用式创新在网络质量与技术创新绩效之间具有中介效应

7.1.2.5 环境动态性的调节效应

技术动态性涵盖产业技术变化的速率、广度及预测的挑战性，这包括技术机遇的涌现、新产品新工艺的问世、现有产品的优化、技术法规与标准的变动等。尽管动荡的环境并非动态能力的核心要素，但在此类环境中，动态能力的价值更为凸显。在相对平稳的市场环境中，基本能力足以支撑专精特新中小企业的生存与竞争，而动态能力的维护成本较为显著。然而，在动荡的环境中，机会稍纵即逝，此时动态能力的重要性不言而喻。新产品开发涉及大量长期投入且资源回收具有不确定性，这可能导致现有资源利用效率与潜在价值受到影响。技术环境的动荡性虽然削弱了现有新产品开发能力的直接价值，但同时也激发了动态能力的潜在价值。在高度技术动态的背景下，专精特新中小企业仅凭内部知识难以保持领先，因此，构建强大的资源与能力重构能力变得至关重要。在此情况下，能够广泛获取外部创新资源的企业更有可能在动态技术环境中保持竞争领先地位，它们能更有效地适应环境变化，利用外部资源增强竞争力和创新能力。

在技术革命性变革的浪潮中，拥有强大动态能力的企业相较于低技术动态环境中的竞争者，更能敏锐地感知、识别和把握技术机遇，从而在技术创新上取得显著优势。在日新月异的技术环境中，企业积累的经验成为推动技术创新的重要力量。技术动态性不仅带来了前沿的知识、技术和信息，还提升了资源利用的协调性和灵活性。这种动态性为专精特新中小企业提供了丰富的内外部创新资源，使组织能够高效、灵活地利用这些资源，克服变革带来的不确定性，从而推动技术创新。相比之下，低技术动态性环境可能导致组织缺乏变革的紧迫感，久而久之可能阻碍技术创新的推进。

市场动态性涵盖需求波动、行业内的激烈竞争以及预测难度等多个方面，是一个多维度的概念。这些方面的因素包括消费者偏好的快速变化、新客户的不断增长、需求的不确定性上升、竞争对手策略的持续演变、行业机遇的增多、政策环境的调整以及原材料供应的波动等。然而，要构建并有效利用这种动态能力，专精特新中小企业需要付出高昂的成本用于如现有资源的重新配置与整合、新资源的开发等。这种持续的资源重构过程不仅可能对专精特新中小企业的日常运营活动产生影响，还可能使资源价值的评估变得更为复杂和困难，从而引起额外的成本支出。在低市场动态性的环境中，动态能力的应用往往受到一定限制，其对专精特新中小企业竞争优势的贡献也相对较小。因此，在这种情境下，企业更倾向于持续利用现有的资源。

然而，当市场环境呈现出高度的动态性时，情况则截然不同。在这种环境下，率先获取并有效整合资源的专精特新中小企业将拥有更多的市场机会。资源的开发变得尤为重要，企业需要更加注重资源的整合与配置，以最大化地创造客户价值，从而在激烈的市场竞争中脱颖而出。此外，开放性的资源捆绑与整合对于为客户创造新价值的重要性也相应提升。随着市场动态性的增加，动态能力的优势越发明显，而其维持成本则相应降低。当市场环境快速变化时，专精特新中小企业更有可能通过组织变革来重新获得竞争优势。在大多数情况下，市场环境并不会处于极端的低动态或高动态状态，而是在一个可预测的动态水平上运行，这使得专精特新中小企业能够有效地利用和发挥动态能力。

H5.1：技术动态性正向调节探索式创新对技术创新绩效的影响

H5.2：市场动态性正向调节探索式创新对技术创新绩效的影响

H5.3：技术动态性正向调节利用式创新对技术创新绩效的影响

H5.4：市场动态性正向调节利用式创新对技术创新绩效的影响

专精特新中小企业的创新绩效受到网络规模、网络强度和网络质量等网络属性的显著影响，网络属性通过双元创新能力作用于企业的创新绩效，同时还受到环境动态性的调节，相关理论假设如表7-1所示。

表7-1 研究假设

编号	研究假设
H1	专精特新中小企业技术创新网络规模对创新绩效存在显著正向影响
H2	专精特新中小企业技术创新网络关系强度对创新绩效存在显著正向影响
H3	专精特新中小企业技术创新网络质量对创新绩效存在显著正向影响
H4.1	探索式创新在网络规模与技术创新绩效之间具有中介效应
H4.2	探索式创新在网络强度与技术创新绩效之间具有中介效应
H4.3	探索式创新在网络质量与技术创新绩效之间具有中介效应
H4.4	利用式创新在网络规模与技术创新绩效之间具有中介效应
H4.5	利用式创新在网络强度与技术创新绩效之间具有中介效应
H4.6	利用式创新在网络质量与技术创新绩效之间具有中介效应
H5.1	技术动态性正向调节探索性创新对技术创新绩效的影响
H5.2	市场动态性正向调节探索性创新对技术创新绩效的影响
H5.3	技术动态性正向调节创造性创新对技术创新绩效的影响
H5.4	市场动态性正向调节创造性创新对技术创新绩效的影响

7.1.3 模型设定

根据假设研究以及相关的路径模型图,为实证检验专精特新中小企业技术创新网络的三个维度与双元创新能力、环境动态能力与创新绩效间的作用关系,本书将构建以下测量模型:

$$X = \Lambda\, \xi + \sigma \tag{7-1}$$

其中:X表示观测变量;Λ表示观测变量与潜变量之间的函数关系,即因子载荷矩阵;δ与σ代表的则是观测变量与对应潜变量之间在相互转换过程中应该考虑的误差。

结构方程模型反映的是潜变量之间的相互关系,对应的基础结构方程(7-2)以及本研究代入的结构方程分别为:

$$\eta = B\eta + T\xi + \zeta \tag{7-2}$$

$$\eta1 = \xi \times \gamma1 + \zeta1 \qquad (7-3)$$

$$\eta2 = \xi \times \gamma2 + \eta1 \times \beta2 + \zeta2 \qquad (7-4)$$

$$\eta3 = \eta2 \times \beta3 + \zeta3 \qquad (7-5)$$

其中，ξ 和 η 为向量类型，ζ 为外生变量（由模型外部决定的），η 为内生变量（由模型所要决定的已知变量），γ 和 β 为回归系数，前者是用来衡量外生变量 SC 与内生变量之间的关系以及作用路径，后者则是用来检验内生变量之间的关系及作用路径，$\gamma1$、$\gamma2$、$\beta1$、$\beta2$ 等系数（涉及网络规模、网络强度、网络规模、探索性创新、创造性创新、技术动态性、市场动态性共7项）是本书所要研究的主要观测对象，由此来检验假设。

7.2 数据来源与收集方法

7.2.1 样本的分布

基于专精特新中小企业技术创新特征，本书的研究样本将主要聚焦于技术密集型制造业专精特新中小企业，选择电子电气、机械、医药、冶金、新材料、交通运输设备及零配件制造、装备及零配件制造等行业的中小企业作为研究样本，数据收集工作将以企业为个体单位进行。问卷对象主要来源于专精特新中小企业发达的上海市、江苏省、广东省和浙江省，尤其以浙江省的专精特新中小企业为主要研究样本，例如，浙江省宁波甬港现代创业服务中心、慈溪市环杭州湾（慈星）智能产业园、江北区联东U谷·宁波国际企业港的专精特新中小企业，主要企业和相关问卷数据见本书附录二和附录三，保证了样本数据和研究结论的科学性。

7.2.2 问卷设计与发放

调研设计的问卷涵盖专精特新中小企业技术创新网络规模、网络强度、网络质量，涉及探索性创新、利用性创新、市场动态性、技术动态性等多个维度。为保障问卷结果的客观性和准确性，通过实地走访、电子问卷、电话访谈发放等形式，选取对专精特新中小企业技术创新等情况有较了解的企业中高层管理者和核心技术人员作为主要的调研对象。

7.2.3 样本量的确定

本书采用结构方程模型（SEM）的分析方法。由于样本量会对结构方程模型分析的稳定性和指数适用性产生影响，所以样本量需满足一定条件。根据学者们的观点，用结构方程模型进行数据分析，本书测量题项共有40个，样本量至少应达到300~400个，但是为了使数据更为准确，综合以上原因，将本书的样本量确定至450~550个。

7.2.4 问卷数据的收集

问卷以专精特新中小企业的管理层员工为主要受访对象，调研过程主要依赖于实地走访和电子问卷的形式，其中电子问卷主要是通过问卷星在线平台，精心设计问卷结构，并生成便于推广的链接和二维码。在问卷发放环节，初步计划发放550份问卷。经过仔细筛选，剔除具有明显作答规律等特征的问卷数据，最终收集到有效问卷共计518份，整体的有效回收率达到了94.2%。

7.3 变量的定义与测量

7.3.1 创新网络

创新网络是一个动态且多维的协作系统，旨在推动技术创新活动的持续产生与发展。基于网络规模、网络强度和网络质量三个维度，其中网络规模是指参与技术创新活动的组织数量及其多样性，表现创新网络的广泛性和包容性；网络强度则反映组织间合作的紧密程度及其互动频率，是技术创新活动得以深入进行的重要指标；而网络质量是聚焦于组织间共享资源的效率、合作关系的质量以及技术创新成果的产出，成为衡量创新网络效能的关键。高效的创新网络应具备适当规模，以充分吸收和利用网络内不同组织的资源和优势；同时还需强化网络强度以促进网络组织间的深度交流与合作。强网络关系通常指合作组织间频繁、稳定和亲密的联系，这种联系促进了合作者之间信任的建立以及信息的快速传递，有助于合作组织实现互利共赢。而弱关系表现为并非如此频繁和紧密的联系，它们虽然并不提供深层次的合作和互动，但却是连接不同合作组织的桥梁，同样为专精特新中小企业带来新的信息和观点，从而增加其技术创新的机会。技术创新网络测量量表如表7-2所示。

表7-2　　专精特新中小企业技术创新网络测量

变量	编码	测量题项	来源
网络规模	IN11	本企业对其他企业的影响力、对其他企业的带动和领导	石静和孙建军（2022）
	IN12	本企业能吸收、消化并应用新技术到产品和服务中的能力	
	IN13	本企业参与的技术合作项目总数	
	IN14	本企业在网络中的直接合作伙伴	
	IN15	本企业合作伙伴在行业、地域、技术专长等方面的多样性	
	IN16	本企业在技术合作项目中的科研人员、科研资金的投入	
	IN17	本企业与其他合作伙伴之间合作关系的持续时间或稳定性	
网路强度	IN21	本企业与客户合作交流频率	刘学元等（2016）；潘松挺和蔡宁（2010）
	IN22	本企业与竞争者的合作交流频率	
	IN23	本企业与供应商的合作交流频率	
	IN24	本企业与中介机构的合作交流频率	
	IN25	本企业与其他企业合作项目的时间长度	
	IN26	本企业在合作中与其他企业共享技术、专利等程度和范围	
	IN27	本企业在创新技术合作项目中完成任务的效率和质量	

续表

变量	编码	测量题项	来源
网络质量	IN31	本企业主要技术伙伴的研发人员数量和质量实力较强	李长升等（2023）；石静和孙建军（2022）
	IN32	本企业主要技术伙伴的新技术的数量和质量实力较强	
	IN33	本企业主要技术伙伴的新项目的数量和质量实力较强	
	IN34	本企业主要技术伙伴的研发资金的数量和实力较强	
	IN35	本企业与合作伙伴在技术创新合作中各自优势与资源互补程度	
	IN36	本企业与合作伙伴在技术创新合作中取得实际成果的质量	
	IN37	本企业与合作伙伴在技术创新合作中风险共担和利益共享的机制是否健全	

7.3.2 创新绩效

创新绩效是衡量专精特新中小企业创新活动产出与成效的关键标准，不仅表现了专精特新中小企业在技术创新领域的竞争优势，更深刻揭示了其可持续发展得以实现的内在动力，直接体现了专精特新中小企业的创新能力及实际应用效果。创新绩效的衡量可涉及创新数量、质量、效益、速度、市场等多层面，高水平的创新绩效意味着专精特新中小企业能持续不断地推出有竞争力的新产品和服务，并将技术创新优势转化为市场优势和经济效益，是专精特新中小企业在激烈的市场竞争中保持活力和可持续发展的关键。基于已有研究成果，创新绩效测量量表如表7-3所示。

表7-3　　　　　　　　　创新绩效测量

变量	编码	测量题项	来源
创新绩效	IP1	本企业开发新产品或服务的数量多	Hagedoorn 和 Cloodt（2003）；刘学元等（2016）
	IP2	本企业拥有高效的生产工艺或服务流程	
	IP3	本企业新产品或服务的收入占总收入的比重高	
	IP4	本企业新产品或服务的技术含量高（包含专利）	
	IP5	本企业新产品或服务的创新速度较快	
	IP6	本企业新产品或服务的市场占有率高	

7.3.3 双元创新能力

本书基于已有文献研究,参考拉维等(Lavie et al.,2010)的成熟量表,通过6个测量题项评估受访者在双元创新能力的实际情况。这些题项要求受访者根据已有经验和感知使用1~5的评分系统来评价对每个测量题项的符合程度,从而为双元创新能力测量提供定量化的数据支持,以确保研究的准确性和可靠性。双元创新能力测量如表7-4所示。

表7-4　　　　　　　　　　双元创新能力测量

变量	编码	测量题项	来源
探索式创新	DIC11	本企业经常引导企业不断推出新产品和新服务	Lavie等(2010);Jansen等(2005)
探索式创新	DIC12	本企业偏向于追求开发新技术和新产品	Lavie等(2010);Jansen等(2005)
探索式创新	DIC13	本企业乐于探寻新市场并挖掘新客户	Lavie等(2010);Jansen等(2005)
利用式创新	DIC21	本企业认为有必要提升现有客户服务效率和范围	Lavie等(2010);Jansen等(2005)
利用式创新	DIC22	本企业时常强调对现有产品和服务的优化升级	Lavie等(2010);Jansen等(2005)
利用式创新	DIC23	企业侧重于开发利用现有市场和客户	Lavie等(2010);Jansen等(2005)

7.3.4 环境动态性

技术动态性和市场动态性往往是探讨环境动态性作为调节变量产生影响时的关键测量指标。这两个维度不仅直接反映了企业外部环境的变化速度和不确定性,同时也对企业的创新能力、市场响应速度和战略适应性提出了挑战。根据文献对两个概念的梳理,技术动态性是指技术更新换代的速度和新兴技术对企业业务模式、产品服务及竞争格局的影响程度。在当今这个科技日新月异的时代,技术的飞速发展使企业必须时刻保持警惕,紧跟技术潮流,甚至需要成为技术创新的引领者。技术动态性高的环境中,企业需要不断投入研发,优化产品,提升服务,以确保自身的竞争优势。市场动态性则是指市场需求、消费者偏好、竞争格局等市场要素的变化速度和不确定性。因此，企业需要具备敏锐的市场洞察力，能够准确把握市场动态，灵活调整市场策略，以满足不断变化的消费者需求。环境动态性测量如表7–5所示。

表7–5　　　　　　　　　　　　环境动态性测量

变量	编码	测量题项	来源
技术动态性	ED11	本企业所在主导产业中企业技术更新换代快	王安琪（2023）；Najafi等（2018）
	ED12	未来几年，本企业所在主导产业的技术变革难以预测	
	ED13	本企业所在主导产业技术变革激发并实现大量新产品创意	
市场动态性	ED21	本企业所在行业市场客户需求偏好经常变化	
	ED22	本企业所在行业市场产品（服务）更新快	
	ED23	本企业所在行业市场竞争十分激烈	
	ED24	本企业所在行业面临政策、经济、文化等宏观环境变化产生的压力	

7.4　数据分析方法

7.4.1　因子分析

为通过可观测的创新合作、创新产出等具体变量来对潜在的、不易直接衡量的创新网络、创新绩效等变量进行估计和评价，并揭示这些复杂变量背后抽象的因子结构，本书采用因子分析这一传统分析方法，即利用各变量间的相关性对其进行分组，发现在相同组内的各变量间显著相关，不同组间的各变量则表现为较低的相关性。因子分析方法有利于理解和分析复杂的数据结构，通过因子分析，在复杂变量关系问题中能有效提取占据主导地位和作用的少数关键因子。这些关键因子不仅能够揭示原始变量间的关系，还能全面反映所调查获取数据的基本结构。本书基于 SPSS 27.0 和 AMOS 23.0 统计分析软件，对所创新网络、创新绩效、二元创新能力等问卷测量数据进行深入的探索性和验证性因子分析。探索性因子分析作为问卷数据分析的基石，通过降低数据维度，能有效识别出影响测量变量的关键因子数量，从而并可进一步揭示专精特新中小企业创新网络、创新绩效等多元观测变量的内在结构。而验证性因子分析侧重于检验各个因子与测量题项之间的关系是否符合预先所设定的各项研究假设和基本理论框架，该分析确保了专精特新中小企业创新网络对创新绩效影响研究结论的准确性和可靠性，是一种对理论模型进行实证检验的有效工具。

7.4.2 结构方程

结构方程模型（SEM）是一种基于变量协方差矩阵对变量间关系进行统计分析的技术，其显著优势体现于能妥善和有效应对研究中常见的难以直接或准确测量的潜变量问题，因此该模型在管理学统计研究中占据重要地位。同时，结构方程模型具有处理多维因变量的能力，赋予研究更复杂和多维度的理论模型灵活性，研究者能对因子结构、各因子间关系以及模型拟合度同时进行评价，并允许一定测量误差的存在。结构方程模型的分析过程主要包括构建、拟合、评价和修正模型四个关键步骤，其中在评估模型拟合度时，为了能提升理论模型拟合度，还能增强参数估计的可靠性和有效性，往往追求最小化模型隐含协方差矩阵与样本方差矩阵之间的差异，这 SEM 常用的拟合度评价指标及其评价范围和判断值如表 7-6 所示。

表 7-6　　　　　　　　　　SEM 常用的拟合指数

指标名称	范围	判断值
x^2/df		$p<2$
CFI	0~1	>0.09

续表

指标名称	范围	判断值
IFI	0~1	>0.09
TLI	0~1	>0.09
SRMR	0~1	<0.05
RMSEA	0~1	<0.05

7.5 实证结果分析

7.5.1 描述性统计分析

7.5.1.1 被调查者及所在企业信息

研究共发放问卷550份，其中，518份有效问卷。有效问卷主要集中于江苏省、浙江省、上海市、广东省等地区的高新技术产业科技园区的专精特新中小企业。问卷主要包括被调查者及所在企业的基本信息、各变量测量题项两个部分，企业信息涵盖企业规模、注册资本等，被调查者信息涵盖学历、职位、工作年限等，如表7-7所示。

表7-7　　　　　　　　　　基本信息描述分析

属性	类别	人数（人）	占比（%）
学历	大专及以下	134	25.9
	本科	259	50
	硕士	91	17.6
	博士	34	6.6

续表

属性	类别	人数（人）	占比（%）
工作年限	一年以下	85	16.4
	1~3年	137	26.4
	4~5年	181	34.9
	6~10年	81	15.6
	10年以上	34	6.6
职位	董事长或总经理	17	3.3
	技术副总经理	71	13.7
	营销副总经理	79	15.3
	技术部经理	125	24.1
	销售部经理	119	23
	核心技术人员	90	17.4
	其他	17	3.3
企业规模	1~50人	128	24.7
	51~100人	182	35.1
	101~500人	153	29.5
	500人以上	55	10.6
注册资本	100万元以下	50	9.7
	100万~500万元	171	33
	501万~1000万元	159	30.7
	1001万~5000万元	105	20.3
	5000万元以上	33	6.4

7.5.1.2 测量题项描述性统计分析

运用SPSS 27.0进行描述性统计分析，包括各变量测量题项的最小值、最大值、均值、标准差、偏度和峰度，如表7-8所示。

表7-8　　　　　　　　　测量题项描述性统计分析

编码	样本数	最小值	最大值	均值	标准差	偏度	峰度
IN11	518	1	5	3.726	1.084	-0.464	-0.582
IN12	518	1	5	3.678	1.213	-0.491	-0.847
IN13	518	1	5	3.658	1.092	-0.454	-0.521
IN14	518	1	5	3.614	1.098	-0.371	-0.745
IN15	518	1	5	3.687	1.136	-0.580	-0.423
IN16	518	1	5	3.400	1.184	-0.153	-0.963
IN17	518	1	5	3.589	1.163	-0.390	-0.774
IN21	518	1	5	3.571	1.197	-0.390	-0.834
IN22	518	1	5	3.456	1.154	-0.225	-0.898
IN23	518	1	5	3.566	1.239	-0.491	-0.741
IN24	518	1	5	3.504	1.168	-0.294	-0.811
IN25	518	1	5	3.604	1.201	-0.439	-0.831
IN26	518	1	5	3.703	1.137	-0.476	-0.742
IN27	518	1	5	3.529	1.291	-0.444	-0.939
IN31	518	1	5	3.710	1.085	-0.372	-0.731
IN32	518	1	5	3.639	1.226	-0.542	-0.711
IN33	518	1	5	3.620	1.116	-0.483	-0.436
IN34	518	1	5	3.654	1.119	-0.420	-0.725
IN35	518	1	5	3.647	1.111	-0.585	-0.270
IN36	518	1	5	3.402	1.180	-0.061	-1.038
IN37	518	1	5	3.539	1.125	-0.321	-0.780
DIC11	518	1	5	3.600	1.219	-0.505	-0.713
DIC12	518	1	5	3.525	1.110	-0.336	-0.694
DIC13	518	1	5	3.583	1.253	-0.482	-0.844
DIC21	518	1	5	3.685	1.063	-0.880	0.456
DIC22	518	1	5	3.753	1.045	-0.902	0.621
DIC23	518	1	5	3.776	0.999	-0.895	0.797

续表

编码	样本数	最小值	最大值	均值	标准差	偏度	峰度
ED11	518	1	5	3.614	1.235	-0.909	-0.074
ED12	518	1	5	3.710	1.011	-0.748	0.414
ED13	518	1	5	3.635	1.219	-0.844	-0.058
ED21	518	1	5	3.701	1.197	-0.678	-0.324
ED22	518	1	5	3.689	1.148	-0.643	-0.327
ED23	518	1	5	3.726	1.173	-0.617	-0.315
ED24	518	1	5	3.853	1.131	-0.725	-0.194
IP1	518	1	5	3.724	1.091	-0.906	0.413
IP2	518	1	5	3.753	1.065	-0.854	0.353
IP3	518	1	5	3.724	1.062	-0.821	0.333
IP4	518	1	5	3.772	1.089	-0.837	0.272
IP5	518	1	5	3.782	1.145	-0.891	0.245
IP6	518	1	5	3.998	0.942	-1.041	1.122

由表7-8可见，样本数据均值位于3.400~3.998的范围内，标准差则在0.942~1.291之间，显示出被调查者对各项问题的态度普遍积极，且回答波动程度较小，表明样本数据分布具有较高合理性。参考克莱恩（Kline，2008）的偏度研究标准，当研究数据偏度系数绝对值小于3，且峰度系数绝对值小于8时，可认为研究数据符合正态分布。基于此，可确认本书研究的样本数据基本符合正态分布要求。

7.5.2 共同方法偏差检验

由于问卷调查中因变量与自变量的测量题项均由同一填答者在同一时间填写，因而容易出现共同方法偏差（common method variance，CMV）的问题。本书采用Harman单因素方法对同源偏差严重性程度进行检验，结果表明在非旋转基于特征值大于1的主成分因子分析状态下，8个因子解释了累积总变异的67.829%，其中第1个因子解释了13.712%的变异，未超过50%，因此本书的研究变量被解释为不存在明显共同方法偏差问题。

7.5.3 信度和效度检验

7.5.3.1 信度检验

（1）变量分类。本书涉及的7个潜变量包括网络规模、网络强度、网络规模、探索性创新、创造性创新、技术动态性、市场动态性。对变量测量设计了共40个测量题项。

（2）信度检验。信度是表明衡量测量工具在多次测量同一现象所产生的结果一致性和稳定性的指标。为评估研究的信度，Cronbach's α 系数往往被作为分析的工具。该系数取值范围在 0~1，其数值越高，表明测量工具的信度越高。根据一般标准，当 Cronbach's α 系数超过0.7时，测量工具的信度被认为是可接受的；若系数超过0.8，则表明该测量工具信度表现为良好。信度分析确保研究工具能对所研究变量进行稳定测量，从而提高研究结果的可信度。本书运用 SPSS 27.0 进行信度的检验，具体结果如表7-9所示。

表7-9　　　　　　　　　Cronbach's α 信度值

变量	编码	CITC	项目删除后的 Cronbach's α	Cronbach's α
网络规模	IN11	0.792	0.907	0.922
	IN12	0.763	0.910	
	IN13	0.748	0.911	
	IN14	0.769	0.909	
	IN15	0.715	0.915	
	IN16	0.759	0.910	
	IN17	0.759	0.910	

续表

变量	编码	CITC	项目删除后的 Cronbach's α	Cronbach's α
网络强度	IN21	0.736	0.902	0.914
	IN22	0.699	0.906	
	IN23	0.796	0.895	
	IN24	0.763	0.899	
	IN25	0.680	0.908	
	IN26	0.794	0.896	
	IN27	0.709	0.905	
网络质量	IN31	0.755	0.877	0.898
	IN32	0.690	0.885	
	IN33	0.678	0.886	
	IN34	0.686	0.885	
	IN35	0.643	0.890	
	IN36	0.724	0.880	
	IN37	0.742	0.878	
探索式创新	DIC11	0.728	0.790	0.853
	DIC12	0.718	0.804	
	DIC13	0.731	0.789	
利用式创新	DIC21	0.710	0.724	0.823
	DIC22	0.712	0.722	
	DIC23	0.617	0.816	
技术动态性	ED11	0.743	0.709	0.830
	ED12	0.689	0.776	
	ED13	0.653	0.803	
市场动态性	ED21	0.701	0.827	0.861
	ED22	0.680	0.835	
	ED23	0.724	0.817	
	ED24	0.729	0.815	

续表

变量	编码	CITC	项目删除后的 Cronbach's α	Cronbach's α
创新绩效	IP1	0.820	0.853	0.891
	IP2	0.760	0.863	
	IP3	0.683	0.876	
	IP4	0.600	0.889	
	IP5	0.715	0.871	
	IP6	0.687	0.876	

由表 7-9 可知，每个变量的 Cronbach's α 系数均满足大于 0.7 的标准，充分证明研究变量具有高度内部一致性的信度。同时，CITC 值均超过 0.5，进一步确认所测量题项与研究目的的一致性。在考察"删除该题项的 Cronbach's α 值"时，研究表明删除任何一测量题项均不会导致 Cronbach's α 值上升，再次验证研究变量的信度良好。因此，可确定本书的研究变量信度为良好。

7.5.3.2 效度检验

效度（validity）表明测量工具测量的准确性，即是否能准确测量该研究意图测量的某个特定概念或构念。效度研究广泛应用于研究测量项是否合理以及是否有意义的分析，KMO 和 Bartlett's 球形检验值往往用于判断测量是否具有效度。

（1）探索性因子分析。利用 SPSS 27.0 对变量进行探索性因子分析，基于测量量表进行 KMO 和 Bartlett's 球形检验，结果如表 7-10 所示。

表 7-10　　　　　　　　KMO 和 Bartlett's 球形检验

项目		检验值
KMO 取样适切性量数		0.943
巴特利特球形度检验	近似卡方	12404.118
	自由度	780
	显著性	0.000

基于表 7-10，得到数据 KMO 值为 0.943，超过 0.7 的阈值。同时，Bartlett's 球形检验的结果 Sig. <0.001，呈现为高度显著性。两者充分表明本书所采用的问卷数据满足进行因子分析的基本条件。基于此，可进一步采用主成分分析方法进行因子提取，设定特征根大于 1 作为公因子提取的标准。而在因子旋转阶段，选用方差最大正交旋转来进行深入的因子分析。分析结果见表 7-11。

表 7-11　　　　　　　　　　总方差解释

成分	初始特征值 总计	方差百分比（%）	累积百分比（%）	提取载荷平方和 总计	方差百分比（%）	累积百分比（%）	旋转载荷平方和 总计	方差百分比（%）	累积百分比（%）
1	12.870	32.176	32.176	12.870	32.176	32.176	5.081	12.702	12.702
2	3.310	8.276	40.451	3.310	8.276	40.451	4.909	12.271	24.973
3	3.076	7.691	48.142	3.076	7.691	48.142	4.690	11.724	36.697
4	2.409	6.022	54.165	2.409	6.022	54.165	3.731	9.327	46.024
5	1.954	4.885	59.049	1.954	4.885	59.049	2.893	7.233	53.257
6	1.610	4.024	63.073	1.610	4.024	63.073	2.312	5.781	59.038
7	1.265	3.162	66.235	1.265	3.162	66.235	2.117	5.293	64.331
8	1.078	2.694	68.929	1.078	2.694	68.929	1.839	4.598	68.929
9	0.644	1.609	70.539						
10	0.597	1.493	72.031						
11	0.591	1.478	73.510						
12	0.584	1.460	74.970						
13	0.535	1.337	76.307						
14	0.525	1.313	77.620						
15	0.507	1.268	78.888						
16	0.488	1.219	80.107						
17	0.461	1.153	81.260						
18	0.451	1.128	82.388						

续表

成分	初始特征值			提取载荷平方和			旋转载荷平方和		
	总计	方差百分比（%）	累积百分比（%）	总计	方差百分比（%）	累积百分比（%）	总计	方差百分比（%）	累积百分比（%）
19	0.438	1.096	83.484						
20	0.422	1.054	84.538						
21	0.410	1.026	85.564						
22	0.401	1.003	86.568						
23	0.389	0.971	87.539						
24	0.381	0.953	88.492						
25	0.369	0.921	89.413						
26	0.364	0.910	90.323						
27	0.347	0.868	91.191						
28	0.335	0.838	92.029						
29	0.324	0.811	92.840						
30	0.315	0.787	93.628						
31	0.310	0.775	94.403						
32	0.297	0.741	95.145						
33	0.293	0.733	95.878						
34	0.269	0.674	96.551						
35	0.265	0.663	97.214						
36	0.255	0.637	97.852						
37	0.237	0.593	98.445						
38	0.217	0.541	98.986						
39	0.213	0.533	99.519						
40	0.193	0.481	100.000						

由表7-11可得，分析结果共得到8个因子，总解释能力达到了68.929%，其值大于50%，表明通过因子分析筛选出来的8个因子具有良好

的代表性。

旋转后的成分矩阵如表7-12所示,网络规模、网络强度、网络质量、二元创新、创新绩效等各变量所测量题项的因子负荷量均大于0.5,且其交叉载荷均小于0.4,各题项均落于对应因子中,表明其具有良好结构效度。

表7-12　　　　　　　　　旋转后的成分矩阵

编码	成分							
	1	2	3	4	5	6	7	8
IN12	0.803	0.019	0.141	0.132	0.057	0.045	0.083	0.106
IN11	0.796	0.151	0.132	0.176	-0.015	0.039	0.119	0.106
IN14	0.789	0.119	0.146	0.133	0.004	0.036	0.105	0.122
IN17	0.787	0.117	0.118	0.151	0.011	0.049	0.138	0.009
IN13	0.787	0.141	0.070	0.140	0.075	0.043	0.044	0.082
IN16	0.783	0.122	0.055	0.132	0.081	0.099	0.109	0.129
IN15	0.735	0.168	0.137	0.145	0.033	0.032	0.126	0.030
IN26	0.164	0.809	0.105	0.149	0.104	0.031	0.046	0.107
IN23	0.162	0.806	0.157	0.107	0.031	0.088	0.125	0.095
IN21	0.093	0.786	0.106	0.114	0.069	0.003	0.108	0.028
IN24	0.161	0.784	0.072	0.139	0.085	0.084	0.078	0.106
IN27	0.043	0.754	0.152	0.147	0.138	0.045	0.038	0.054
IN22	0.108	0.748	0.076	0.128	0.056	0.045	0.133	0.015
IN25	0.100	0.713	0.095	0.148	0.016	0.096	0.113	0.144
IN31	0.097	0.122	0.784	0.178	0.042	0.083	0.069	0.099
IN37	0.085	0.124	0.782	0.169	0.130	0.077	-0.009	0.055
IN36	0.139	0.160	0.771	0.095	0.063	0.100	0.009	0.056
IN32	0.197	0.114	0.725	0.163	0.059	0.036	0.010	0.052
IN33	0.079	0.076	0.724	0.173	0.085	0.006	0.110	0.097

续表

编码	成分							
	1	2	3	4	5	6	7	8
IN34	0.137	0.117	0.714	0.149	0.044	0.079	0.063	0.158
IN35	0.046	0.036	0.710	0.087	0.125	0.050	0.136	0.129
IP1	0.210	0.207	0.248	0.746	0.110	0.191	0.154	0.098
IP2	0.191	0.195	0.257	0.718	0.090	0.172	0.110	0.102
IP6	0.167	0.144	0.202	0.717	0.044	0.036	0.085	0.180
IP3	0.221	0.205	0.117	0.671	0.051	0.105	0.149	0.182
IP5	0.218	0.149	0.245	0.665	0.117	0.075	0.199	0.145
IP4	0.177	0.196	0.172	0.640	0.067	0.095	0.083	0.035
ED24	0.072	0.110	0.076	0.025	0.842	0.061	0.014	0.071
ED23	0.047	0.129	0.066	−0.001	0.841	0.037	0.062	0.071
ED21	0.029	0.061	0.137	0.138	0.790	0.170	0.071	0.044
ED22	0.032	0.083	0.168	0.160	0.783	0.084	0.019	0.027
ED11	0.081	0.102	0.085	0.167	0.099	0.856	0.057	0.042
ED12	0.105	0.078	0.098	0.145	0.096	0.830	0.010	0.056
ED13	0.052	0.098	0.136	0.100	0.138	0.796	0.083	0.068
DIC11	0.238	0.186	0.090	0.203	0.080	0.014	0.787	0.134
DIC13	0.233	0.197	0.180	0.211	0.056	0.114	0.766	0.094
DIC12	0.253	0.271	0.089	0.220	0.060	0.069	0.744	0.046
DIC22	0.213	0.197	0.259	0.255	0.114	0.035	0.069	0.742
DIC21	0.218	0.175	0.306	0.202	0.081	0.105	0.102	0.735
DIC23	0.202	0.213	0.204	0.263	0.110	0.107	0.150	0.634

（2）验证性因子分析。网络规模、网络强度、网络质量等八个维度的因子共包含33个测量题目，通过利用 AMOS 23.0 执行验证性因子分析，可得图7-2验证性因子测量模型和表7-13验证性因子模型拟合度。

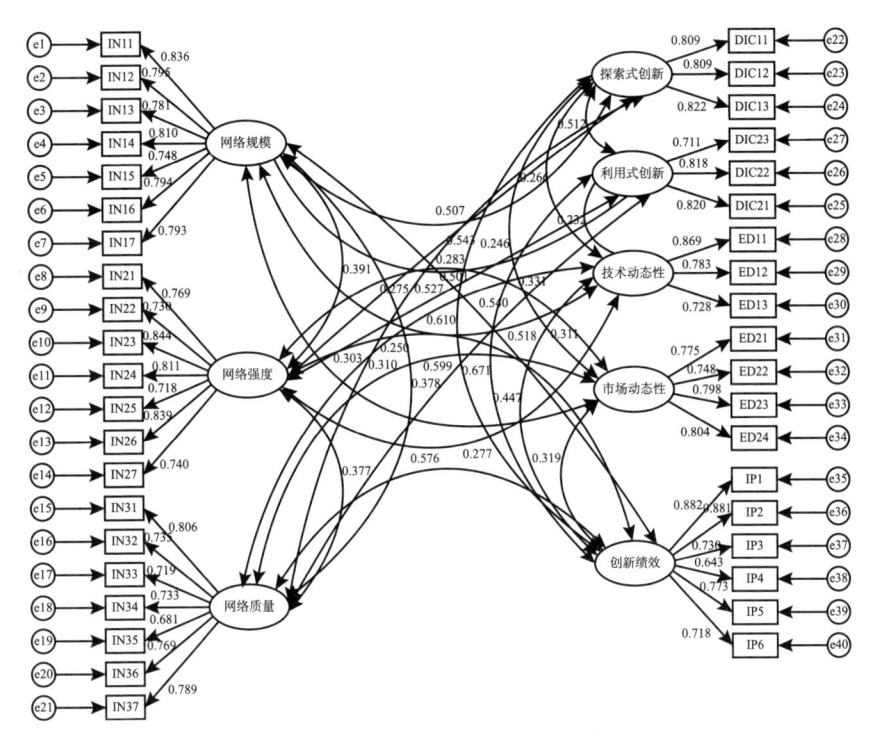

图7-2 验证性因子测量模型

表7-13表明了验证性因子模型拟合度，其验证性因子测量模型卡方值与自由度的比值（CMIN/DF）为1.192，明显低于3这一常用阈值，表明该测量模型拟合良好。此外，多项拟合指数均表现良好，如增量拟合指数（NFI、TLI）、增值拟合指数（IFI）、比较拟合指数（CFI）、比较拟合指数（GFI）和调整后的比较拟合指数（AGFI）等数值均超0.9，表明该理论模型具有高度的可接受性。而且，均方根残值（RMR）为0.041，低于0.08的临界限，同时绝对拟合指数值（RMSEA）为0.019，也远低于0.08的标准值。所有拟合指标的数值均符合广泛被认可的研究标准，由此可得该理论模型具备较好适配度。

表7-13　　　　　　　　　　验证性因子模型拟合度

模型拟合指标	最优标准值	统计值	拟合情况
CMIN	—	848.407	—
DF	—	712	—
CMIN/DF	<3	1.192	好
RMR	<0.08	0.041	好
GFI	>0.9	0.926	好
AGFI	>0.9	0.915	好
NFI	>0.9	0.933	好
IFI	>0.9	0.989	好
TLI	>0.9	0.988	好
CFI	>0.9	0.989	好
RMSEA	<0.08	0.019	好

由表7-14可知，二元创新、创新绩效等所有变量的各测量指标标准化因子负荷均为0.6以上，且组成信度（CR）均大于0.7，平均变异抽取量或平均提取方差值（AVE）均大于0.5，表明网络规模、网络强度、网络质量等各变量具有良好收敛效度。

表7-14　　　　　　　　　　验证因子分析结果

变量	题项	因素负荷	CR	AVE
网络规模	IN11	0.836	0.923	0.631
	IN12	0.795		
	IN13	0.781		
	IN14	0.810		
	IN15	0.748		
	IN16	0.794		
	IN17	0.793		

续表

变量	题项	因素负荷	CR	AVE
网络强度	IN21	0.769	0.916	0.609
	IN22	0.730		
	IN23	0.844		
	IN24	0.811		
	IN25	0.718		
	IN26	0.839		
	IN27	0.740		
网络质量	IN31	0.806	0.899	0.560
	IN32	0.735		
	IN33	0.719		
	IN34	0.733		
	IN35	0.681		
	IN36	0.769		
	IN37	0.789		
探索式创新	DIC11	0.809	0.854	0.662
	DIC12	0.809		
	DIC13	0.822		
利用式创新	DIC21	0.820	0.827	0.616
	DIC22	0.818		
	DIC23	0.711		
技术动态性	ED11	0.869	0.837	0.633
	ED12	0.783		
	ED13	0.728		
市场动态性	ED21	0.775	0.863	0.611
	ED22	0.748		
	ED23	0.798		
	ED24	0.804		

续表

变量	题项	因素负荷	CR	AVE
创新绩效	IP1	0.882	0.893	0.585
	IP2	0.821		
	IP3	0.73		
	IP4	0.643		
	IP5	0.773		
	IP6	0.718		

本书采用较严谨的平均变异抽取量或平均提取方差值法（AVE），同时对区别效度进行评估。基于福内尔和拉克尔（Fornell & Larcker, 2008）的研究表明，每个因子 AVE 开根号须大于各成对变数的相关系数，表示因子间具有区别效度。各因素 AVE 开根号均大于标准化相关系数，因此，本书同样具有区别效度，区别效度及相关系数详见表 7 – 15。

表 7 – 15　　　　　　　　区别效度

项目	网络规模	网络强度	网络质量	技术动态性	市场动态性	探索式创新	利用式创新	创新绩效
网络规模	0.794							
网络强度	0.352**	0.780						
网络质量	0.346**	0.340**	0.748					
技术动态性	0.222**	0.248**	0.272**	0.796				
市场动态性	0.162**	0.253**	0.281**	0.279**	0.782			
探索式创新	0.482**	0.449**	0.332**	0.246**	0.214**	0.814		
利用式创新	0.464**	0.445**	0.521**	0.293**	0.287**	0.441**	0.785	
创新绩效	0.499**	0.478**	0.517**	0.381**	0.285**	0.540**	0.597**	0.765

注：$*p < 0.05$、$**p < 0.01$、$***p < 0.001$。

7.5.4 结构方程模型分析和结果

利用 AMOS 23.0 执行结构方程回归模型的检验，使用最大似然法进行估计，显示基于概念模型的检验结果如图 7-3 所示。

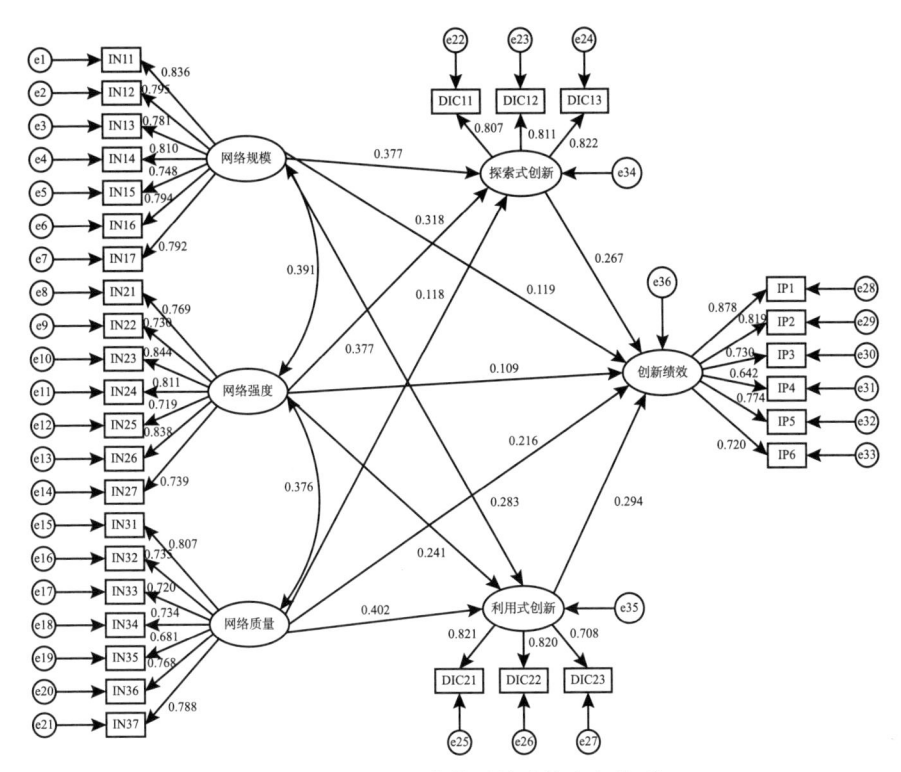

图 7-3 基于概念模型的结构方程模型

其结构模型拟合度如表 7-16 所示，CMIN/DF 为 1.187，符合小于 3 的标准；GFI>0.9，AGFI>0.9，NFI>0.9，TLI>0.9，IFI>0.9，CFI>0.9，表示该模型可接受。因此，AGFI、NFI、TLI、IFI、CFI 均达到 0.9 以上的标准，RMR（均方根残值）为 0.040，小于 0.08，RMSEA（绝对拟合指数）为 0.019 小于 0.08，各个拟合指标均符合已有的研究标准，因此可认为该模型具有良好配适度。

表 7-16　　　　　　　　　　结构模型拟合度

模型拟合指标	最优标准值	统计值	拟合情况
CMIN	—	571.136	—
DF	—	481	—
CMIN/DF	<3	1.187	好
RMR	<0.08	0.040	好
GFI	>0.9	0.939	好
AGFI	>0.9	0.929	好
NFI	>0.9	0.947	好
IFI	>0.9	0.991	好
TLI	>0.9	0.990	好
CFI	>0.9	0.991	好
RMSEA	<0.08	0.019	好

由表 7-17 路径系数可得，网络规模的扩大对探索式创新（$\beta=0.377$，$p<0.05$）产生了显著的正向效应，支持了本书假设 H4.1。网络强度的增强同样对探索式创新（$\beta=0.318$，$p<0.05$）具有显著正向影响，验证本书的假设 H4.2。网络质量的提升对探索式创新（$\beta=0.118$，$p<0.05$）产生显著的正向作用，符合本书的预期，支持假设 H4.3。研究还发现，网络规模的扩大对利用式创新（$\beta=0.283$，$p<0.05$）具有显著的正向效果，这支持另一个假设 H4.4。网络强度的增强对利用式创新（$\beta=0.241$，$p<0.05$）同样产生显著的正向影响，进一步证实了假设 H4.5。网络质量的提升对利用式创新（$\beta=0.402$，$p<0.05$）具有显著的正向推动作用，再次验证了假设 H4.6。在创新绩效方面，随着网络规模的逐步扩大，其对创新绩效的正向影响（$\beta=0.119$，$p<0.05$）显著，这一结果与本书的预先期望相契合。同样，网络强度加强也为创新绩效带来了显著的正向效应（$\beta=0.109$，$p<0.05$），从而验证了本研究的假设 H2。进一步地，网络质量的提升在推动创新绩效增长方面表现出显著的正向作用（$\beta=0.216$，$p<0.05$），这进一步强化了本书的假设 H4.3 和假设 H3。此外，本书还观察到探索式创新对创新绩效具有显著的正向推动作用（$\beta=0.267$，$p<0.05$），这与本书预期相一致。同时，利用式创

新同样为创新绩效带来了显著的正向效果（$\beta=0.294$，$p<0.05$），验证了本书的假设 H4.4 和假设 H4.5。假设检验的结构方程模型如图 7-4 所示。

表 7-17　　　　　　　　　　　　路径系数

路径	标准化系数	非标准化系数	S.E.	C.R.	p	假设
探索式创新 ← 网络规模	0.377	0.409	0.053	7.689	***	成立
探索式创新 ← 网络强度	0.318	0.34	0.052	6.507	***	成立
探索式创新 ← 网络质量	0.118	0.133	0.053	2.521	0.012	成立
利用式创新 ← 网络规模	0.283	0.273	0.044	6.192	***	成立
利用式创新 ← 网络强度	0.241	0.229	0.043	5.274	***	成立
利用式创新 ← 网络质量	0.402	0.401	0.048	8.42	***	成立
创新绩效 ← 网络规模	0.119	0.125	0.049	2.557	0.011	成立
创新绩效 ← 网络强度	0.109	0.113	0.046	2.451	0.014	成立
创新绩效 ← 网络质量	0.216	0.236	0.051	4.62	***	成立
创新绩效 ← 探索式创新	0.267	0.259	0.048	5.368	***	成立
创新绩效 ← 利用式创新	0.294	0.322	0.063	5.134	***	成立

注：* $p<0.05$、** $p<0.01$、*** $p<0.001$。

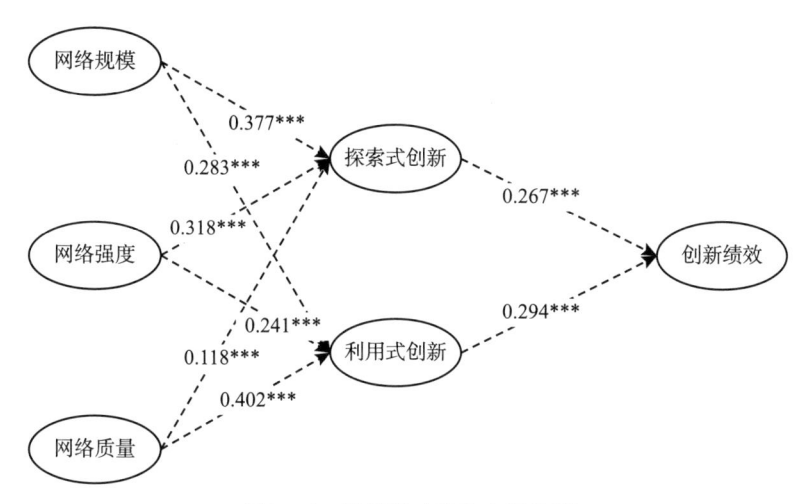

图 7-4　假设检验结构方程模型

注：* $p<0.05$、** $p<0.01$、*** $p<0.001$。

7.5.5 Bootstrap 中介效应检验

本书采用 Bootstrapping 方法加以验证二元创新能力的中介效应。研究结果表明，Bootstrap 置信区间不包含 0，对应的中介效应显著存在。基于 AMOS 23.0，使用 Bootstrap 方法进行 5000 次运行，得出 Bias-Corrected 方法与 Percentile 方法在 95% 的置信度下的水平值，如表 7-18 所示。

表 7-18　　　　　　　　　　　中介检验

项目	效应值	SE	Bias-Corrected 方法 95%置信区间	p	Percentile 方法 95%置信区间	p
网络规模_创新绩效总效应	0.302	0.044	[0.215, 0.388]	0.000	[0.212, 0.384]	0.000
网络规模_探索式创新_创新绩效	0.100	0.027	[0.055, 0.159]	0.000	[0.053, 0.156]	0.000
网络规模_利用式创新_创新绩效	0.083	0.025	[0.042, 0.139]	0.000	[0.039, 0.135]	0.000
网络规模_创新绩效直接效应	0.119	0.053	[0.015, 0.222]	0.024	[0.013, 0.220]	0.028
网络强度_创新绩效总效应	0.265	0.048	[0.173, 0.360]	0.000	[0.172, 0.358]	0.000
网络强度_探索式创新_创新绩效	0.085	0.021	[0.049, 0.132]	0.000	[0.047, 0.129]	0.000
网络强度_利用式创新_创新绩效	0.071	0.023	[0.034, 0.127]	0.000	[0.032, 0.122]	0.000
网络强度_创新绩效直接效应	0.109	0.055	[0.003, 0.218]	0.044	[0.002, 0.217]	0.045

续表

项目	效应值	SE	Bias-Corrected 方法		Percentile 方法	
			95%置信区间	p	95%置信区间	p
网络质量_创新绩效总效应	0.366	0.048	[0.271, 0.459]	0.000	[0.270, 0.459]	0.000
网络质量_探索式创新_创新绩效	0.032	0.013	[0.008, 0.062]	0.008	[0.007, 0.061]	0.011
网络质量_利用式创新_创新绩效	0.118	0.033	[0.061, 0.189]	0.000	[0.060, 0.188]	0.000
网络质量_创新绩效直接效应	0.216	0.055	[0.108, 0.321]	0.000	[0.106, 0.320]	0.000

专精特新中小企业技术创新网络规模对创新绩效的总效应显著，其效应值为0.302，且在95%的置信区间内（通过Bias-Corrected方法和Percentile方法计算）均排除0值，验证了其显著性。同时，网络规模通过探索式创新和利用式创新对创新绩效的中介效应分别为0.100和0.083，同样在95%的置信区间内显著，表明此两种中介路径效应均为有效。此外，网络规模对创新绩效的直接效应值为0.119，同样显著，表明存在部分的中介效应，支持了相关假设H4.1和假设H4.4。类似地，网络强度对创新绩效的总效应显著，效应值为0.265，并在95%的置信区间内排除0值，其通过探索式创新和利用式创新的中介效应分别为0.085和0.071，同样显著。网络强度对创新绩效的直接效应值为0.109，也显示为显著，表明部分中介效应存在，验证了相关的研究假设H4.2和假设H4.5。

网络质量对创新绩效的总效应值为0.366，且在95%的置信区间内显著。其通过探索式创新和利用式创新的中介效应分别为0.032和0.118，同样显著。网络质量对创新绩效的直接效应值为0.216，也显示显著，表明部分中介效应成立，支持了相关研究假设H4.3和假设H4.6。

7.5.6 调节效应检验

7.5.6.1 技术动态性在探索式创新与创新绩效之间进行调节检验

以受访者学历、工作年限、职位，受访专精特新中小企业规模、注册资本作为控制变量，其探索式创新作为自变量，技术动态性作为调节变量，创新绩效作为因变量，进行调节效应的检验，技术动态性在探索式创新与创新绩效之间调节检验结果如表 7−19 所示。

表 7−19　技术动态性在探索式创新与创新绩效之间进行调节检验

控制变量	创新绩效			
	模型 1	模型 2	模型 3	模型 4
学历	0.196***	0.16***	0.13***	0.129***
工作年限	0.093*	0.02	0.019	0.014
职位	0.055	0.053	0.06	0.053
企业规模	0.084*	0.073*	0.067	0.054
注册资本	0.117**	0.059	0.056	0.053
探索式创新		0.514***	0.457***	0.46***
技术动态性			0.245***	0.272***
探索式创新×技术动态性				0.131***
R^2	0.079	0.333	0.388	0.404
R^2 变化	0.079	0.254	0.055	0.016
F	8.732***	42.5***	46.196***	43.185***

注：* $p<0.05$、** $p<0.01$、*** $p<0.001$。

由表 7−19 的模型 4 可得，探索式创新与技术动态性交互对创新绩效（$\beta=0.131$，$p<0.05$）具有显著正向影响，表明技术动态性在探索式创新与创新绩效之间具有正向调节作用，假设 H5.1 成立，技术动态性在探索式创新与创新绩效之间调节作用如图 7−5 所示。

第7章 技术创新网络对创新绩效的影响机制

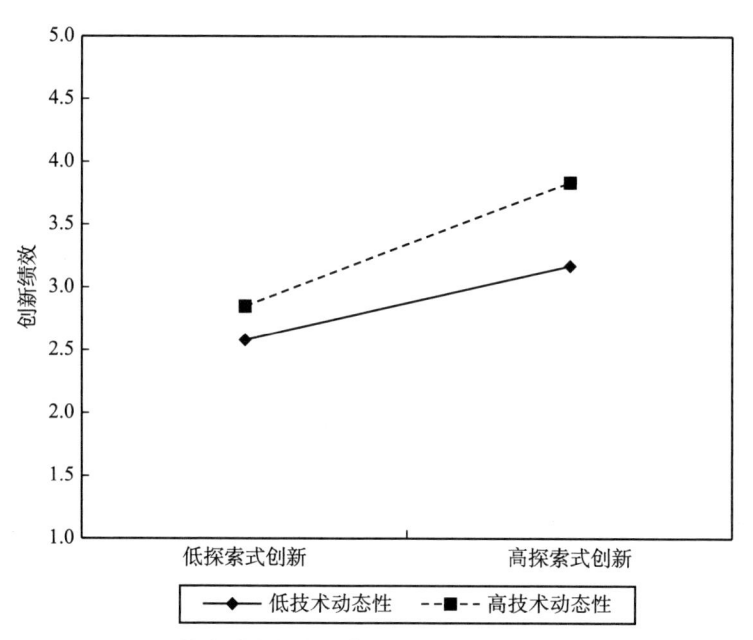

图7-5 技术动态性在探索式创新与创新绩效之间的影响

7.5.6.2 技术动态性在利用式创新与创新绩效之间进行调节检验

同样以受访者学历、工作年限、职位以及受访专精特新中小企业规模、注册资本作为控制变量，利用式创新作为自变量，技术动态性作为调节变量，创新绩效作为因变量，进行调节效应的检验，结果如表7-20所示。

表7-20 技术动态性在利用式创新与创新绩效之间进行调节检验

控制变量	创新绩效			
	模型1	模型2	模型3	模型4
学历	0.196***	0.108**	0.088*	0.086*
工作年限	0.093*	0.069*	0.064	0.064
职位	0.055	0.044	0.052	0.052
企业规模	0.084*	0.077*	0.072*	0.06
注册资本	0.117**	0.057	0.055	0.052

续表

控制变量	创新绩效			
	模型1	模型2	模型3	模型4
利用式创新		0.566***	0.508***	0.547***
技术动态性			0.213***	0.245***
利用式创新×技术动态性				0.178**
R^2	0.079	0.386	0.427	0.455
R^2 变化	0.079	0.307	0.041	0.028
F	8.732***	53.533***	54.224***	53.113***

注：*$p<0.05$、**$p<0.01$、***$p<0.001$。

由表7-19的模型4可得，利用式创新与技术动态性的交互也对创新绩效（$\beta=0.178$，$p<0.05$）产生了显著正向影响，表明技术动态性在利用式创新与创新绩效之间具有正向调节作用，假设H5.3成立，其调节效应如图7-6所示。

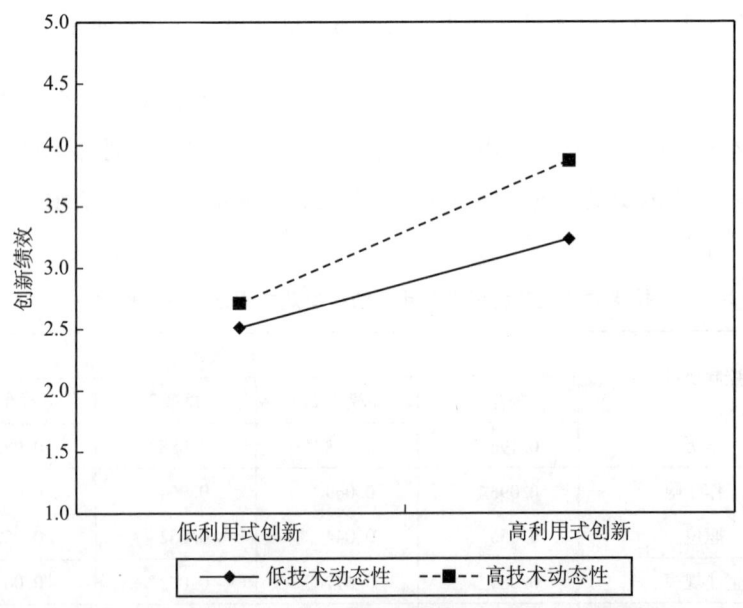

图7-6 技术动态性在利用式创新与创新绩效之间的影响

7.5.6.3 市场动态性在探索式创新与创新绩效之间调节检验

以受访者学历、工作年限、职位以及受访专精特新中小企业规模、注册资本作为控制变量,探索式创新作为自变量,市场动态性作为相应的调节变量,创新绩效作为因变量,进行调节效应检验,结果如表7-21所示。

表7-21　市场动态性在探索式创新与创新绩效之间调节检验

控制变量	创新绩效			
	模型1	模型2	模型3	模型4
学历	0.196***	0.16***	0.156***	0.155***
工作年限	0.093*	0.02	0.019	0.018
职位	0.055	0.053	0.049	0.048
企业规模	0.084*	0.073*	0.073*	0.071*
注册资本	0.117**	0.059	0.057	0.056
探索式创新		0.514***	0.478***	0.478***
市场动态性			0.172***	0.178***
探索式创新×市场动态性				0.025
R^2	0.079	0.333	0.361	0.362
R^2变化	0.079	0.254	0.028	0.001
F	8.732***	42.5***	41.182***	36.051***

注：*p<0.05、**p<0.01、***p<0.001。

由表7-21的模型4可得,探索式创新与市场动态性的交互对创新绩效($\beta=0.025$,p>0.05)不具有显著正向影响,表明市场动态性在探索式创新与创新绩效之间不具有正向调节作用,假设H5.2不成立。

7.5.6.4 市场动态性在利用式创新与创新绩效之间进行调节检验

以受访者学历、工作年限、职位以及受访专精特新中小企业规模、注册资本作为控制变量，利用式创新作为自变量，市场动态性作为调节变量，创新绩效作为因变量，进行调节效应检验，结果如表7-22所示。

表7-22　市场动态性在利用式创新与创新绩效之间进行调节检验

控制变量	创新绩效			
	模型1	模型2	模型3	模型4
学历	0.196***	0.108**	0.109**	0.109**
工作年限	0.093*	0.069*	0.066	0.064
职位	0.055	0.044	0.042	0.042
企业规模	0.084*	0.077*	0.077*	0.075*
注册资本	0.117**	0.057	0.057	0.056
利用式创新		0.566***	0.531***	0.543***
市场动态性			0.122**	0.14***
利用式创新×市场动态性				0.064
R^2	0.079	0.386	0.4	0.403
R^2变化	0.079	0.307	0.014	0.004
F	8.732***	53.533***	48.505***	42.982***

注：*$p<0.05$、**$p<0.01$、***$p<0.001$。

由表7-22的模型4可得，利用式创新与市场动态性交互对创新绩效（$\beta=0.064$，$p>0.05$）同样不具有显著正向影响，表明市场动态性在利用式创新与创新绩效之间不具有正向调节作用，假设H5.4不成立。

7.5.7　实证分析结论与讨论

7.5.7.1　实证分析结论

通过运用SPSS 27.0和AMOS 23.0软件，对专精特新中小企业样本中获取的问卷调查数据进行系统的探索性因子分析和验证性因子分析,结合结构方程建模,对前文提出的理论假设进行实证检验,结果如表 7-23 所示。

表 7-23　　　　　　　　　　假设检验结果

理论假设	假设内容	检验结果
H1	网络规模正向影响绩效	支持
H2	网络强度正向影响绩效	支持
H3	网络质量正向影响绩效	支持
H4.1	探索性创新在网络规模与技术创新绩效之间具有中介效应	支持
H4.2	探索性创新在网络强度与技术创新绩效之间具有中介效应	支持
H4.3	探索性创新在网络质量与技术创新绩效之间具有中介效应	支持
H4.4	创造性创新在网络规模与技术创新绩效之间具有中介效应	支持
H4.5	创造性创新在网络强度与技术创新绩效之间具有中介效应	支持
H4.6	创造性创新在网络质量与技术创新绩效之间具有中介效应	支持
H5.1	技术动态性正向调节探索性创新对绩效的影响	支持
H5.2	市场动态性正向调节探索性创新对绩效的影响	不支持
H5.3	技术动态性正向调节创造性创新对绩效的影响	支持
H5.4	市场动态性正向调节创造性创新对绩效的影响	不支持

7.5.7.2　实证结果的讨论

(1) 网络创新与专精特新中小企业技术创新绩效的关系。由实证检验可得,网络规模与创新绩效之间存在显著的正向关联 ($\beta=0.119$,$p<0.05$),从而证实了该假设的有效性;同时,网络强度也对创新绩效产生显著的正向效应 ($\beta=0.109$,$p<0.05$),验证了相关假设的合理性;此外,网络质量对创新绩效的正向影响尤为显著 ($\beta=0.216$,$p<0.05$),进一步证实了本书的假设。在当今快速发展和不断变革的商业环境中,专精特新中小企业技术创新网络已成为其核心竞争力的重要组成部分,其网络规模、网络强度以及网络质量被视为专精特新中小企业技术创新网络的三大关键因素。网络规模对

专精特新中小企业技术创新绩效具有不可忽视的推动作用。庞大规模的创新网络意味着专精特新中小企业能够接触到更大规模的资源、信息和人才等稀缺资源。这些网络内稀缺资源的多样性为专精特新中小企业提供更多的创新灵感和创新解决方案，才能使专精特新中小企业能够在技术上不断突破，提升专精特新产品的竞争力和市场占有率。强大的网络关系合作意味着专精特新中小企业与其他合作伙伴间的信任和技术合作程度更高，这有助于促进网络内新知识共享和新技术转移。在此环境下，专精特新中小企业可以更高效地获取所需的新技术和宝贵资源，从而加速技术创新的进程，提高技术创新成果的质量和效率。同时，网络质量也是影响专精特新中小企业技术创新绩效的重要因素。高质量的网络合作意味着网络成员间技术合作更加紧密、信息流动更为顺畅以及资源利用效率也更为高效。在此网络环境中，专精特新中小企业能更快地获取最新的技术动态和瞬息万变的市场信息，更好地把握各种市场机遇，提高了其技术创新的针对性和实效性。

(2) 双元创新能力的中介效应。经实证检验，得出以下结论：网络规模与探索式创新之间存在显著的正向关系（$\beta = 0.377$，$p < 0.05$），从而验证了该假设。网络强度对探索式创新具有显著的正向推动作用（$\beta = 0.318$，$p < 0.05$），进一步证实了该假设。网络质量同样对探索式创新产生了显著的正向影响（$\beta = 0.118$，$p < 0.05$），支持了相关假设。在利用式创新方面，网络规模也表现为显著的正向效应（$\beta = 0.283$，$p < 0.05$），验证了该假设。网络强度对利用式创新同样具有显著的正向影响（$\beta = 0.241$，$p < 0.05$）。网络质量对利用式创新的正面影响同样显著（$\beta = 0.402$，$p < 0.05$），同样验证了相关假设。探索式创新对创新绩效具有显著的正向作用（$\beta = 0.267$，$p < 0.05$），利用式创新也对创新绩效产生了显著的正向影响（$\beta = 0.294$，$p < 0.05$），从而验证了相关假设。以上结论均基于实证分析得出，为深入理解专精特新中小企业技术创新网络特性与创新活动之间的关系提供了有力证据。

专精特新中小企业双元创新能力可理解为专精特新中小企业在探索性创新，即追求全新的专精特新技术、产品或服务，和利用性创新，即基于现有专精特新技术、产品或服务的改进和优化，两个创新维度上所具备的综合能力。该能力使专精特新中小企业能在不断变化的技术和市场环境中灵活应对,更好把握未来的行业技术趋势,同时能确保现有专精特新业务的稳定运行。专精特新中小企业的生存与发展离不开持续的技术创新,技术创新是专精特新中小企业增长的内在驱动和核心,不仅关乎企业专精特新产品的更新换代,更关系到专精特新中小企业发展战略的布局与实施。双元创新能力在专精特新中小企业创新过程中扮演着重要角色。双元创新能力的提升对专精特新中小企业技术创新绩效具有显著正向的中介效应。首先,探索式创新可以帮助专精特新中小企业拓展新业务领域,找到新增长点,为专精特新中小企业带来技术领先优势。技术领先优势不仅能提升专精特新中小企业的市场竞争力,还能带来更高额的经济回报。同时,探索式创新还能进一步促进专精特新中小企业内部知识的积累和更新,为专精特新中小企业的长期发展奠定更为坚实的基础。其次,利用式创新则可通过对行业现有技术的改进和优化,进一步提高专精特新产品的性能和质量,降低其生产成本,增强专精特新中小企业的市场竞争力。这一创新能确保专精特新中小企业适应不断变化的市场环境,避免由于技术落后而惨遭市场淘汰。因此,双元创新能力在专精特新中小企业技术创新过程中发挥着十分重要的中介作用,不仅能促进专精特新中小企业在探索式创新方面不断突破,还能在利用式创新方面为专精特新中小企业带来确定的经济效益,使其在不断变化的市场环境中能够保持住竞争优势,实现可持续的稳健发展。

(3)环境动态性的调节效应。技术动态性在探索式创新与创新绩效之间的正向作用显著($\beta=0.131$,$p<0.05$),这一发现支持了技术动态性能够积极促进探索式创新转化为更高水平的创新绩效的假设。同样,技术动态性在利用式创新与创新绩效的关联中也呈现显著正向效应($\beta=0.178$,$p<0.05$),进一步验证了技术动态性对创新绩效的正面调节作用。然而,市场动态性在探索式创新($\beta=0.025$,$p>0.05$)和利用式创新($\beta=0.064$,$p>0.05$)与创新绩效的关联中并未表现出显著的正向影响。这一结果意味着市场动态性在推动这两种创新方式转化为更高创新绩效方面并未发挥预期的积极作用,相关的假设未能得到实证支持。

在当今高速发展的科技时代，技术动态性已成为影响企业技术创新绩效的关键因素。技术动态性，指的是技术领域的快速变化、新兴技术的不断涌现以及技术发展的不确定性。这种动态性不仅为企业带来了挑战，同时也为企业技术创新提供了广阔的舞台和无限的机遇。首先，技术动态性推动了企业技术创新的紧迫性。随着技术的不断进步，新兴技术不断涌现，企业面临着巨大的竞争压力。为了保持市场竞争力，企业必须紧跟技术发展的步伐，不断进行技术创新，以争取技术上的领先地位。这种紧迫性促使企业加大研发投入，加快技术创新步伐，从而推动技术创新绩效的提升。其次，技术动态性为专精特新企业技术创新提供了丰富的资源和灵感。技术领域的快速发展为企业带来了大量的新技术、新材料和新工艺。这些新兴技术的出现为企业提供了更多的创新选择，丰富了企业的创新资源。同时，技术动态性也为企业带来了更多的创新灵感，激发了企业的创新活力。企业可以通过学习和借鉴新技术，将其应用于产品开发和生产过程中，从而推动技术创新绩效的提升。此外，技术动态性还对企业技术创新绩效具有正向显著的调节影响。在技术发展迅速的环境中，企业如果能够准确把握技术发展趋势，及时调整技术创新战略，就能够更好地应对市场变化，提升技术创新绩效。同时，技术动态性也促使企业不断学习和吸收新技术，提高技术创新能力，从而为企业技术创新绩效的提升奠定坚实基础。总之，技术动态性对企业技术创新绩效具有正向显著的调节影响。在快速发展的科技时代，企业必须紧跟技术发展的步伐，加大研发投入，加快技术创新步伐，以应对激烈的市场竞争。同时，企业还需要积极学习和借鉴新技术，提高技术创新能力，从而推动技术创新绩效的不断提升。

在当今快速变化的技术和商业环境中，尽管市场动态性被普遍认为是影响专精特新中小企业决策及其战略的重要因素，但是在某些特定情境下，它对专精特新中小企业技术创新绩效的调节影响也并不显著。可能的原因分析如下：首先，市场动态性包含市场需求不断波动、消费者偏好瞬息变化、竞争态势持续演变以及新技术和新产品纷纷涌现等多维因素。这无疑会对专精特新中小企业技术创新产生潜在的影响，但并不意味着一定能显著影响专精特新中小企业的技术创新绩效。在某些特定行业内的专精特新中小企业可能面临相对有限的市场动态性，或者由于路径依赖、信息不对称等原因，其市场变化的速度相对较慢。在此情形下，专精特新中小企业技术创新更多地受自身的内部因素，如自身具备的研发能力、资金获取状况、战略规划制定等的影响，而市场动态性对专精特新中小企业技术创新绩效的调节影响则相对较小。其次，即使市场动态性较高，专精特新中小企业仍可因自身良好的创新能力和市场适应能力，有效地利用市场变化带来的市场机遇。在这种情况下，市场动态性对专精特新中小企业技术创新绩效的调节影响同样不显著。更为重要的是，技术创新网络是一个复杂的过程，它受多种复杂因素的共同影响。除市场动态性外，专精特新中小企业的研发投入、团队素质、管理水平等各种因素均对技术创新绩效产生重要影响。因此，在评估市场动态性对专精特新中小企业技术创新绩效的影响时，仍需综合考虑多种因素。综上所述，虽然市场动态性是影响专精特新中小企业技术创新绩效的一个重要因素，但在某些特定情境下，它对专精特新中小企业技术创新绩效的调节影响并不显著。因此，专精特新中小企业在制定技术创新战略时，需要综合考虑内外部多种因素，并根据自身的综合情况确定合适的策略。

7.6　研究小结

网络规模与专精特新中小企业技术创新绩效之间存在显著的正向关联，网络强度也对专精特新中小企业技术创新绩效产生显著的正向效应，而且网络质量对其创新绩效的正向影响尤为显著；网络规模与探索式创新之间存在显著的正向关系，网络强度对探索式创新具有显著的正向推动作用，网络质量同样对探索式创新产生了显著的正向影响；技术动态性在探索式创新与专精特新中小企业技术创新绩效之间的正向作用显著，技术动态性在利用式创新与专精特新中小企业技术创新绩效的关联中也呈现显著正向效应，然而，市场动态性在探索式创新和利用式创新与专精特新中小企业技术创新绩效的关联中并未表现出显著的正向影响。

在当今快速变化的技术和商业环境中，尽管市场动态性被普遍认为是影响专精特新中小企业决策及其战略的重要因素，但是在某些特定情境下，它对专精特新中小企业技术创新绩效的调节影响也并不显著。

第 8 章
技术创新网络的演化机理及赋能效应
——以长三角为例

随着专精特新中小企业创新主体地位的显著提升，长三角作为专精特新中小企业最为发达的地区，其创新网络的演化机理及赋能效应具有典型性特征。本章基于长三角一体化深入发展的背景，以长三角专精特新中小企业合作申请专利构建其技术创新网络，运用复杂网络和空间分析等方法系统剖析技术创新网络属性和空间结构演化特征，并利用负二项回归模型，从五个邻近性，包括地理和非地理邻近性以及地理邻近性与非地理邻近性的交互性，探究多维邻近性的影响机理，并进一步展开专精特新中小企业技术创新网络赋能城市创新的作用分析，最后从创新地理学层面提出相应的政策建议。本章的目的在于进一步丰富当前创新地理学研究，并为优化长三角专精特新中小企业技术创新协同机制，实现区域高质量协同发展提供理论参考。

8.1 理论基础与研究假设

8.1.1 多维邻近性与创新网络

8.1.1.1 地理邻近的影响

城市间的地理距离不仅影响信息流通的速度和成本，还对知识的传播、技术合作以及创新活动的地理分布产生重要影响（王庆喜和胡志学，2021）。从信息流通和知识传播的角度来看，地理距离较近的城市往往拥有更紧密的信息交换和知识共享网络。这是因为距离的接近降低了交流的时间和成本，促进了频繁的面对面交流，这对于知识的隐性特性尤为重要。隐性知识往往难以通过书面或电子方式传播，更依赖于直接的人际交流和合作。专精特新企业正是通过对特定产业细分领域的隐性知识积累，并不断追求隐性知识解码和扩散。已有文献表明，地理上相近的城市在创新合作和技术交流方面具有天然的优势（谢其军和宋伟，2020）。城市间专精特新企业创新合作活动也受到地理距离的影响。专业化和产业集聚可以形成城市"创新热点"，这些热点往往吸引相似或相关领域的企业和研究机构聚集。地理上的接近可以加强这种集聚效应，因为企业和机构可以更容易地从相邻的创新主体中获得灵感、技术和人才（阮平南等，2018）。这种集聚效应不仅促进了本地的创新活动，也通过吸引外部投资和人才，进一步加强了城市间的创新网络（曹兴和宋长江，2017）。虽然现代通信技术的发展正在改变地理距离的作用，但地理上的接近仍然在促进知识共享、技术合作和产业集聚方面发挥着重要作用。基于此，提出如下假设：

H1a：地理邻近对专精特新中小企业技术创新网络的演化有正向作用。

8.1.1.2 制度邻近的影响

已有研究发现制度环境的异质性可影响企业和研究机构的创新行为、合作模式以及知识流动方式（夏丽娟等，2017）。首先，制度距离会影响创新资源的配置和流动。不同城市的政策支持、税收优惠、知识产权保护和市场准入条件等，都会影响创新主体的地理选择和战略部署。政策差异可能导致资源向制度环境更优越的城市流动，加强了这些城市在创新网络中的中心地位（齐洁等，2023）。其次，制度距离会影响创新合作的成本和效率。城市间的制度差异可能增加合作的法律和行政成本。这些因素可能阻碍不同城市间的企业和研究机构建立或维持合作关系，从而影响创新网络的效能和稳定性（苏屹和曹铮，2023）。此外，制度距离还可能影响创新信息和知识的流动。制度环境的不同会影响信息的透明度和可获取性,不同城市间信息披露的规范、数据共享的政策等都会影响创新主体获取和利用外部信息的能力(王海花等,2021)。在制度环境开放、信息共享机制健全的城市,专精特新企业作为创新主体更容易接触到最新的科技成果和市场动态,从而促进新技术的快速应用和创新的迭代。基于此,提出如下假设:

H1b：制度邻近对专精特新中小企业技术创新网络的演化有正向作用。

8.1.1.3 经济邻近的影响

不同城市之间存在经济发展水平、产业结构、市场规模等方面的差异,这些差异对城市间专精特新创新网络的形成和发展具有重要影响。一方面,经济发展水平的差异会影响创新资源的分配和流动。经济较为发达的城市通常拥有更丰富的资金支持、更完善的基础设施和更高效的服务体系,这些因素有助于吸引更多的高科技企业和研究机构集聚(胡杨和李郁,2017)。另一方面,产业结构的差异也是影响城市间创新网络的关键因素。不同城市可能专注于不同的产业领域,这种专业化可以促进知识和技术的深度发展。当不同城市的产业互补性强时,它们之间就可能形成稳定的合作关系,共同推动技术创新和应用。这种基于产业互补的合作关系有助于形成跨城市的专精特新创新网络(杨博旭等,2019)。基于此,提出如下假设:

H1c：经济邻近对专精特新中小企业技术创新网络的演化有正向作用。

8.1.1.4 社会邻近的影响

首先,文化差异可能影响创新合作的方式和效率。不同的文化背景会形成不同的工作风格、沟通方式和决策过程,这些差异可能在城市间的合作中造成理解和协调上的困难。在跨城市的创新项目中可能造成合作障碍,影响创新网络的整体效能(柳坤和刘毅,2023)。其次,社会结构和人口组成的差异也会影响创新网络的构建。城市的社会结构,如教育水平、职业结构和收入分布等,决定了其人力资源的质量和特性。城市间在这些方面的差异可能影响到创新人才的流动和分布。高教育水平和高收入水平的城市更可能吸引和保留高技能的创新人才，从而成为创新网络中的关键节点（戴靓等，2023）。最后，社会规范和价值观的差异也对创新活动产生影响。社会规范和价值观影响人们对于新技术和新思想的接受程度，以及对创新风险的态度。城市间这些方面的差异可能导致创新活动的地理分布不均，某些城市可能因为更开放和支持创新的社会环境而成为创新的热点。基于此，提出如下假设：

H1d：文化邻近对专精特新中小企业技术创新网络的演化有正向作用。

8.1.1.5 技术邻近的影响

城市技术距离主要指不同城市在技术发展水平、技术基础设施、研发能力以及技术领域专业化程度等方面的差异。这些技术差异对城市间专精特新创新网络的形成和效能具有重要影响（王海花等，2022）。首先，技术发展水平的差异直接影响城市间的创新合作和知识流动。技术先进的城市通常拥有更成熟的研发机构、更丰富的技术资源和更高效的创新系统，这使得这些城市在创新网络中往往扮演核心角色。这些城市不仅能够推动本地的技术进步，还能通过各种合作项目和知识转移活动，促进其他城市的技术发展和创新能力提升。其次，相反的是研发能力较弱的城市可能在加入或受益于创新网络方面存在劣势。城市间在技术领域的互补性可以促进合作和知识共享，形成稳定而高效的创新网络。基于此，提出如下假设：

H1e：技术邻近对专精特新中小企业技术创新网络的演化有正向作用。

8.1.2 多维邻近性的交互作用

（1）地理邻近与制度邻近的交互作用。地理距离通常被认为是影响城市间合作的障碍，因为物理上的远离增加了交流和资源共享的成本。而制度的一致性可以在一定程度上缓解地理距离带来的负面影响。如果两个地理位置较远的城市在制度上具有较高的相似性，如同样的商业法规和技术标准，那么这种制度的一致性可能促进双方的合作，降低合作的复杂性和成本。相反，如果两个地理上较近的城市在制度上存在较大差异，这些制度障碍可能抑制本可以通过地理邻近优势促成的合作和创新活动。地理距离较大时，制度的接近性可以作为促进专精特新企业技术创新合作的一个重要补偿因素。

（2）地理邻近与经济邻近的交互作用。城市地理距离与经济距离的交互作用对城市间专精特新创新网络的影响是多维度和复杂的。地理距离增加了交流、人员往来和物资运输的成本。而经济距离影响着城市间经济活动的互动和合作潜力。当两个城市地理上相距较远但经济发展水平相似或互补时，它们之间可能存在较强的合作动机。在这种情况下，经济互补性有可能部分抵消地理距离带来的合作成本。如果两个城市地理上接近但经济距离较大，这种情况可能导致资源流向经济更发达的城市，从而加剧两者之间的经济不平衡。这种不平衡可能阻碍专精特新企业技术创新网络的形成，因为经济较弱的城市可能缺乏参与高水平创新活动的资源和能力。

（3）地理邻近与社会邻近的交互作用。当两个城市地理上相距较远但社会距离较小时，即它们在文化和社会规范上较为相似，这种相似性可以促进理解和信任，从而降低合作的交流成本和误解的风险。相似的工作文化和沟通方式可以使项目协调更加顺畅，即使这些城市在地理上不邻近。这种情况下，社会的接近性有助于弥补地理距离带来的障碍。相反，如果两个城市地理上接近但社会距离较大，如存在显著的文化或语言差异，这些社会和文化的障碍可能阻碍有效的沟通和合作，即使它们在地理上相邻。在这种情况下，地理的邻近性可能无法充分发挥促进合作的作用，因为社会和文化的差异增加了合作的复杂性。

（4）地理邻近与技术邻近的交互作用。城市地理距离与技术距离交互作用对城市间专精特新创新网络的影响是一个复杂而重要的问题。它对城市间专精特新创新网络的影响是相互促进的。较近的地理距离可以促进面对面的交流和合作，而技术距离的缩小则可以加强城市间的虚拟交流和合作。这种交互作用共同促进了城市间的专精特新创新网络的演化，促进了知识和创新的跨地域流动。

基于此，提出如下假设：

H2：地理邻近性与其他多维邻近性具有交互作用。

8.1.3 赋能城市创新的作用

专精特新中小企业技术创新网络是城市创新体系的重要组成部分，在推动技术进步、优化产业结构、集聚创新资源等方面发挥着关键作用，是提升城市创新能力的重要驱动力（周贵川等，2021；曾德明等，2022）。专精特新中小企业技术创新网络对城市创新能力的影响不容小觑。这些企业凭借其专业化、精细化、特色化、创新性等特点，在各自细分领域深耕细作，形成了独特而强大的技术创新网络。这种网络不仅推动了企业自身的发展，也为城市创新能力的提升注入了强劲动力（戴靓等，2023）。一方面，专精特新中小企业通过不断进行技术创新，研发新产品、新工艺，带动了所在产业的转型升级，增强了城市产业竞争力。另一方面，这些企业之间的技术合作、资源共享，以及与高校、科研院所的产学研合作，形成了多元协同的创新生态，提高了城市整体创新水平（吴启余等，2024）。此外，专精特新企业良好的发展前景和创新氛围，吸引了大量科技人才的加入，为城市集聚高端创新人才提供了支撑。这些企业的发展壮大，也推动了城市营商环境的优化，如知识产权保护、科技金融服务等，营造了良好的创新生态。专精特新企业创新的网络效应，能够带动更多中小企业走上"专精特新"发展之路，形成了特色产业集群，从而增强了城市创新活力（宓泽锋等，2023）。基于此，提出如下假设：

H3：专精特新中小企业技术创新网络能够正向提升城市创新能力。

8.2 数据来源与研究方法

8.2.1 数据来源

基于国家知识产权局（SIPO）专利信息服务平台，依据中华人民共和国工业和信息化部分三批公布的专精特新企业名录，分步骤获取与处理合作申请专利数据，具体如下：

（1）以申请人为专精特新企业名称检索专利项目的申请时间、地址、申请人类型、专利类型、IPC分类号等属性，共获取专利数据520710项。

（2）鉴于2000年以前的专利数据较少，截至2020年的专利数据较为完整，将研究区间设置为2001~2020年。

（3）提取联合申请专利项，并在剔除个人申请专利项后，将每项合作专利涉及的申请人两两组合，筛选出长三角区域内创新合作专利20705项。

（4）对与专精特新企业创新合作主体进行筛选，将创新合作主体分为国企、民企、合资企业、高校、研究所、事业单位、医院、民间组织。

8.2.2 研究方法

8.2.2.1 社会网络分析

以长三角专精特新中小企业合作申请专利构建其技术创新网络，创新网络的节点为联合申请主体及其地理位置，节点间合作专利的数量关系为边，以此基于图论分析方法构建创新合作关系型网络，借助UCINet、Gephi、ArcGIS等分析工具，从合作规模、网络密度、空间结构等层面，对长三角专精特新企业技术创新网络进行分析，相关指标如表8-1所示。

表8-1　　　　　　　　　网络指标及其含义

指标	计算公式	公式解释	实际意义
合作规模	$S_i = \sum_{j=1}^{N} a_{ij}$	与创新主体i连接的主体数量之和	创新主体间创新合作规模
变异系数	$CV = \dfrac{S}{E}$	加权度标准差与均值的比值	创新网络的分异程度

续表

指标	计算公式	公式解释	实际意义
网络密度	$D = \dfrac{\sum_{i=1}^{N}\sum_{j=1}^{N} d(i,j)}{N(N-1)}$	创新主体间实际联系数量占最大可能联系数量的比例	创新主体之间的联系紧密程度
聚类系数	$C_i = \dfrac{2e_i}{k_i(k_i-1)}$	与创新主体 i 直接相邻主体间实际存在边数占最大可能存在边数比例	创新网络整体凝聚力
平均路径长度	$L = \dfrac{1}{1/2 N(N-1)} \sum_{i \geqslant j} d_{ij}$	创新主体 i 和 j 间的最短路径	创新主体合作的远近程度

注：N 表示网络中创新主体总数；a_{ij} 表示与创新主体 i 相连接的主体数量；S_i 表示创新主体 i 的创新合作规模；CV 表示变异系数；S 表示标准差；$\bar{E}$ 表示均值；$d(i,j)$ 表示创新主体 i 和创新主体 j 联系数量；e_i 表示创新主体 i 的 k 个邻居间边的数量；k_i 表示创新主体 i 拥有的边数；d_{ij} 表示从创新主体 i 到创新主体 j 的距离。

8.2.2.2 多维邻近机理分析模型

(1) 因变量。因变量是长三角专精特新中小企业技术创新网络（P_{ij}），通过企业合作申请的专利数量进行测量，为专精特新中小企业技术创新网络中节点间对应的强度。

(2) 地理邻近性（Geo）。行为主体地理空间的远近程度，通过计算创新主体所属城市的欧式距离来度量（刘承良等，2017）。

(3) 制度邻近性（Reg）。表示行为主体受到规则约束力的接近程度，以城市行政等级来衡量制度邻近性（冯熹宇等，2023），将直辖市、副省级城市、省会城市、地级市的制度值分别取值4、3、2、1，公式为：

$$Reg_{ij} = |r_i - r_j| \tag{8-1}$$

其中：Reg_{ij} 表示城市 i 和城市 j 的制度距离；r_i、r_j 分别表示城市 i 和城市 j 的制度值。

(4) 经济邻近性（Eco）。表示行为主体间经济实力的差异程度，基于已有表征城市间经济实力的邻近水平研究（赵康杰等，2022），公式为：

$$Eco_{ij} = \frac{\min(e_i, e_j)}{\max(e_i, e_j)} \times \frac{e_i + e_j}{2} \qquad (8-2)$$

其中，e_i、e_j 分别表示城市 i 和城市 j 的人均 GDP。

（5）社会邻近性（Soc）。表示行为主体间以正式或非正式形式建立的共同关系程度，借鉴舍恩格尔和巴伯（Schemgell & Barber，2009）的测度，利用 Jaccard 指数度量城市间技术创新合作的社会邻近性，公式为：

$$Soc_{ij} = \frac{P_{ij}}{C_s(i) + C_s(j) - P_{ij}} \qquad (8-3)$$

其中，$C_s(i)$、$C_s(j)$ 分别为城市 i 和城市 j 的强度中心性，即城市 i 与城市 j 的两两合作的总和。

（6）技术邻近性（Tec）。表示行为主体间技术基础的适配程度与相似程度，参考 Jaffe 指数来衡量技术邻近性（Jaffe et al.，1993），公式为：

$$Tec_{ij} = \frac{\sum_{k=1}^{8} P_{ik} P_{jk}}{\sqrt{\sum_{k=1}^{8} P_{ik}^2 P_{jk}^2}} \qquad (8-4)$$

其中，P_{ik}、P_{jk} 分别为城市 i 和城市 j 第 k 个国际专利分类号（IPC）下的专利申请数。

在多维邻近性机理研究中，基于已有研究（Jaffe et al.，1993；李颖等，2021），构建负二项回归模型分别探讨多维邻近性对创新网络的独立影响以及地理与非地理邻近性对创新网络的交互效应。模型如下：

$$P_{ij} = \alpha + \beta_1 Geo_{ij} + \beta_2 Reg_{ij} + \beta_3 Eco_{ij} + \beta_4 Soc_{ij} + \beta_5 Tec_{ij} + \varepsilon_{ij} \qquad (8-5)$$

$$P_{ij} = \alpha + \beta_1 Geo_{ij} + \beta_2 Reg_{ij} + \beta_3 Eco_{ij} + \beta_4 Soc_{ij} + \beta_5 Tec_{ij} + \beta_6 Geo_{ij} \times Reg_{ij}$$
$$+ \beta_7 Geo_{ij} \times Eco_{ij} + \beta_8 Geo_{ij} \times Soc_{ij} + \beta_9 Geo_{ij} \times Tec_{ij} + \varepsilon_{ij} \qquad (8-6)$$

其中：α 为常数项；ε_{ij} 为随机误差项；β_i 为自变量系数；因变量（P_{ij}）为节点间专利技术合作的数量，即专精特新中小企业技术创新网络中节点间对应的强度。自变量分别有地理邻近性（Geo_{ij}）、制度邻近性（Reg_{ij}）、经济邻近性（Eco_{ij}）、社会邻近性（Soc_{ij}）、技术邻近性（Tec_{ij}）。非地理邻近性与地理邻近性（Geo_{ij}）交互项表明非地理邻近性对地理邻近性影响创新网络的调节作用。

8.2.2.3 创新网络赋能城市创新的作用模型

为分析长三角专精特新中小企业技术创新网络对赋能城市创新能力提升的作用，参考相关文献（桂钦昌等，2021），本书构建了以下模型

$$innovation_{it} = \alpha_0 + \alpha_1 P_{it} + \alpha_c X_{it} + \mu_i + \delta_t + \varepsilon_{it} \tag{8-7}$$

其中：α_0 为常数项；ε_{it} 为随机误差项；α_1 为自变量系数；P_{it} 为城市专利技术合作的数量总数；X_{it} 为控制变量，其中包括第三产业增加值占 GDP 比重（%）、人均地区生产总值（元）、当年实际使用外资金额（万美元）、地方财政一般预算内支出（万元），以及科研、技术服务和地质勘查业从业人员数（万人）；μ_i 为个体固定效应；δ_t 为时间固定效应。

8.3 实证结果分析

8.3.1 创新网络演化特征

8.3.1.1 网络规模不断增加，创新合作异质性明显

长三角专精特新企业专利合作总量在 2010 年以前处于较低水平，专利合作数量缓慢增长。2010 年创新合作主体及合作专利数量增幅较大，合作专利超过 600 项。2011 年后，专利合作数量稳步增长，2015 年已至 1683 项；2016~2020 年，专利合作数量显著增长，至 2020 年达到 3438 项（见图 8-1）。

为归纳总结创新网络阶段性增长特征，划分为 2001~2005 年、2006~2010 年、2011~2015 年、2016~2020 年四个阶段。利用 Gephi 软件及数理计算分阶段统计技术创新网络结构特征如表 8-2 所示。网络节点数量和节点间的连接次数持续增加，由 2001~2005 年的 49 个节点与 69 次连接（边数）上

升至2016～2020年的1001个节点与13958次连接，网络密度由0.0021上升至0.4308，平均路径长度先提升后下降，节点间逐渐触网联网，网络越发稠密。由此可知，长三角专精特新企业技术创新网络中参与合作的主体渐增，知识与技术交流传递越发频繁，创新主体开展技术创新合作意愿积极。聚类系数从2001～2005年的0增加至2016～2020年的35.245，表明节点间紧密合作、形成聚集，网络内部出现"局域网"现象。然而，变异系数呈现提升趋势，表明创新合作的异质性明显，区域差异整体呈现扩大的演变过程。

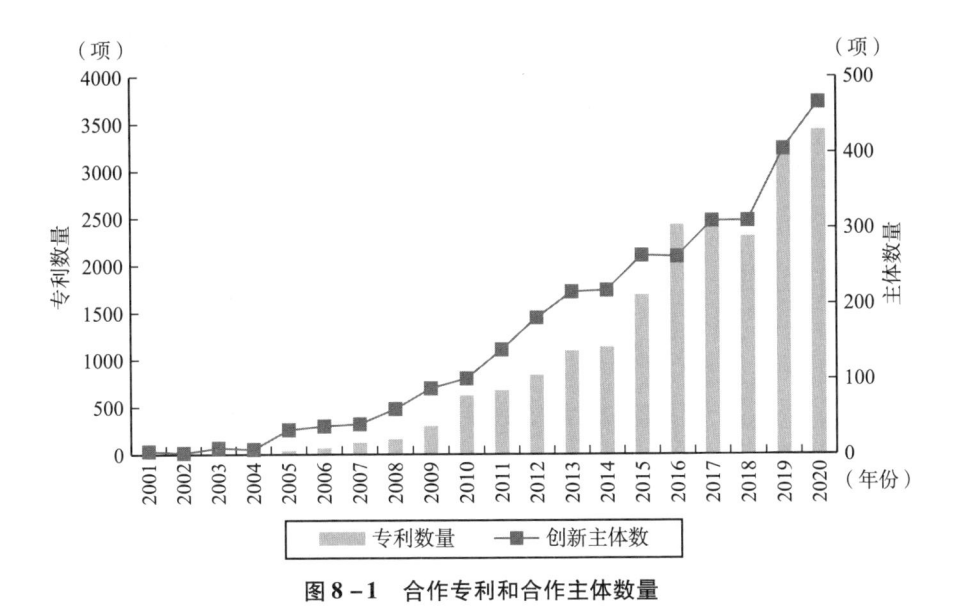

图8-1 合作专利和合作主体数量

资料来源：国家知识产权局（SIPO）专利信息服务平台。

表8-2　　　　　　　　技术创新网络特征值统计

年份	节点数（个）	边数	变异系数	网络密度	聚类系数	平均路径长度
2001～2005年	49	69	1.1149	0.0021	0.000	1.886
2006～2010年	212	1264	3.0554	0.0390	2.378	2.252

续表

年份	节点数（个）	边数	变异系数	网络密度	聚类系数	平均路径长度
2011~2015年	578	5414	4.0983	0.1671	8.912	2.484
2016~2020年	1001	13958	4.6533	0.4308	35.245	2.128

8.3.1.2 创新网络呈多样化态势

创新网络的主体结构发生一定变化，但民营企业始终处于创新合作的主导地位，2020年民营企业占比高达91.3%；高校和研究所占比下降，其中高校占比从2003年的45%，降至2020年的3.0%，研究所占比仅为0.7%；国有企业创新主体占比呈先上升后缩减态势，至2020年占比不足5%；事业单位、医院和民间组织占比也较小，基本保持平稳（见图8-2）。

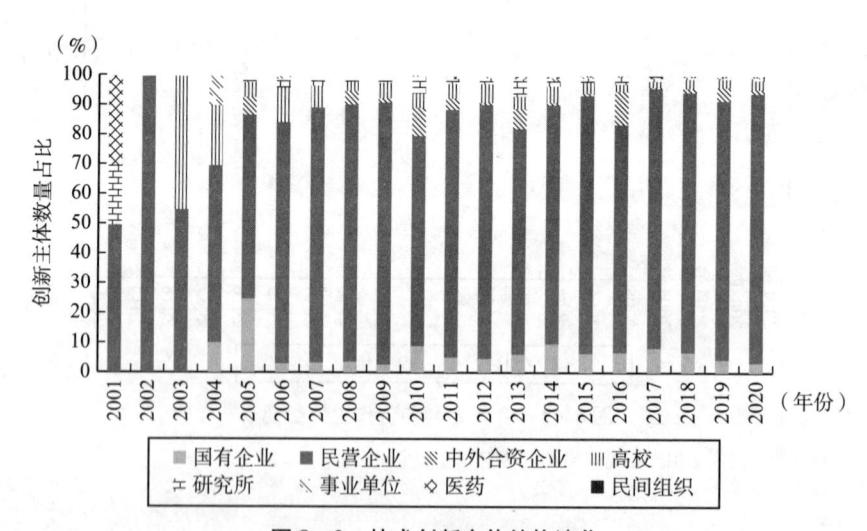

图8-2 技术创新主体结构演化

资料来源：国家知识产权局（SIPO）专利信息服务平台。

长三角专精特新中小企业技术创新网络图谱显示（见图8-3），2001~2005年，创新主体数量仅49个，合作专利多与通信产业有关，其中上海新干通通信设备有限公司、上海复旦通讯股份有限公司等在创新网络中表现突出。2006~2010年，创新主体数量增至212个，部分高校，如浙江大学、东南大学和华东理工大学，与专精特新中小企业合作频繁，在创新合作中扮演重要角色。同时"控制－被控制"创新主体间的高频互动形成"局域网"，产业层面也逐步扩展到设施装备、石油化工、生物技术、新材料、电器元件等新型产业。2011~2015年，创新主体数量已达578个，网络规模增长迅速，参与专精特新企业创新合作的高校持续增多，同时参与技术创新合作的国企、研究所有所增加，频次增强，部分高频互动的"局域网"已在突破边界谋求新的创新合作类型，涉及产业领域继续扩展。2016~2020年，创新主体数量持续攀升，民营企业间合作规模占据主导，在各领域均有创新合作，整体网络呈现多样化态势，但以通信技术、电子信息、石油化工、装备制造产业为主，同时新材料、复合材料、复合技术、生物医疗等产业创新合作蓬勃发展，更多占据技术优势的高校和行业研究所积极助力专精特新企业开展产学研技术创新合作。

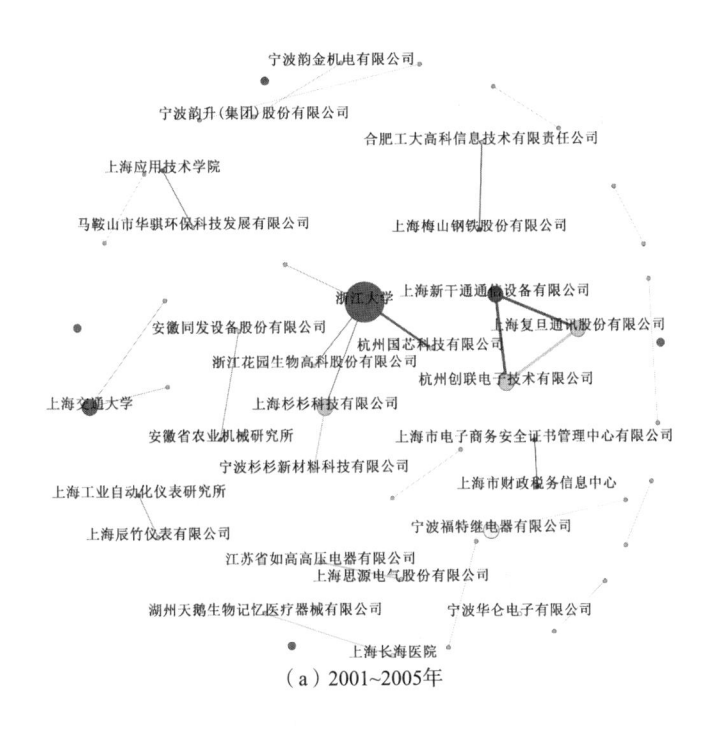

(a) 2001~2005年

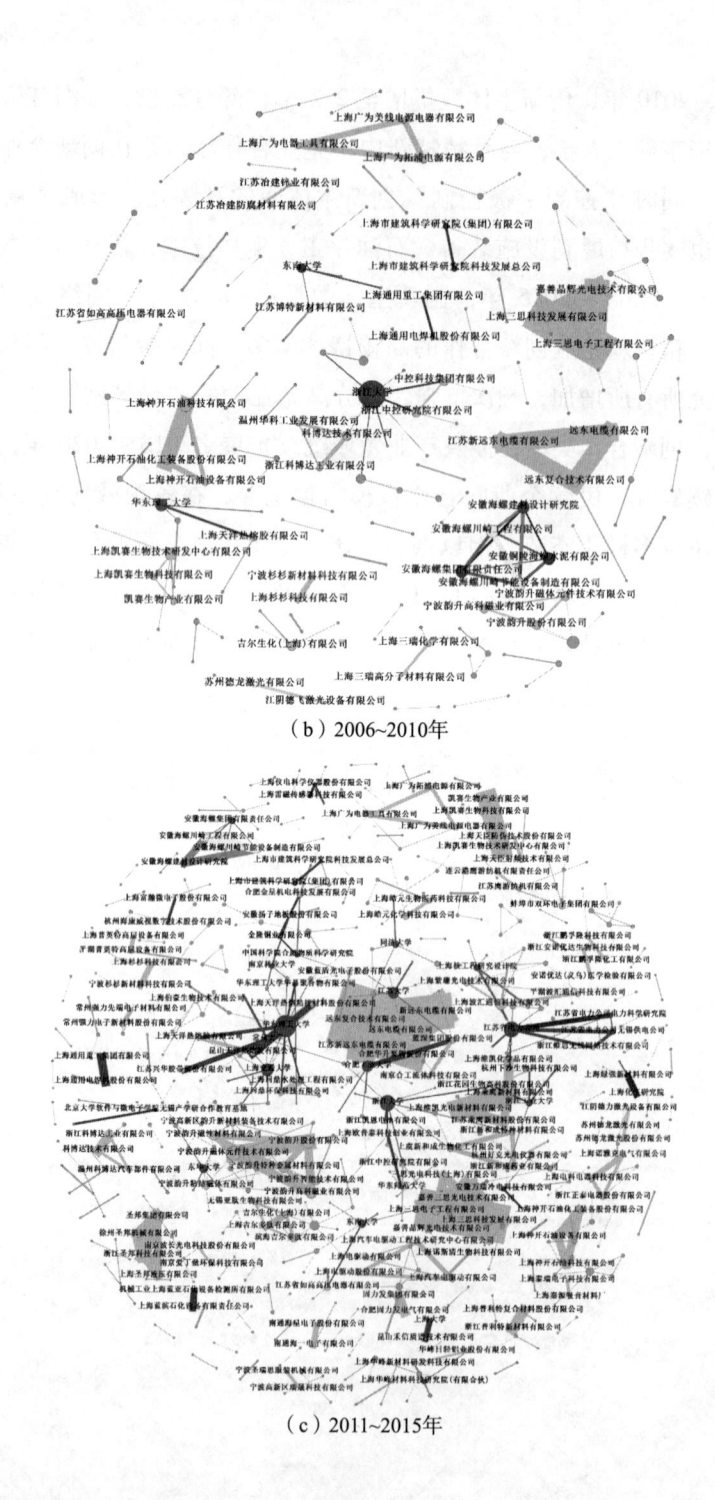

| 技术创新网络动态演化及创新绩效影响机制

(b) 2006~2010年

(c) 2011~2015年

（d）2016~2020年

● 国有企业　● 民营企业　● 研究所　● 高校　● 中外合资企业　● 事业单位

图 8-3　2001~2020 年技术创新网络图谱

8.3.1.3　本地和外部创新网络持续演化

市域尺度层面，本地创新网络中最大规模的本地创新合作城市为上海，2016~2020 年，上海本地企业创新合作规模达 3624 次，占创新合作规模的 47.6%，同时无锡本地企业创新合作表现突出，排名第二位，合作规模达 1235 次，占比 16.2%。外部技术创新合作网络演化显示，上海也在外部创新合作规模上占据首位，2016~2020 年，与上海外部结网合作的城市达 7841 个，占外部创新合作规模的 28.2%。2001~2005 年上海-北京城市对作为优先连接点；2006~2015 年上海-兰州城市对企业合作频繁，合作方向侧重于石油化工、空间技术领域，创新合作主体选择具有针对性、择优性；2016~2020 年，上海-嘉兴城市对创新合作频次居首位，一定程度表明地理距离邻近使得上海溢出效应充分释放。结合本地－外部，2001~2020年，上海外部创新合作居多，占比52.0%，同时嘉兴、金华等地企业外部54创新合作占比90%以上；无锡、宁波等地企业本地合作占比80%以上，表明创新能力强、资源禀赋佳的城市表现出辐射带动作用，部分产业基础好的城市能通过本地合作突破专精特新技术创新。

省域尺度层面，本地创新网络中创新合作规模第一位的省域由浙江演化为上海，2016~2020年，占创新合作规模的41.6%，同时江苏、浙江、安徽排名次之。外部创新合作网络演化显示，上海外部合作规模始终位列第一位，占创新合作规模的30.6%，浙江在2016~2020年超越江苏排名第二位，占比达20.6%。2001~2005年，上海、浙江均倾向与北京建立创新联系，而2006年始，上海－浙江、上海－江苏成为创新合作的重要结网区块。结合本地－外部，2001~2020年，上海、浙江企业外部合作占比高于本地，同时本地合作比例逐步提升，江苏企业创新合作由外部合作比例占优转变为本地合作比例占优，安徽企业本地创新合作始终高于外部合作，这表明经济发展水平高、制造业基础雄厚的省域更有意愿和机会谋求外部创新合作，从而带动本地省域创新合作水平的提高。

区域尺度层面，本地创新网络演化表明，长三角区域本地创新合作数量渐增，互动频繁。外部创新合作网络演化显示，2001~2005年，长三角创新合作最多的区域是北部沿海、南部沿海区域；2006~2015年，与大西北、北部沿海合作较多；至2016~2020年，与大西南、北部沿海区域创新合作频繁，而与东北区域的创新合作一直处于较低频次，创新合作的空间异质性明显。

8.3.2 多维邻近性对创新网络演化的影响

采用负二项回归模型对面板数据进行估计，探索多维邻近性以及地理邻近性与非地理邻近性交互对创新网络的影响机理（见表8-3）。

表 8-3　　　　　　　　　多维邻近性机理的回归结果

变量	模型1	模型2	模型3	模型4	模型5	模型6
Geo	-0.245*** (0.028)	-0.262*** (0.028)	-0.582*** (0.110)	-0.397*** (0.028)	-0.347*** (0.051)	-1.071*** (0.124)
Reg	0.717*** (0.047)	0.467*** (0.106)	0.701*** (0.047)	0.836*** (0.048)	0.712*** (0.047)	0.415*** (0.123)
Eco	1.309*** (0.056)	1.288*** (0.057)	1.228*** (0.061)	1.734*** (0.061)	1.308*** (0.056)	1.616*** (0.065)
Soc	4.340*** (0.184)	4.327*** (0.184)	4.377*** (0.184)	2.236*** (0.254)	4.389*** (0.185)	2.272*** (0.257)
Tec	1.665*** (0.139)	1.663*** (0.140)	1.656*** (0.139)	1.000*** (0.126)	1.139*** (0.256)	1.380*** (0.273)
$Geo \times Reg$		0.111*** (0.042)				0.168*** (0.049)
$Geo \times Eco$			0.085*** (0.027)			0.188*** (0.030)
$Geo \times Soc$				1.042*** (0.032)		1.055*** (0.032)
$Geo \times Tec$					0.119** (0.052)	0.099* (0.055)
常数项	-25.586*** (0.941)	-25.214*** (0.950)	-24.255*** (1.027)	-31.820*** (1.022)	-25.096*** (0.962)	-30.210*** (1.100)
Prob > chi²	0.000	0.000	0.000	0.000	0.000	0.000
样本数	33620	33620	33620	33620	33620	33620

注：括号内为标准误差；显著性水平 *p<0.1、**p<0.05、***p<0.01。

8.3.2.1　多维邻近性的影响

模型1和模型6表明，地理邻近性对长三角城市创新合作均为负向显著作用，地理距离越大越不利于市际创新合作，假设H1a不成立。地理邻近能促进长三角创新合作主体互动交流和隐性知识传播与扩散，但随着地理距离增加，互动成本提升，进而阻碍市际创新联系。这与弗里德曼（Friedman，2005）提出的"地理已死"论断不一致，地理邻近性仍在长三角专精特新企业技术创新合作网络中发挥重要作用。

制度邻近性对技术创新合作具有正向作用，假设 H1b 成立。城市制度环境各异，致使创新合作面临制度壁垒，而城市具备相似的制度框架、科学规范或行为准则，有利于减少制度障碍，增强互信，提升促成创新合作达成共识的可能性。经济邻近性对技术创新合作具有正向作用，假设 H1c 成立。经济邻近性能够促进城市间创新合作，经济发展水平越接近的城市间越有机会发生创新合作，这一结论印证了孙和刘（Sun & Liu，2015）的论述。

社会邻近性是基于合作惯例和信任机制来降低创新合作的不确定风险，减少不必要的流程，提升创新要素流动及接受程度，增强市际间创新合作路径依赖程度。长三角专精特新企业更倾向选择社会邻近的主体建立合作关系，社会邻近性对技术创新网络的回归系数最大，说明社会邻近性是长三角专精特新企业技术创新合作网络演化的关键因素，假设 H1d 成立。技术邻近性对技术创新合作具有正向作用，假设 H1e 成立。技术创新主体间创新知识、经验、工业技术结构相似度与适配度越契合，主体间的隐性知识结构就越相似，越利于双方对多元化知识基础和稀有资源的获取，以及新技术的前景、应用价值判断及资源整合的理解，使得市际间技术创新合作通道顺畅和高效。

8.3.2.2 地理与非地理邻近性的交互作用

模型2、模型3和模型6显示，地理邻近性与制度邻近性的交互项正向调节效应显著，表明制度邻近性正向调节地理邻近性对长三角专精特新企业技术创新合作的影响，即同一行政级别的区域更能激发地理邻近性对创新合作的促进作用，行政级别相似的区域进行合作的前提是地理距离邻近，地理邻近能够传递显性、隐性知识，制度邻近减少制度阻碍，两者共同作用增强主体互信，增加创新合作机会；而地理邻近性与经济邻近性的交互项正向调节效应显著，经济邻近性正向调节地理邻近性对长三角专精特新企业技术创新合作的影响,说明若创新主体间经济发展水平相当,更易产生短距离创新合作。在寻求、构建、维持创新联系时,区域经济相近积极助推地理邻近的主体建立交互关系。

模型4、模型5和模型6表明,地理邻近性与社会邻近性的交互项正向调节效应显著,社会邻近性正向调节地理邻近性对长三角专精特新企业技术创新合作的影响,说明较为相近的合作惯例和亲近关系是地理邻近正向作用创新合作的基础之一,地理邻近同样拉近距离,增强信任感,两者共同深化区域创新合作;地理邻近性与技术邻近性的交互项正向调节效应显著,技术邻近性正向调节地理邻近性对长三角专精特新企业创新网络的影响,表明掌握技术与知识越相似的创新主体间合作的前提之一是主体空间距离邻近,较高的创新主体双方技术融合度对地理邻近性促进技术创新合作发挥重要作用。基于上述分析,假设H2得到验证。

8.3.3 赋能城市创新能力的作用

为进一步分析专精特新企业技术创新网络赋能城市创新的作用,本书将专精特新企业技术创新网络变量分为长三角城市群的内部网络(PIN)与外部网络($POUT$),城市创新也选取了制造业创新能力及城市整体创新能力两个变量,然后分别放置于模型中,结果如表8-4所示。

表8-4 专精特新中小企业技术创新网络赋能城市创新的回归结果

变量	制造业创新能力		城市整体创新能力	
	(1)	(2)	(3)	(4)
PIN	0.016 (0.032)		0.019 (0.081)	
$POUT$		0.181*** (0.027)		0.187*** (0.027)
控制变量	控制	控制	控制	控制

续表

变量	制造业创新能力		城市整体创新能力	
	(1)	(2)	(3)	(4)
常数项	-8.514*** (0.439)	-9.186*** (0.355)	-8.275*** (0.434)	-8.906*** (0.354)
城市固定	YES	YES	YES	YES
时间固定	YES	YES	YES	YES
R^2	0.964	0.959	0.966	0.960
研究区数	41	41	41	41

注：括号内为标准误差；显著性水平 *p<0.1、**p<0.05、***p<0.01。

8.3.3.1 赋能城市制造业创新能力

结果显示，专精特新中小企业技术的长三角内部创新网络变量（PIN）未通过显著性检验，但是专精特新中小企业技术的长三角外部创新网络变量（$POUT$）通过了显著性检验，这表明城市群内部形成的创新网络可能无法提升城市群内部城市的制造业创新能力，但是城市群外部形成的创新网络有着正向的作用。可能是因为长三角内部的专精特新中小企业技术创新网络受到区域内同质化竞争的影响，导致内部资源配置和信息交流存在重叠，创新合作的边际效益递减。长三角地区作为中国经济最发达的区域之一，区域内企业在技术、市场和人才等方面的竞争尤为激烈。这种竞争可能导致企业之间的合作受限，阻碍了知识的有效流动和创新思想的交叉碰撞，从而影响了内部创新网络对城市群内部城市制造业创新能力的提升。另外，长三角外部的专精特新中小企业技术创新网络通过了显著性检验，可能是因为外部网络提供了更为多样化和互补性的资源和信息。城市群外部的合作伙伴可能带来不同的市场需求、独特的技术知识和新颖的管理经验，这些都是推动创新的关键因素。外部网络的开放性和多样性有助于中小企业拓宽视野，吸收外来的先进技术和管理理念，促进了技术创新和产品升级。此外，外部网络的合作伙伴可能来自不同的经济体，这些经济体的市场结构、消费习惯和法律环境等方面的差异，为中小企业提供了更广阔的创新实验场，有助于中小企业在全球范围内提升竞争力。专精特新中小企业在构建技术创新网络时，应注重外部合作网络的建设，同时优化内部网络结构，促进知识的有效流动和创新资源的合理配置。

8.3.3.2 赋能城市整体创新能力

与赋能制造业创新能力提升的作用相似，专精特新中小企业技术的长三角内部创新网络变量（PIN）未通过显著性检验，但是外部创新网络变量（$POUT$）通过了显著性检验，这表明城市群内部形成的创新网络可能无法提升城市群内部城市的整体创新能力，但是城市群外部形成的创新网络有着正向的作用。可能是因为城市群内部的企业在形成创新网络时，往往面临着资源同质化和市场饱和的问题。在长三角这一经济高度发达且产业集中的区域，企业间的技术和市场竞争尤为激烈，可能导致企业在内部网络中更加谨慎，避免共享可能泄露竞争优势的关键信息和技术。此外，内部网络中的企业可能在技术发展阶段和创新需求上存在过度的相似性，这种同质化减少了合作的互补性和创新的激励，从而限制了内部网络在促进整体创新能力方面的作用。相反，外部网络提供了更广泛的视角和多元化的资源。城市群外部的合作伙伴可能来自不同的产业背景、拥有不同的技术专长和市场接入点，这样的异质性为创新合作带来了新的机遇。外部网络中的企业可以通过合作获取新的知识、技术和市场信息，从而增强自身的创新能力和市场竞争力。

因此，长三角内部的专精特新中小企业在构建技术创新网络时，需要更多地考虑如何打破同质化的局限，增强网络内部的互补性和多样性。而对于外部网络的建设，企业应该积极拓展与不同区域、不同产业的合作，利用外部网络的异质性资源来促进创新和学习，从而提升整体的创新能力。

8.4　研究小结

8.4.1　结论

基于国家知识产权局公布的 2001~2020 年长三角专精特新企业合作申请专利数据，构建创新网络的关系型数据库，运用复杂网络和空间分析方法系统剖析创新网络时空演化特征以及多维邻近性的影响机理。结论如下：

(1) 基于创新网络主体，民营企业占据主导地位，高校、研究所创新主体占比下滑，国有企业比重缩减。网络密度、聚类程度增加，主体数量渐增，各主体互动频繁，其中民企与民企间的合作是最主要的合作形式。三角区域本地创新合作规模渐增，外部创新合作等级差异、不平衡态势明显。

(2) 多维邻近性机理表明地理邻近性、制度邻近性、经济邻近性、社会邻近性、技术邻近性均具有显著作用。地理距离在现阶段仍是专精特新中小企业技术创新合作的一个制约因素，影响创新网络作用力的排序是"社会邻近性>技术邻近性>经济邻近性>制度邻近性>地理邻近性"，其中社会邻近性作用力最强，其是带动知识和技术跨区流动的关键因素。交互效应均表现为正向调节，地理邻近性与社会邻近性的交互作用力最大。

(3) 专精特新企业技术的长三角内部创新网络对城市创新无显著作用，但是长三角外部创新网络具有显著的正向作用。这些外部的创新网络携带了更为丰富和多样的视野及资源。与长三角地区外的创新合作可能拥有截然不同的行业经验、技术能力和市场渠道，这种多样性为创新合作开辟了新的可能性。参与这些外围网络的企业能够通过合作接触到新的知识体系、技术解决方案以及市场动态，这不仅提升了企业所在城市的创新实力，也增强了它们在市场上的竞争力。

8.4.2 政策启示

基于以上结论,实现长三角专精特新企业技术创新网络结构优化、创新要素高效协同,政策启示如下:

(1) 充分认识民企在创新网络中的主导作用,强化与其他创新主体合作意识,构筑各主体协同发展机制和空间联动机制。发挥政府引导职能,优化创新环境,促进创新技术产业化、商业化,调动创新主体创新活跃度。引导国有企业加深参与度和开放度,鼓励构建创新产业联盟,针对性提供技术援助。支持高校、研究所和中外合资企业等广泛且积极参与技术创新交流,高效理解、吸收、利用显性知识与隐性知识,勇于突破固有创新合作链路闭环,更新知识库突破新技术。

(2) 组建专业人才队伍,打造技术创新金融平台,将突破关键核心技术融入产业链,激活技术创新内生动力,倒逼高新技术产业发展紧跟市场需求。同时,识别技术创新优势,激发技术创新合作与承接的内生动力是关键,建立科创飞地园区、人才飞地园区,突破地理距离限制,结合自身技术属性、资源禀赋、产业结构实现优势互补、强强联合。

(3) 定位技术创新的核心地区,推动建设技术创新外溢通道,对存在技术势差地区发挥技术溢出作用,促进创新资源共享。推动地区间资金、人力、技术等创新要素流动,激活技术创新内生动力。对于创新网络中边缘地区,主动对接技术创新能力强的地区,有选择性、有针对性向发达地区借鉴学习,对于发达地区的新技术,可通过科创交流平台推介出去,提高创新要素流动效率,提升整体创新合作水平。

(4) 完善基础设施建设,提高创新地区间的可达性,从距离和时间上降低交易成本。社会邻近性是促进创新知识流动的关键因素,应加快与创新中心地区体制机制对接和融合,积极推进创新制度一体化建设,增强信任程度,减少互动成本,保证技术需求的有效对接,促进创新知识的扩散和传播。

本书在一定程度上丰富了当前创新地理学的研究内容,研究结论对长三角专精特新企业创新合作政策制定、优化创新协同机制有一定指导意义。但本书选用专利合作数据作为指标，虽能在一定程度上衡量长三角专精特新企业技术创新网络的特征，而还有大量的专利成果为独立申请，因此后续可补充研究独立专利所表征的创新课题。此外，后续研究可基于专利授权、转移、引用等关系数据，分析有向网络特征。

第 9 章 研究启示与建议

9.1 研究启示

本书基于 2010~2021 年中国 284 个城市的专精特新中小企业的联合专利申请数据,运用社会网络分析、GIS 空间分析和空间计量方法,对于中国 284 个城市的专精特新中小企业创新网络的演化特征、规律、模式以及驱动机理进行分析,主要结论和启示如下:

(1) 从创新网络主体来看,民营企业占据着主导地位,国有企业的占比仅次于民营企业,研究所的占比有所下滑,但是基本处于平稳状态,高校也处于平稳状态,同时创新主体数量逐渐增加,且创新主体间的合作次数日渐频繁,其中民营企业间的合作是最主要的形式,创新网络的合作主要呈现出邻近式以及跳脱式的模式,创新网络主体对于邻近城市有更强的合作期望,受到地理位置的约束,但是也有主体向周边扩散式合作,形成跳脱式的现象。创新网络主要形成了以国家电网公司等为核心的凝聚子群,并且随着时间的增加,其凝聚子群也在相应地增加,创新主体之间涉及的产业主要集中在电子、光学、信息技术、化学冶金等,新兴材料以及生物医疗等产业之间的合作增长速度较快。

(2) 从创新合作部类来看,H 部类的电学、电子通信等技术产业的创新合作数量居于领先地位，B 部类的创新网络合作数量仅次于 H 部类，而 A 部类、D 部类、E 部类三个部类占传统产业的比重较低，总体保持稳定状态。基于市域尺度，外部城市之间的创新网络合作成为创新网络合作的主流，其中上海、北京以及无锡占据着本地创新网络合作的主导地位，起着带领作用。此外上海、北京、嘉兴也占据着外部创新网络合作的主导地位。对于省域来说，创新网络主体之间的合作逐渐从省内的合作转向省际的合作，但是两者的比例差距不是很大，趋于平衡状态，其中上海、江苏、浙江以及北京占据着本地创新网络合作的主导地位，合作规模较大，同时上海、江苏以及浙江也是外部创新网络合作的主导。对于区域来说，区域内的创新网络合作一直占据着主导地位，且两者之间的比例差距较大，其中东部沿海地区、北部沿海地区以及南部沿海地区的创新网络合作总量在内外部创新网络合作中的占比均较高，而东北地区以及大西北地区的占比较低，这表明沿海地区更能促进创新网络的合作。

（3）中国城市创新网络合作呈现聚集的态势，虽然节点之间的合作广泛，但是网络的稠密性不高。同时，创新网络呈现"核心—边缘"的结构，并且其核心城市是在不断变动的。基于市域尺度，内部创新网络首要位置从 2010~2013 年的兰州转变到 2014~2021 年的上海，这也表明了创新网络的协调程度在发生变化。此外，外部创新网络一直以上海为主导地位。兰州与嘉兴的外部创新网络合作次数较多，占比较高，但是其本地创新占比不高，与上海还有所差距。基于省域尺度，经济发达的一线城市上海仍旧占据着主导位置，同时经济发达的广东、浙江、江苏也占据着主要位置，此外，对于经济不发达、交通不便利的西藏，其处于最末位置。基于区域尺度，地理位置优越的沿海地区以及长江中游占据着主导位置，而东北地区排名最末，区域等级差异较为明显。根据中心性分析，北京、上海以及深圳三个城市在三个中心度的排名中排名前三，这表明创新网络中这三个城市对于创新网络的发展起到较为显著的引导作用，这三个城市的中心地位较高，同时也能够通过控制其他城市的创新联系从而促进外部创新网络的发展。而南京在三个中心度的排名都比较低，这意味着南京的中心地位不高，对于创新网络的发展有引领作用,但是其作用强度较小,同时其对于控制其他城市之间的创新联系的能力也较弱,没有很强的中介桥梁作用。

(4) 经济基础对于内外部的创新网络合作均具有负向的作用;功能基础对于本地创新网络的合作具有正向作用,对于外部创新网络的合作有着显著的负向作用;智力基础对于本地创新网络的发展呈现抑制的态势,而对于外部创新网络的发展起着正向作用;信息基础对于内部之间的创新网络合作有着正面的影响,而对于外部创新网络来说则均具有负面的影响;产业驱动对于内部的创新网络发展起到正面影响,同时产业驱动对于外部创新网络的发展起到显著的正向作用;消费驱动对于内部创新网络的发展均具有抑制作用,而对于外部创新网络来说,在经济权重矩阵下呈现正向作用,而在地理权重下则呈现抑制作用;人才支撑中的第一产业和第二产业的从业人士均对于外部创新网络的发展起到显著的正向作用,而对于内部创新网络则均具有抑制作用;人才支撑中的第三产业从业人士对于内部创新网络的发展均有正面影响,对于外部创新网络来说则会抑制其发展;政府扶持对于本地的创新网络发展均具有一致作用,而对外部创新网络的发展起到良好的带领引导作用;众创氛围对于内部创新网络的合作起到显著的负面影响,而对于外部创新网络的发展则具有显著的正面影响。

(5) 专精特新中小企业的创新网络与其创新表现之间存在显著的正相关性。首先,随着关系强度和网络中心度的提高,企业的创新能力也会得到相应的提升;其次,网络规模、网络强度和网络质量对企业的创新表现有明显的正面影响,随着这三个因素的增长,企业的创新表现也会显著提高,凸显了专精特新中小企业在创新网络中建立稳固关系及提升网络地位对其创新能力的提升至关重要;再其次,本书的中介效应检验表明,双元创新能力在网络规模、网络强度和网络质量对创新表现的影响中起到了显著的正向中介作用;最后通过实证检验,技术动态性正向调节探索性创新和创造性创新对绩效的影响。因此,专精特新中小企业在构建和发展创新网络时,应重视建立良好的合作关系和提升自身的网络地位,以此来推动创新表现的提升。此外,政府和相关机构也应加强对专精特新中小企业的支持,为其创新网络的发展提供更好的环境和资源，进一步推动创新绩效的提升。

9.2 建 议

根据本书研究，提出以下相关的建议：

（1）促进专精特新企业之间的合作意识。通过研究发现民营企业间合作是目前的主流形式，各个创新主体要加大与其他类型的企业之间的创新网络合作，不能仅仅局限于与民营企业间合作。同时要加强创新主体之间的整体意识以及合作意识，强化创新网络之间的稠密性，通过与其他创新主体合作，能弥补本创新主体的缺点，充分利用其他创新主体的优势，从而更好地促进本创新主体创新网络的发展。与此同时要充分运用城市的丰富资源，加强与边缘城市之间的创新网络合作与联系，对于边缘创新主体起到良好的带动引领作用，促进其与邻近城市或者核心城市合作，让边缘创新主体能与核心创新主体共同成长。

（2）打造专业人才队伍。创新网络的发展离不开人才的支撑，要打造专业的人才队伍，建立专门的线上、线下平台，提升创新主体办事的便利性，从而提升创新主体的积极性和活力，促进城市与城市之间的创新网络合作。同时各个主体可以培养自己专门的人才，从而形成优秀的人才队伍，不用担心人才的缺失与流失。各个创新主体也要定期培训，培养更多的人才，更好地促进创新网络的发展。

（3）加大政府支持促进创新网络发展。创新网络的发展需要一个良好的市场环境，政府需要采取措施保障市场环境，构建一个完善的创新网络体系，为创新主体之间达成合作提供对接、信息共享等服务，能够提高创新主体达成合作的效率，也减少了创新主体因为达成合作费时而放弃的概率，也能使创新主体间的合作发挥最大效能，同时政府要大力加大对创新网络的投资力度，从人才、技术、资金等方面支持创新主体进行与其他城市的合作，通过减免税收、发放贷款等方式减轻创新主体的负担，从而能增加创新主体之间的合作，同时，政府也要加大对基础设施的完善，从根本上减少创新主体间的成本，使各个创新主体之间打破地理距离，建造有助于远距离的创新主体之间合作的交通以及其他环境，从而达成创新网络的合作，从整体上提升创新网络的发展。政府也要促进各个创新主体进行合作，鼓励国有企业、私营企业等开发、创新，同时鼓励各个产业进入市场，达成创新网络合作，促进创新网络进一步发展。

（4）加强专精特新企业之间的合作与交流。鉴于创新关系强度的重要性，专精特新中小企业应积极寻求与其他企业、研究机构和高等教育机构的合作伙伴关系。通过建立稳固的合作关系，可以促进知识共享、技术转移和创新资源的共享使用。企业可以通过签订技术合作协议、共同参与研发项目和创新平台建设等方式，强化与合作伙伴的联系，加深彼此之间的互信和理解。此外，定期举办创新论坛、研讨会和行业交流会，不仅能够提高企业的知名度和影响力，还能够为企业提供获取新知识和技术的机会，从而提升整体的创新绩效。

政府可以通过搭建供各个创新主体交流沟通的平台，为创新主体提供达成创新网络合作的交流平台，让创新主体能够在一个公正、便利的平台上面进行交流，以防止出现诈骗等情况。中介平台也能够为创新主体搭建更完善的对接平台，促进资源共享，打破信息差，让处于不同地理位置上的创新主体都能第一时间得到相应的消息，同时中介平台的搭建也能够集中创新网络合作的主体，可以供不同创新主体进行筛选，从而使创新主体能够筛选到最适合合作的对象，从而能够在促进创新网络的合作的同时，也能提升创新网络的合作质量。

（5）提高专精特新企业在创新网络中的技术水平和质量。创新网络质量的核心体现在企业与其创新合作伙伴间的合作效率以及合作成果的质量。优化这一质量对于企业而言，不仅能够显著提升创新效能，还能在市场上获得更为丰厚的回报。对于专精特新中小企业而言，在提升创新网络质量的过程中，必须重视合作伙伴的遴选、合作流程的精细化以及合作成果的全面评估。特别是在合作伙伴的选择上，应实施严格的筛选机制，确保所选合作伙伴在技术实力、市场地位等方面与企业实现高度匹配。优化合作流程，确保合作过程高效、顺畅，减少不必要的沟通和协调成本。建立完善的合作成果评估机制，对合作成果进行定期评估和总结，及时发现问题并加以改进。同时，将评估结果作为选择合作伙伴和优化合作流程的重要依据。

（6）提高专精特新企业在创新网络中的地位和水平。专精特新中小企业应通过积极的外部网络布局来提高其在创新网络中地位这包括但不限于加入行业协会、技术联盟、创新平台等。通过这些平台，企业能够接触到更广泛的合作伙伴和资源，提高自身的可见度和影响力。同时，企业应注重内部创新能力的培养，如加大研发投入、引进高端人才和提高团队协作能力，从而在创新网络中形成较高的技术实力和创新活动频率，高中心度的企业更容易成为标杆，能够吸引更多的资源和人才。

专精特新中小企业自身的条件优势是促进创新网络合作的条件之一，创新主体可以通过采取相应的措施，提升自身的实力和地位，提升自身的竞争实力，能够与其他创新主体之间建立更好的创新网络，促进创新网络的发展。同时，各创新主体可以建立相应的评估机制，对自身的实力进行定期评估从而更好地发现问题并解决，提升自身的实力和地位。各创新主体可以通过参加各种协会来提高自身在行业中的地位，同时通过加入协会，能够接触到实力和竞争力更强的创新主体，能够接触到更好的资源和机会，从而能够促进创新主体合作的质量，更好地促进创新网络的发展。

（7）加强政府扶持和政策引导。为了推动专精特新中小企业创新网络的建设，政府应当制定并推行一系列扶持政策。具体而言，政府可以设立专项资金，为中小企业在创新网络构建过程中产生的相关费用提供资金支持。此外，政府还可以通过实施税收优惠措施，如允许参与创新网络的中小企业对其相关投入进行税前扣除，以进一步减轻其经济负担，激励其积极参与创新网络的建设。这些政策的实施将有助于中小企业更好地融入创新网络，推动其创新能力的提升。加强知识产权保护，完善相关法律法规，维护网络合作中各方的知识产权权益。建立完善的创新网络公共服务体系，提供网络对接、信息共享、技术转移等服务。

（8）培育创新网络中介组织。首先，通过鼓励发展各类创新服务中介机构，如技术转移机构、创新众包平台、产业联盟等。支持专业的网络运营机构的发展，为网络节点搭建对接渠道，促进资源对接。因为这些中介组织可降低信息不对称和交易成本，为中小企业提供专业化的创新网络服务。在当今日新月异的科技创新环境中，创新网络中介组织的作用越发凸显。为了更好地激发创新活力，推动科技进步与产业升级，我们需要着重培育和发展这些中介组织。明确创新网络中介组织的重要性。它们不仅是科技创新的桥梁和纽带，更是促进资源优化配置、提升创新效率的关键力量。这些组织通过提供技术转移、创新众包、产业联盟等多元化服务，为中小企业和科研机构搭建了一个高效的信息交流平台。在培育创新网络中介组织的过程中，要鼓励发展各类创新服务中介机构。这些机构不仅要具备专业的技术背景和丰富的市场经验，还要能够紧跟时代步伐，不断创新服务模式。例如，技术转移机构可以帮助企业快速找到合适的技术成果，实现技术的商业化应用；创新众包平台则可以为中小企业提供低成本的研发资源，加速产品的创新迭代。其次，要支持专业的网络运营机构的发展。这些机构具备强大的资源整合能力和网络运营能力，能够为网络节点搭建对接渠道，促进资源的有效对接。通过搭建线上线下的创新合作网络，这些机构可以帮助中小企业拓展市场渠道、降低运营成本、提升品牌知名度。此外，还要注重创新网络中介组织的专业化服务能力建设。最后，要充分认识到创新网络中介组织在降低信息不对称和交易成本方面的作用。这些组织通过搭建信息交流平台、促进资源对接等方式，可以有效地降低企业在创新过程中的信息不对称和交易成本，提高专精特新企业的创新效率和成功率。

（9）构建多层次创新网络生态。为了推动创新的深度与广度，需要构建一个多层次、全方位的创新网络生态。这一生态的核心在于专精特新中小企业，它们凭借独特的技术优势和敏锐的市场洞察力，成为引领创新的重要力量。同时，也应重视大企业、高校、科研机构等多元主体的作用，形成纵向的创新网络生态，让知识、技术、资金等资源在不同主体间流动与共享。还应积极打造横向的产业链创新网络。这样的网络生态不仅能提升整个产业链的竞争力，还能为中小企业提供更多的创新机会和市场空间。

附录一
专精特新中小企业创新网络中心性数据

阶段	城市	入度	出度	度中心度	接近中心度	中介中心度
第一阶段：2010~2013年	北京市	49	64	113	0.636364	8733.982952
	上海市	37	38	75	0.547826	4073.102515
	深圳市	27	22	49	0.486486	2828.233616
	南京市	17	20	37	0.473684	853.333597
	广州市	18	18	36	0.446809	1131.61722
	成都市	17	17	34	0.431507	1285.980593
	天津市	15	14	29	0.458182	778.169384
	杭州市	12	17	29	0.466667	794.954676
	厦门市	11	16	27	0.451613	1016.318188
	郑州市	16	8	24	0.422819	313.912034
	青岛市	9	14	23	0.448399	836.202231
	西安市	12	10	22	0.428571	653.666954
	温州市	9	11	20	0.44523	198.546814
	佛山市	11	9	20	0.411765	696.120519
	重庆市	10	10	20	0.446809	322.069279
	苏州市	10	9	19	0.4375	253.571623
	嘉兴市	8	11	19	0.440559	128.701893
	合肥市	10	9	19	0.414474	771.09406

续表

阶段	城市	入度	出度	度中心度	接近中心度	中介中心度
第一阶段：2010~2013年	武汉市	10	8	18	0.4	435.757234
	无锡市	9	9	18	0.434483	67.499332
	宁波市	7	10	17	0.439024	574.920145
	济南市	9	8	17	0.422819	413.998604
	长沙市	9	7	16	0.401274	876.496965
	沈阳市	8	8	16	0.406452	326.270382
	南通市	7	8	15	0.318987	626.541239
	昆明市	9	5	14	0.396226	368.979926
	常州市	8	5	13	0.334218	85.683254
	哈尔滨市	9	4	13	0.396226	327.213385
	贵阳市	5	8	13	0.353933	255.188458
	福州市	6	7	13	0.411765	27.882978
	珠海市	7	5	12	0.35	445.458785
	柳州市	6	6	12	0.405145	90.306238
	石家庄市	9	3	12	0.284424	28.2375
	绍兴市	4	8	12	0.405145	24.973543
	乌鲁木齐市	7	5	12	0.300716	78.033225
	扬州市	4	7	11	0.424242	15.801713
	惠州市	7	4	11	0.36	26.16685
	桂林市	8	3	11	0.350975	455.714395
	衡水市	7	4	11	0.324742	23.497461
	大连市	5	5	10	0.427119	11.864261
	泉州市	6	4	10	0.414474	0
	银川市	4	6	10	0.403846	73.325594
	泰安市	7	3	10	0.287671	294.041397
	潍坊市	7	3	10	0.396226	454.011605
	绵阳市	5	4	9	0.396226	6.097513
	烟台市	5	4	9	0.319797	60.172223

续表

阶段	城市	入度	出度	度中心度	接近中心度	中介中心度
第一阶段：2010~2013年	兰州市	5	4	9	0.36	466.825563
	济宁市	3	6	9	0.369501	156.354728
	肇庆市	4	5	9	0.34903	311.433145
	徐州市	4	4	8	0.391304	9.909524
	金华市	3	5	8	0.353933	6.672619
	镇江市	6	2	8	0.326425	173.360161
	马鞍山市	3	5	8	0.378378	142.443484
	东莞市	3	4	7	0.405145	9.635317
	唐山市	3	4	7	0.425676	4.692365
	永州市	4	3	7	0.260331	70.5
	呼和浩特市	4	2	6	0.287016	8.910256
	新乡市	4	2	6	0.310345	5.046679
	洛阳市	2	4	6	0.326425	0
	淄博市	3	3	6	0.392523	12.623352
	太原市	3	3	6	0.415842	155.481321
	昌吉回族自治州	2	4	6	0.300716	0
	驻马店市	3	2	5	0.328125	0
	南昌市	3	2	5	0.362069	0.452381
	吉安市	2	3	5	0.310345	446.943001
	临汾市	3	2	5	0.294393	3.833333
	黔南布依族苗族自治州	3	2	5	0.320611	16.952057
	长春市	1	4	5	0.396226	0
	漳州市	3	2	5	0.315789	5.277778
	宿迁市	3	2	5	0.328125	50.690522
	保定市	3	2	5	0.391304	121.416667
	湖州市	3	2	5	0.319797	0

续表

阶段	城市	入度	出度	度中心度	接近中心度	中介中心度
第一阶段：2010~2013年	盐城市	2	3	5	0.415842	0
	滨州市	3	2	5	0.310345	0
	普洱市	2	3	5	0.265823	3.857143
	东营市	3	2	5	0.357955	33.612771
	玉溪市	3	2	5	0.284424	1.366667
	淮安市	2	3	5	0.401274	26.444517
	芜湖市	3	2	5	0.228261	4.586147
	南宁市	1	4	5	0.403175	0
	衡阳市	3	1	4	0	0
	株洲市	2	2	4	0.307317	7.533333
	铁岭市	3	1	4	0	0
	江门市	1	3	4	0.373887	28.513563
	德阳市	3	1	4	0.355932	4.692365
	抚顺市	3	1	4	0.310345	4.540909
	泰州市	2	2	4	0.285068	0
	吉林市	2	2	4	0.367347	2.706818
	威海市	3	1	4	0.391304	140.235786
	宜昌市	2	2	4	0.290323	18.47619
	酒泉市	2	2	4	0.265263	0
	铜陵市	2	2	4	0.295082	149.764164
	蚌埠市	2	2	4	0.329843	9.727473
	吕梁市	2	2	4	0.315	0
	衢州市	2	2	4	0.318987	0
	吐鲁番市	3	1	4	0.261411	0
	德州市	2	2	4	0.283146	6.611111
	岳阳市	2	1	3	0	0
	湛江市	1	2	3	0.367347	0
	连云港市	2	1	3	0	0

续表

阶段	城市	入度	出度	度中心度	接近中心度	中介中心度
	秦皇岛市	2	1	3	0.355932	0
	眉山市	2	1	3	0.302158	126
	葫芦岛市	2	1	3	0.302158	0
	三明市	1	2	3	0.357955	0
	鄂州市	2	1	3	0.286364	0
	西宁市	2	1	3	0.224599	1.521429
	襄阳市	2	1	3	0.285068	13.936907
	廊坊市	2	1	3	0.390093	49.59062
	锦州市	2	1	3	0.390093	0
	龙岩市	2	1	3	0	0
	焦作市	2	1	3	0	0
	丽水市	1	2	3	0.326425	0
	怀化市	1	2	3	0.290993	126.111111
第一阶段：2010~2013年	雅安市	2	1	3	0.225806	143.111111
	安庆市	1	2	3	0.310345	4.627778
	石嘴山市	2	1	3	0	0
	十堰市	0	3	3	0.312039	0
	鞍山市	1	2	3	0.358974	28.931807
	咸阳市	2	1	3	0	0
	丹东市	1	2	3	0.390769	0
	菏泽市	1	1	2	0.26087	0
	张家口市	1	1	2	0.328982	0
	榆林市	1	1	2	0.303614	0
	临沂市	1	1	2	0.310345	0
	武威市	1	1	2	0.311881	0
	延安市	1	1	2	0.311881	0
	聊城市	0	2	2	0.398119	0
	濮阳市	1	1	2	0.299287	2.934973

续表

阶段	城市	入度	出度	度中心度	接近中心度	中介中心度
第一阶段：2010~2013年	包头市	1	1	2	0.305825	0
	林芝市	1	1	2	0.315789	0
	昌吉州昌吉市	0	2	2	0.293981	0
	山南市	0	2	2	0.303828	0
	汉中市	1	1	2	0.306569	26.065368
	海口市	1	1	2	0.261954	1.333333
	长治市	0	2	2	0.3175	0
	娄底市	0	2	2	0.395639	0
	自贡市	1	1	2	0	0
	许昌市	1	1	2	0	0
	广安市	1	1	2	0	0
	天门市	1	1	2	0	0
	晋城市	1	1	2	0	0
	日照市	1	1	2	0	0
	湘潭市	1	1	2	0	0
	百色市	1	1	2	0	0
	枣庄市	0	1	1	0.390769	0
	常德市	0	1	1	0.287982	0
	开封市	0	1	1	0.329016	0
	曲靖市	0	1	1	0.329016	0
	渭南市	0	1	1	0.329016	0
	铜川市	0	1	1	0.301663	0
	忻州市	0	1	1	0.390769	0
	南阳市	0	1	1	0.233456	0
	乐山市	0	1	1	0.303103	0
	抚州市	0	1	1	0.287982	0
	仙桃市	0	1	1	0.28733	0
	北海市	0	1	1	0.261317	0

续表

阶段	城市	入度	出度	度中心度	接近中心度	中介中心度
第一阶段：2010~2013年	平凉市	0	1	1	0.266247	0
	鄂尔多斯市	0	1	1	0.290618	0
	亳州市	0	1	1	0.294664	0
	宝鸡市	0	1	1	1	0
	淮南市	0	1	1	0.26078	0
第二阶段：2014~2017年	北京市	86	94	180	0.654676	16460.92246
	上海市	63	53	116	0.551515	7168.013911
	深圳市	37	30	67	0.495913	3724.977555
	广州市	29	32	61	0.50838	2378.094887
	天津市	26	28	54	0.480211	2163.016761
	西安市	29	21	50	0.470284	2023.517201
	成都市	24	25	49	0.489247	2241.971271
	南京市	20	29	49	0.487936	823.29734
	合肥市	27	19	46	0.455	1448.875799
	嘉兴市	20	24	44	0.467866	1049.735055
	武汉市	20	24	44	0.485333	1656.321832
	厦门市	23	19	42	0.443902	2064.503167
	杭州市	18	22	40	0.475196	969.231184
	长沙市	19	19	38	0.460759	1693.635349
	济南市	21	16	37	0.455	1055.931125
	青岛市	17	17	34	0.455	692.690297
	沈阳市	13	19	32	0.470284	499.379786
	东莞市	15	17	32	0.404444	962.064462
	佛山市	10	20	30	0.463104	829.411478
	苏州市	14	16	30	0.472727	571.333743
	乌鲁木齐市	13	15	28	0.453865	920.790745
	无锡市	14	14	28	0.443902	271.649373
	宁波市	15	12	27	0.440678	418.50947

续表

阶段	城市	入度	出度	度中心度	接近中心度	中介中心度
第二阶段：2014~2017年	淄博市	19	8	27	0.408989	280.372442
	常州市	14	11	25	0.455	148.168607
	扬州市	10	15	25	0.45614	130.957631
	郑州市	15	10	25	0.434368	856.275122
	重庆市	10	15	25	0.472727	743.147068
	福州市	13	11	24	0.449383	118.136912
	石家庄市	11	12	23	0.43026	308.517265
	烟台市	11	11	22	0.4375	323.592843
	温州市	13	9	22	0.386412	299.276056
	南通市	14	7	21	0.435407	364.549436
	珠海市	15	5	20	0.395652	386.856562
	大连市	10	10	20	0.408989	207.661907
	哈尔滨市	11	7	18	0.43128	320.441069
	兰州市	9	8	17	0.438554	226.149061
	泰州市	9	8	17	0.42723	42.718519
	银川市	10	7	17	0.43026	296.171242
	酒泉市	7	9	16	0.414579	1058.316603
	太原市	10	6	16	0.43026	663.793235
	昆明市	6	10	16	0.4375	513.718184
	连云港市	8	7	15	0.376812	29.787382
	株洲市	6	9	15	0.379167	271.869668
	贵阳市	8	6	14	0.422274	462.969644
	马鞍山市	4	10	14	0.418391	26.033135
	长春市	8	5	13	0.405345	134.437036
	绍兴市	4	9	13	0.416476	384.10697
	潍坊市	7	6	13	0.412698	184.516437
	许昌市	9	4	13	0.404444	10.532837
	漳州市	9	4	13	0.313253	38.562967

续表

阶段	城市	入度	出度	度中心度	接近中心度	中介中心度
第二阶段：2014~2017年	襄阳市	7	6	13	0.42723	118.505597
	惠州市	6	7	13	0.442822	312.138778
	海口市	4	9	13	0.42723	36.915485
	镇江市	9	4	13	0.407159	77.543335
	柳州市	5	7	12	0.419355	8.46232
	昌吉回族自治州	4	8	12	0.359684	220.807924
	桂林市	8	4	12	0.36255	29.806136
	台州市	6	6	12	0.389722	28.247074
	龙岩市	7	4	11	0.414579	350.660141
	洛阳市	7	4	11	0.419355	8.32472
	泉州市	7	4	11	0.330909	39.742092
	西宁市	4	7	11	0.422274	87.742996
	石河子市	4	6	10	0.404444	235.764394
	金华市	5	5	10	0.428235	3.632684
	南昌市	3	7	10	0.414579	18.360233
	衢州市	6	4	10	0.408072	75.412939
	清远市	6	4	10	0.349328	86.184602
	芜湖市	6	4	10	0.369919	23.872204
	盐城市	7	2	9	0.356164	49.42619
	宜昌市	4	5	9	0.356863	29.048901
	宜春市	4	5	9	0.424242	14.547619
	包头市	4	4	8	0.321555	20.913446
	常德市	5	3	8	0.407159	5.500066
	抚顺市	1	7	8	0.420323	0
	廊坊市	5	3	8	0.407159	56.413126
	眉山市	3	5	8	0.408989	58.756814
	泰安市	5	3	8	0.39738	0.511111

续表

阶段	城市	入度	出度	度中心度	接近中心度	中介中心度
第二阶段：2014~2017年	唐山市	3	5	8	0.40991	0.515873
	滨州市	4	4	8	0.4	18.753211
	东营市	5	3	8	0.356863	12.453585
	呼和浩特市	2	6	8	0.381551	219.011366
	湘潭市	2	6	8	0.421296	13.785142
	保定市	3	4	7	0.367677	28.163303
	黄山市	3	4	7	0.35	4.983333
	吕梁市	3	4	7	0.398249	4.223232
	威海市	4	3	7	0.319298	9.758272
	焦作市	3	4	7	0.405345	2.373947
	遂宁市	4	3	7	0.332724	11.353968
	肇庆市	4	3	7	0.340187	96.839721
	湖州市	2	5	7	0.424242	0
	济宁市	3	4	7	0.418391	3.10873
	绵阳市	2	5	7	0.417431	7.41381
	徐州市	3	4	7	0.361829	184.10119
	丹东市	4	2	6	0.396514	0
	德州市	3	3	6	0.317073	0
	淮安市	4	2	6	0.417431	0.695462
	吉安市	3	3	6	0.344045	128.652812
	伊犁哈萨克自治州	4	2	6	0.320988	2.809524
	岳阳市	4	2	6	0.313793	1.640873
	吐鲁番市	3	3	6	0.336414	0
	德阳市	3	3	6	0.376033	193.140417
	益阳市	3	3	6	0.339552	21.432108
	新乡市	4	2	6	0.307953	5.333333
	衡水市	3	3	6	0.2912	209.877822

续表

阶段	城市	入度	出度	度中心度	接近中心度	中介中心度
第二阶段：2014~2017年	临夏回族自治州	2	4	6	0.325	21.254201
	铁岭市	3	3	6	0.417431	0
	中山市	1	5	6	0.417808	0
	咸阳市	4	1	5	0.320423	22.999878
	滁州市	2	3	5	0.32971	1.498214
	临沂市	3	2	5	0.396514	0
	南阳市	3	2	5	0.323268	0
	汕头市	2	3	5	0.346667	19.229132
	驻马店市	3	2	5	0.356164	22.657143
	邢台市	4	1	5	0	0
	沧州市	3	2	5	0.32971	1.731624
	南宁市	3	2	5	0.356863	21.658261
	赣州市	1	4	5	0.340741	0
	晋城市	2	3	5	0.312715	2.212378
	娄底市	3	2	5	0.405345	182.505466
	吴忠市	2	3	5	0.330309	1.419048
	宝鸡市	2	2	4	0.332724	197.404123
	大同市	2	2	4	0.304858	1.845238
	阜新市	2	2	4	0.322695	8.126065
	菏泽市	2	2	4	0.312178	2.626587
	景德镇市	3	1	4	0.313793	0.666667
	秦皇岛市	3	1	4	0.325581	5.72619
	亳州市	2	2	4	0.313793	0
	赤峰市	2	2	4	0.356164	0
	大理白族自治州	3	1	4	0.293548	0
	宿迁市	2	2	4	0.361829	1.336732

续表

阶段	城市	入度	出度	度中心度	接近中心度	中介中心度
第二阶段：2014~2017年	抚州市	2	2	4	0.356725	10.471537
	阜阳市	2	2	4	0.33829	0
	遵义市	2	2	4	0.297386	0
	葫芦岛市	1	3	4	0.34275	4.533333
	曲靖市	2	2	4	0.327338	2.952381
	玉溪市	2	2	4	0.304858	0
	长治市	2	2	4	0.356164	0
	中卫市	2	2	4	0.330909	0
	巴音郭楞蒙古自治州	1	2	3	0.34275	2.294444
	蚌埠市	2	1	3	0.332724	0
	鄂尔多斯市	2	1	3	0.320988	2.5
	淮南市	1	2	3	0.323268	0
	黄石市	2	1	3	0.396514	0
	克拉玛依市	2	1	3	0.313793	9.125187
	丽水市	1	2	3	0.358268	0
	萍乡市	2	1	3	0.396514	0
	三明市	2	1	3	0.30384	0
	榆林市	1	2	3	0.329114	15.404123
	张家口市	1	2	3	0.411765	0
	郴州市	1	2	3	0.316609	0
	定西市	2	1	3	0.293548	20.639144
	信阳市	2	1	3	0.303333	5.917949
	邯郸市	2	1	3	0.32852	0
	荆州市	2	1	3	0.327338	0
	海南藏族自治州	0	3	3	0.403084	0
	舟山市	1	2	3	0.31058	1.212526

续表

阶段	城市	入度	出度	度中心度	接近中心度	中介中心度
第二阶段：2014~2017年	鹤壁市	1	2	3	0.303987	0
	通辽市	1	2	3	0.370672	4.587013
	怀化市	1	2	3	0.346008	2.005466
	淮北市	1	2	3	0.279817	0
	钦州市	1	2	3	0.327338	1.111111
	安阳市	2	1	3	0	0
	江门市	1	2	3	0.341463	0
	九江市	2	1	3	0.323268	1.375
	开封市	1	2	3	0.411765	0
	五家渠市	1	2	3	0.303333	1
	延安市	1	2	3	0.308475	0
	辽阳市	2	1	3	0	0
	营口市	1	2	3	0.396963	0
	西双版纳傣族自治州	2	1	3	0	0
	自贡市	1	2	3	0.32973	0
	安庆市	0	2	2	0.322751	0
	鞍山市	1	1	2	0.39738	0
	吉林市	1	1	2	0.305369	0
	昌吉州昌吉市	1	1	2	0.313253	0
	崇左市	0	2	2	0.27071	0
	鄂州市	1	1	2	0.32852	0.735664
	临汾市	1	1	2	0.302326	1.996825
	汉中市	1	1	2	0.356863	8.719298
	铜陵市	1	1	2	0.313253	0
	河源市	1	1	2	0.333333	0
	韶关市	1	1	2	0.289809	0
	塔城地区	1	1	2	0.319298	0

续表

阶段	城市	入度	出度	度中心度	接近中心度	中介中心度
第二阶段：2014~2017年	荆门市	1	1	2	0.288889	0
	武威市	1	1	2	0.322695	5.35
	聊城市	1	1	2	0	0
	南充市	1	1	2	0.39738	0
	黔东南苗族侗族自治州	0	2	2	0.407572	0
	黔南布依族苗族自治州	1	1	2	0.307953	0
	黔西南布依族苗族自治州	0	2	2	0.353965	0
	三门峡市	1	1	2	0.289809	0
	乌苏市	1	1	2	0.356164	0
	鹰潭市	1	1	2	0.294498	0
	渭南市	1	1	2	0.320988	0
	孝感市	1	1	2	0.332117	0
	十堰市	0	2	2	0.306533	0
	铜仁市	0	2	2	0.31993	0
	昭通市	0	2	2	0.312287	0
	衡阳市	1	1	2	0	0
	呼伦贝尔市	1	1	2	0	0
	日照市	1	1	2	0	0
	天水市	1	1	2	0	0
	永州市	1	1	2	0	0
	湛江市	1	1	2	0	0
	达州市	0	1	1	0.250685	0
	迪庆藏族自治州	0	1	1	0.316609	0
	揭阳市	0	1	1	0.356725	0

续表

阶段	城市	入度	出度	度中心度	接近中心度	中介中心度
第二阶段：2014~2017年	金昌市	0	1	1	0.321053	0
	辽源市	0	1	1	0.396963	0
	雅安市	1	0	1	0	0
	宁德市	0	1	1	0.3086	0
	平顶山市	0	1	1	0.266764	0
	上饶市	0	1	1	0.356725	0
	四平市	0	1	1	0.302479	0
	仙桃市	0	1	1	0.327957	0
第三阶段：2018~2021年	北京市	91	103	194	0.626374	17981.36185
	上海市	71	73	144	0.560197	8929.737215
	深圳市	49	40	89	0.507795	4740.726956
	天津市	39	45	84	0.493506	4417.764481
	成都市	43	37	80	0.505543	4121.592332
	西安市	37	38	75	0.5	3435.250481
	武汉市	30	37	67	0.493506	3251.852693
	广州市	29	38	67	0.496732	2420.079174
	杭州市	30	36	66	0.494577	1014.432028
	南京市	31	33	64	0.493506	1600.77015
	苏州市	31	31	62	0.491379	2191.532864
	长沙市	25	31	56	0.462475	3042.869928
	济南市	27	28	55	0.478992	1559.298399
	厦门市	29	21	50	0.430189	1555.756545
	福州市	25	22	47	0.468172	1457.11257
	东莞市	25	22	47	0.446184	829.573172
	重庆市	25	20	45	0.456914	614.07795
	合肥市	22	22	44	0.460606	1612.224366
	青岛市	23	20	43	0.452381	1087.959538
	无锡市	17	23	40	0.470103	973.307521

续表

阶段	城市	入度	出度	度中心度	接近中心度	中介中心度
第三阶段：2018~2021年	郑州市	18	21	39	0.445312	1446.12637
	大连市	18	20	38	0.465306	583.583155
	沈阳市	17	19	36	0.450593	1173.90233
	嘉兴市	17	18	35	0.431002	289.769239
	昆明市	18	15	33	0.44186	1778.944001
	烟台市	19	11	30	0.429379	786.418498
	南通市	17	13	30	0.414545	621.797899
	兰州市	15	14	29	0.447937	1013.697095
	乌鲁木齐市	13	16	29	0.435946	1485.085079
	常州市	15	13	28	0.43762	152.235828
	太原市	13	15	28	0.441006	1037.845702
	酒泉市	3	25	28	0.469136	60.964034
	衢州市	15	11	26	0.417582	207.750392
	潍坊市	10	16	26	0.43762	329.185307
	珠海市	15	11	26	0.436782	435.176144
	佛山市	12	14	26	0.415301	1045.126759
	石家庄市	13	12	25	0.429379	667.219226
	宁波市	13	12	25	0.428571	372.606504
	贵阳市	13	10	23	0.412297	173.976003
	柳州市	11	11	22	0.434286	189.931032
	银川市	7	15	22	0.429379	143.378783
	株洲市	12	10	22	0.423006	174.244813
	湖州市	11	11	22	0.438462	79.546973
	漳州市	10	11	21	0.396522	108.54779
	保定市	12	9	21	0.417582	217.217053
	哈尔滨市	6	15	21	0.445312	344.481541
	温州市	12	8	20	0.417582	468.783804
	襄阳市	9	10	19	0.430189	160.059149

续表

阶段	城市	入度	出度	度中心度	接近中心度	中介中心度
第三阶段：2018~2021年	长春市	9	10	19	0.423792	355.995967
	南昌市	9	9	18	0.406417	598.730832
	淄博市	9	8	17	0.359621	50.045859
	广安市	8	9	17	0.428571	23.238662
	澄迈县	11	6	17	0.435115	325.900963
	洛阳市	8	9	17	0.405694	336.313665
	遂宁市	8	9	17	0.398601	18.439472
	镇江市	8	8	16	0.397906	24.417034
	泰州市	10	6	16	0.390411	19.587064
	宜昌市	7	9	16	0.399299	172.723075
	廊坊市	6	10	16	0.423006	461.395938
	济宁市	7	9	16	0.421442	273.149686
	许昌市	9	6	15	0.407871	935.401398
	泉州市	8	7	15	0.367742	258.298465
	宝鸡市	7	8	15	0.412297	52.845318
	扬州市	6	8	14	0.386441	49.167301
	龙岩市	4	10	14	0.413043	141.27652
	徐州市	8	6	14	0.402116	24.699109
	威海市	8	6	14	0.392427	305.049012
	新乡市	8	6	14	0.416058	180.962287
	湘潭市	6	8	14	0.422222	44.223605
	泰安市	9	4	13	0.33678	510.024281
	马鞍山市	6	7	13	0.379368	48.598051
	石嘴山市	7	6	13	0.352396	80.496897
	金华市	6	7	13	0.410811	305.623242
	桂林市	7	6	13	0.387097	62.970232
	吉安市	4	9	13	0.395833	42.979159
	清远市	7	6	13	0.347032	119.375771

续表

阶段	城市	入度	出度	度中心度	接近中心度	中介中心度
	绍兴市	6	7	13	0.412297	7.115505
	遵义市	8	4	12	0.355694	28.345277
	唐山市	8	4	12	0.338279	487.305244
	惠州市	5	6	11	0.414545	18.388045
	鞍山市	6	5	11	0.423792	59.861645
	东营市	5	6	11	0.339286	170.404119
	石河子市	6	5	11	0.392427	49.565998
	芜湖市	7	4	11	0.361905	282.901917
	海口市	5	6	11	0.370732	96.980491
	淮安市	6	5	11	0.3648	23.184631
	连云港市	6	4	10	0.372549	19.620792
	宜宾市	5	5	10	0.36019	31.142392
	沧州市	4	6	10	0.397213	58.074428
第三阶段：2018~2021年	萍乡市	5	5	10	0.404973	689.937653
	台州市	5	5	10	0.408602	1.050631
	玉溪市	5	5	10	0.40354	12.89767
	宜春市	7	3	10	0.349158	4.337581
	德州市	7	3	10	0.388416	361.352281
	益阳市	5	5	10	0.359621	21.457123
	德阳市	4	6	10	0.4	19.324143
	绵阳市	6	4	10	0.399299	592.718676
	汕头市	6	4	10	0.380634	1.033317
	驻马店市	5	5	10	0.408602	52.378675
	长治市	2	8	10	0.396522	20.509285
	昌吉回族自治州	3	7	10	0.387097	47.944212
	肇庆市	3	6	9	0.36248	21.203851
	衡阳市	4	5	9	0.411552	6.691329

续表

阶段	城市	入度	出度	度中心度	接近中心度	中介中心度
第三阶段：2018~2021年	潮州市	5	4	9	0.395147	0.522378
	岳阳市	5	4	9	0.350769	31.930793
	韶关市	6	3	9	0.327586	11.994162
	榆林市	4	5	9	0.358491	4.622447
	呼和浩特市	3	6	9	0.37686	232.953743
	邢台市	5	4	9	0.391081	13.400595
	晋城市	3	5	8	0.390411	16.406983
	濮阳市	6	2	8	0.286073	376.0657
	铁岭市	5	3	8	0.393103	41.052837
	包头市	6	2	8	0.300395	3.496654
	临沂市	6	2	8	0.280788	92.261881
	盐城市	3	5	8	0.410072	1.929818
	九江市	4	3	7	0.322946	11.761581
	十堰市	5	2	7	0.330914	0
	眉山市	3	4	7	0.340807	239.227341
	自贡市	5	2	7	0.346505	0
	安庆市	5	2	7	0.280788	265.336146
	中卫市	3	4	7	0.35131	4.52331
	衡水市	5	2	7	0.386441	59.252452
	赣州市	4	3	7	0.309362	235.167967
	邯郸市	5	1	6	0.330914	7.426137
	丹东市	1	5	6	0.392796	0
	安阳市	4	2	6	0.308525	2.178128
	日照市	4	2	6	0.385787	10.3066
	南阳市	4	2	6	0.331395	3.194995
	信阳市	3	3	6	0.343373	1.975471
	内江市	3	3	6	0.353488	11.010624
	咸阳市	3	3	6	0.398601	1.04058

续表

阶段	城市	入度	出度	度中心度	接近中心度	中介中心度
第三阶段：2018~2021年	平顶山市	5	1	6	0.225074	458.1
	娄底市	4	2	6	0.316667	231.004976
	南宁市	3	3	6	0.340299	1.980068
	吕梁市	2	4	6	0.348092	2.551497
	泸州市	2	4	6	0.347032	8.381361
	中山市	4	2	6	0.253333	3.976801
	怀化市	3	3	6	0.35625	16.332495
	江门市	3	3	6	0.415301	9.5568
	鹰潭市	4	2	6	0.237006	31.584005
	黔南布依族苗族自治州	3	3	6	0.32948	4.983045
	蚌埠市	4	2	6	0.337778	13.584632
	焦作市	3	3	6	0.317107	0
	吐鲁番市	2	4	6	0.373159	3.626927
	新余市	2	4	6	0.4	4.101698
	大庆市	3	2	5	0.387097	2.5
	孝感市	3	2	5	0.356808	1.358918
	齐齐哈尔市	2	3	5	0.350769	0
	张家口市	2	3	5	0.415301	2.187179
	呼伦贝尔市	3	2	5	0.266044	0
	阜阳市	2	3	5	0.341829	0
	宣城市	5	0	5	0	0
	吴忠市	4	1	5	0	0
	晋中市	2	3	5	0.342342	2.086629
	武威市	1	4	5	0.373159	1.042759
	铜陵市	3	2	5	0.315789	0
	黄山市	3	2	5	0.337278	10.988749

续表

阶段	城市	入度	出度	度中心度	接近中心度	中介中心度
第三阶段：2018~2021年	伊犁哈萨克自治州	4	1	5	0.304	13.219635
	六安市	2	3	5	0.389078	461.154769
	曲靖市	1	4	5	0.368336	11.875967
	通辽市	2	3	5	0.298429	233
	菏泽市	3	2	5	0.252212	0
	湛江市	3	2	5	0.304406	0
	聊城市	2	3	5	0.225296	2.158772
	西宁市	1	4	5	0.401754	0
	梧州市	2	2	4	0.36019	0
	滨州市	3	1	4	0.334311	0
	枣庄市	3	1	4	0	0
	鄂尔多斯市	2	2	4	0.252772	1.449542
	淮北市	2	2	4	0.387755	21.622297
	秦皇岛市	2	2	4	0.253333	0
	淮南市	3	1	4	0.320225	6.650086
	朝阳市	3	1	4	0	0
	黄冈市	2	2	4	0.333821	0
	舟山市	2	2	4	0.335294	1.980447
	乌苏市	2	2	4	0.365385	0.535714
	咸宁市	2	2	4	0.339286	0
	雅安市	2	2	4	0.29765	0
	三明市	2	2	4	0.319328	0
	营口市	2	2	4	0.386441	0
	莆田市	2	2	4	0.337778	0
	赤峰市	2	2	4	0.312329	14.468258
	巴彦淖尔市	1	3	4	0.347496	0
	滁州市	2	1	3	0.329957	0

续表

阶段	城市	入度	出度	度中心度	接近中心度	中介中心度
第三阶段：2018~2021年	南平市	1	2	3	0.366559	0
	邵阳市	2	1	3	1	233
	平凉市	2	1	3	0.337778	0
	昌吉州昌吉市	2	1	3	0.304406	10.681953
	乐山市	2	1	3	0.337778	1.527076
	鄂州市	2	1	3	0.330914	0
	茂名市	2	1	3	0	0
	绥化市	2	1	3	0.300792	0
	亳州市	2	1	3	0	0
	东方市	1	2	3	0.331404	0
	常德市	1	2	3	0.317175	0
	大理白族自治州	1	2	3	0.345979	0.578743
	丽水市	2	1	3	0	0
	阳泉市	1	2	3	0.290076	454.1
	郴州市	1	2	3	0.317175	0
	五家渠市	2	0	2	0	0
	承德市	2	0	2	0	0
	锦州市	1	1	2	0.385787	0
	周口市	1	1	2	0.385787	0
	伊犁州	1	1	2	0.316667	0
	迪庆藏族自治州	1	1	2	0.282878	3.503453
	乌海市	1	1	2	0.301587	0
	黄石市	1	1	2	0.330914	0
	防城港市	2	0	2	0	0
	普洱市	2	0	2	0	0
	鹤壁市	2	0	2	0	0

续表

阶段	城市	入度	出度	度中心度	接近中心度	中介中心度
	开封市	1	1	2	0.386441	0
	宁德市	1	1	2	0.319776	1.000833
	运城市	1	1	2	0.307278	1.452381
	陇南市	1	1	2	0.309783	0
	延安市	1	1	2	0.301189	0
	临汾市	1	1	2	0.307278	0.535714
	阿克苏地区	1	1	2	0.305221	0
	辽阳市	0	2	2	0.341282	0
	黔西南布依族苗族自治州	0	2	2	0.343328	0
	临沧市	1	1	2	0.306864	0
	阳江市	0	2	2	0.340267	0
	河源市	1	1	2	0.330914	0
第三阶段：2018~2021年	宿迁市	1	1	2	0.293814	0
	阿拉善盟	0	2	2	0.365231	0
	贵港市	0	2	2	0.341791	0
	丽江市	1	1	2	0	0
	永州市	1	1	2	0	0
	张掖市	1	1	2	0	0
	克拉玛依市	1	0	1	0	0
	锡林郭勒盟	1	0	1	0	0
	荆门市	1	0	1	0	0
	三沙市	1	0	1	0	0
	海西州格尔木市	1	0	1	0	0
	随州市	1	0	1	0	0
	揭阳市	1	0	1	0	0

续表

阶段	城市	入度	出度	度中心度	接近中心度	中介中心度
第三阶段：2018~2021年	临夏回族自治州	1	0	1	0	0
	抚州市	0	1	1	0.317175	0
	漯河市	1	0	1	0	0
	吉林市	1	0	1	0	0
	景德镇市	1	0	1	0	0
	大同市	1	0	1	0	0
	达州市	0	1	1	0.223197	0
	儋州市	0	1	1	0.292092	0
	怒江傈僳族自治州	1	0	1	0	0
	商丘市	0	1	1	0.18438	0
	松原市	0	1	1	0.304521	0
	铁门关市	0	1	1	1	0
	巴音郭楞蒙古自治州	1	0	1	0	0
	兴安盟	1	0	1	0	0
	葫芦岛市	0	1	1	0.298566	0
	凉山彝族自治州	0	1	1	0.336765	0
	荆州市	0	1	1	0.312415	0
	攀枝花市	0	1	1	0.336765	0
	汉中市	0	1	1	0.301713	0
	乌兰察布市	0	1	1	0.386172	0
	本溪市	0	1	1	1	0
	盘锦市	0	1	1	0.306971	0
	百色市	0	1	1	0.311565	0
	佳木斯市	0	1	1	0.309042	0

续表

阶段	城市	入度	出度	度中心度	接近中心度	中介中心度
第三阶段：2018~2021年	铜仁市	1	0	1	0	0
	拉萨市	0	1	1	0.290609	0
	七台河市	0	1	1	0.324823	0
	毕节市	0	1	1	0.307383	0
	抚顺市	0	1	1	0.311565	0
	池州市	0	1	1	0.219981	0
	白银市	0	1	1	0.241307	0
	宿州市	0	1	1	0.316298	0

附录二

专精特新中小企业技术创新网络对创新绩效影响的调查问卷

尊敬的企业管理者：

您好！本问卷旨在研究专精特新中小企业的创新网络如何影响企业的创新绩效。请您根据您的实际经验如实填写以下问卷。所有收集到的信息仅用于学术研究，并将严格保密。

一、中小企业背景信息

Q1. 您的学历（　　）

A. 大专及以下

B. 本科

C. 硕士

D. 博士

Q2. 您在企业工作年限（　　）

A. 1 年以下

B. 1~3 年

C. 3~5 年

D. 5~10 年

E. 10 年以上

Q3. 您在企业的职位（　　）

A. 董事长或总经理

B. 技术副总经理

C. 营销副总经理

D. 技术部经理

E. 销售部经理

F. 核心技术人员

G. 其他

Q4. 企业规模（员工人数）（　　）

A. 1～50 人

B. 50～100 人

C. 100～500 人

D. 500 人以上

Q5. 注册资本（　　）

A. 100 万元以下

B. 100 万～500 万元

C. 500 万～1000 万元

D. 1000 万～5000 万元

E. 5000 万元以上

Q6. 企业名称：_____

二、问卷量表

请根据您的实际情况，对以下题项进行评分，其中 1 分代表"非常不同意"，5 分代表"非常同意"。

请您在每个问题对应的分数下打勾（√），以完成问卷。感谢您的参与和支持！

附录二 | 专精特新中小企业技术创新网络对创新绩效影响的调查问卷

变量	维度	题项号	测量题项	1	2	3	4	5
创新网络	网络规模	V1	本企业对其他企业的影响力、对其他企业的带动和领导					
		V2	本企业能够吸收、消化并应用新技术到自身产品和服务中的能力					
		V3	本企业参与的技术合作项目总数					
		V4	本企业在网络中的直接合作伙伴					
		V5	本企业合作伙伴在行业、地域、技术专长等方面的多样性					
		V6	本企业在技术合作项目中的科研人员、科研资金的投入					
		V7	本企业与其他合作伙伴之间合作关系的持续时间或稳定性					
	网络强度	V8	本企业与客户合作交流频率					
		V9	本企业与竞争者的合作交流频率					
		V10	本企业与供应商的合作交流频率					
		V11	本企业与中介机构的合作交流频率					
		V12	本企业与其他企业的合作项目的时间长度					
		V13	本企业在合作中与其他企业共享技术、知识、专利等的程度和范围					
		V14	本企业在创新技术合作项目中完成任务的效率和质量					
	网络质量	V15	本企业主要技术伙伴的研发人员数量和质量实力较强					
		V16	本企业主要技术伙伴的新技术的数量和质量实力较强					
		V17	本企业主要技术伙伴的新项目的数量和质量实力较强					
		V18	本企业主要技术伙伴的研发资金的数量和实力较强					

续表

变量	维度	题项号	测量题项	1	2	3	4	5
创新网络	网络质量	V19	本企业与合作伙伴在创新技术合作中各自优势与资源的互补程度					
		V20	本企业与合作伙伴在创新技术合作中取得的实际成果的质量					
		V21	本企业与合作伙伴在创新技术合作中风险共担和利益共享的机制是否健全					
双元创新能力	探索式创新	V22	企业经常引导企业不断推出新产品和新服务					
		V23	企业偏向于追求开发新技术和新产品					
		V24	企业乐于探寻新市场并挖掘新客户					
	利用式创新	V25	企业认为扩大现有客户的服务效率和范围十分有必要					
		V26	企业时常强调对现有产品和服务的优化升级					
		V27	企业侧重于开发利用现有市场和客户					
环境动态性	技术动态性	V28	本企业所在主导产业中企业技术更新换代很快					
		V29	未来几年，本企业所在主导产业的技术变革难以预测					
		V30	本企业所在主导产业的技术变革激发并实现大量新产品创意					
	市场动态性	V31	本企业所在行业客户需求偏好经常变化					
		V32	本企业所在行业产品（服务）更新很快					
		V33	本企业所在行业竞争十分激烈					
		V34	本企业所在行业面临政策、经济、文化等宏观环境变化产生的压力					

附录二 | 专精特新中小企业技术创新网络对创新绩效影响的调查问卷

续表

变量	维度	题项号	测量题项	1	2	3	4	5
创新绩效	—	V35	企业开发新产品或服务的数量多					
		V36	企业拥有高效的生产工艺或服务流程					
		V37	企业新产品或服务的收入占总收入的比重高					
		V38	企业新产品或服务的技术含量（包含专利）高					
		V39	企业新产品或服务的创新速度较快					
		V40	企业新产品或服务的市场占有率高					

附录三
专精特新中小企业技术创新网络与绩效问卷数据

附表1　　　　　　　　　中小企业背景信息情况

属性	类别	人数（人）
学历	大专及以下	134
	本科	259
	硕士	91
	博士	34
工作年限	1年以下	85
	1~3年	137
	3~5年	181
	5~10年	81
	10年以上	34
职位	董事长或总经理	17
	技术副总经理	71
	营销副总经理	79
	技术部经理	125
	销售部经理	119
	核心技术人员	90
	其他	17

续表

属性	类别	人数（人）
企业规模	1~50人	128
	50~100人	182
	100~500人	153
	500人以上	55
注册资本	100万元以下	50
	100万~500万元	171
	500万~1000万元	159
	1000万~5000万元	105
	5000万元以上	33
企业名称	宁波博太科智能科技股份有限公司	35
	宁波隆诚轨道交通科技股份有限公司	41
	宁波魔凡智能科技有限公司	32
	宁波点溪环保科技有限公司	11
	宁波市奥特曼自动化设备有限公司	12
	宁波大膜科技有限公司	26
	宁波九纵智能科技有限公司	23
	浙江齐安信息科技有限公司	17
	宁波贝腾电子科技有限公司	30
	浙江中一检测研究院股份有限公司	26
	浙江赛创未来创业投资管理有限公司	29
	宁波市产品食品质量检验研究院（宁波市纤维检验所）	35
	宁波新材料测试评价中心有限公司	25
	宁波中科信息技术应用研究院（宁波人工智能产业研究院）	16
	宁波电子行业协会	22
	宁波智讯联科科技有限公司	23
	中科城市科技（宁波）有限公司	35
	宁波市科技创新协会	24
	宁波智讯联科科技有限公司	26
	宁波高新区甬港现代创业服务有限公司	30

附表2　　　　　　　　　　　问卷量表情况

题号	问项	分值项	人数（人）
IN11	本企业对其他企业的影响力、对其他企业的带动和领导	1	14
		2	56
		3	142
		4	152
		5	154
IN12	本企业能够吸收、消化并应用新技术到自身产品和服务中的能力	1	24
		2	77
		3	116
		4	126
		5	175
IN13	本企业参与的技术合作项目总数	1	18
		2	58
		3	145
		4	159
		5	138
IN14	本企业在网络中的直接合作伙伴	1	14
		2	78
		3	132
		4	164
		5	130
IN15	本企业合作伙伴在行业、地域、技术专长等方面的多样性	1	25
		2	53
		3	131
		4	159
		5	150
IN16	本企业在技术合作项目中的科研人员、科研资金的投入	1	26
		2	102
		3	149

续表

题号	问项	分值项	人数（人）
IN16	本企业在技术合作项目中的科研人员、科研资金的投入	4	121
		5	120
IN17	本企业与其他合作伙伴之间合作关系的持续时间或稳定性	1	23
		2	75
		3	137
		4	140
		5	143
IN21	本企业与客户合作交流频率	1	27
		2	78
		3	133
		4	132
		5	148
IN22	本企业与竞争者的合作交流频率	1	22
		2	96
		3	142
		4	140
		5	118
IN23	本企业与供应商的合作交流频率	1	39
		2	66
		3	126
		4	137
		5	150
IN24	本企业与中介机构的合作交流频率	1	26
		2	79
		3	152
		4	130
		5	131

续表

题号	问项	分值项	人数（人）
IN25	本企业与其他企业的合作项目的时间长度	1	26
		2	80
		3	120
		4	139
		5	153
IN26	本企业在合作中与其他企业共享技术、知识、专利等的程度和范围	1	16
		2	72
		3	122
		4	148
		5	160
IN27	本企业在创新技术合作项目中完成任务的效率和质量	1	43
		2	81
		3	109
		4	129
		5	156
IN31	本企业主要技术伙伴的研发人员数量和质量实力较强	1	12
		2	58
		3	155
		4	136
		5	157
IN32	本企业主要技术伙伴的新技术的数量和质量实力较强	1	33
		2	67
		3	117
		4	138
		5	163
IN33	本企业主要技术伙伴的新项目的数量和质量实力较强	1	25
		2	52
		3	152
		4	155
		5	134

续表

题号	问项	分值项	人数（人）
IN34	本企业主要技术伙伴的研发资金的数量和实力较强	1	16
		2	72
		3	132
		4	153
		5	145
IN35	本企业与合作伙伴在创新技术合作中各自优势与资源的互补程度	1	27
		2	47
		3	140
		4	172
		5	132
IN36	本企业与合作伙伴在创新技术合作中取得的实际成果的质量	1	21
		2	107
		3	161
		4	101
		5	128
IN37	本企业与合作伙伴在创新技术合作中风险共担和利益共享的机制是否健全	1	19
		2	83
		3	139
		4	154
		5	123
DIC11	企业经常引导企业不断推出新产品和新服务	1	34
		2	67
		3	124
		4	140
		5	153
DIC12	企业偏向于追求开发新技术和新产品	1	20
		2	79
		3	143
		4	161
		5	115

续表

题号	问项	分值项	人数（人）
DIC13	企业乐于探寻新市场并挖掘新客户	1	36
		2	77
		3	112
		4	135
		5	158
DIC21	企业认为扩大现有客户的服务效率和范围十分有必要	1	32
		2	30
		3	117
		4	229
		5	110
DIC22	企业时常强调对现有产品和服务的优化升级	1	29
		2	22
		3	122
		4	220
		5	125
DIC23	企业侧重于开发利用现有市场和客户	1	24
		2	20
		3	125
		4	228
		5	121
ED11	本企业所在主导产业中企业技术更新换代很快	1	61
		2	27
		3	86
		4	221
		5	123
ED12	未来几年，本企业所在主导产业的技术变革难以预测	1	23
		2	28
		3	139
		4	214
		5	114

续表

题号	问项	分值项	人数（人）
ED13	本企业所在主导产业的技术变革激发并实现大量新产品创意	1	56
		2	20
		3	117
		4	189
		5	136
ED21	本企业所在行业客户需求偏好经常变化	1	38
		2	35
		3	138
		4	140
		5	167
ED22	本企业所在行业产品（服务）更新很快	1	29
		2	49
		3	125
		4	166
		5	149
ED23	本企业所在行业竞争十分激烈	1	34
		2	25
		3	167
		4	115
		5	177
ED24	本企业所在行业面临政策、经济、文化等宏观环境变化产生的压力	1	24
		2	30
		3	140
		4	128
		5	196
IP1	企业开发新产品或服务的数量多	1	34
		2	28
		3	111
		4	219
		5	126

续表

题号	问项	分值项	人数（人）
IP2	企业拥有高效的生产工艺或服务流程	1	27
		2	33
		3	112
		4	215
		5	131
IP3	企业新产品或服务的收入占总收入的比重高	1	28
		2	31
		3	122
		4	212
		5	125
IP4	企业新产品或服务的技术含量（包含专利）高	1	29
		2	28
		3	121
		4	194
		5	146
IP5	企业新产品或服务的创新速度较快	1	38
		2	19
		3	123
		4	176
		5	162
IP6	企业新产品或服务的市场占有率高	1	13
		2	23
		3	83
		4	232
		5	167

参考文献

[1] 彼得·德鲁克. 知识管理 [M]. 杨开峰, 译. 北京: 中国人民大学出版社, 2000.

[2] 曹虹剑, 张帅, 欧阳峣, 等. 创新政策与专精特新中小企业创新质量 [J]. 中国工业经济, 2022 (11): 135-154.

[3] 曹虹剑, 张帅, 欧阳峣, 等. 创新政策与"专精特新"中小企业创新质量 [J]. 中国工业经济, 2022 (11): 135-154.

[4] 曹梦弋, 夏青. 产业政策与"专精特新"企业全要素生产率 [J]. 外国经济与管理, 2023, 45 (10): 84-100.

[5] 曹霞, 张鑫. 新能源汽车产学研创新网络演化及邻近性机理 [J]. 科学学研究, 2023, 41 (9): 1678-1689.

[6] 曹兴, 宋长江. 认知邻近性、地理邻近性对双元创新影响的实证研究 [J]. 中国软科学, 2017 (4): 120-131.

[7] 曹湛, 朱晟君, 戴靓, 等. 多维邻近性对区域创新合作网络形成的影响: 基于江浙沪医学科研机构的实证 [J]. 地理研究, 2022, 41 (9): 2531-2547.

[8] 陈劲, 金鑫, 张奇. 企业分布式创新知识共享机制研究 [J]. 科研管理, 2012 (6): 1-7.

[9] 陈劲, 阳银娟. 协同创新的理论基础与内涵 [J]. 科学学研究, 2012, 30 (2): 161-164.

[10] 陈肖飞, 郭建峰, 胡志强, 等. 汽车产业集群网络演化与驱动机制研究: 以奇瑞汽车集群为例 [J]. 地理科学, 2019, 39 (3): 467-476.

[11] 陈钰芬, 王科平. 多维邻近性视角下人工智能合作创新网络演化研究 [J]. 管理学报, 2023, 20 (7): 1045-1055.

[12] 陈悦, 陈超美, 刘则渊, 等. CiteSpace 知识图谱的方法论功能 [J]. 科学学研究, 2015, 33 (2): 242-253.

[13] 程丹亚, 曾刚. 本地-跨界视角下长三角区域绿色技术创新网络结构特征研究 [J]. 人文地理, 2023, 38 (5): 79-87.

[14] 程露, 李莉. 负联系对创新网络结构演化的影响 [J]. 科技进步与对策, 2023, 40 (6): 36-47.

[15] 程振博, 张洪宇, 周涛, 等. 西部地区农业绿色发展水平评价、区域差异及空间相关性分析 [J]. 云南农业大学学报 (社会科学), 2024, 18 (2): 31-39.

[16] 戴靓, 曹湛, 马海涛, 等. 中国城市知识合作网络结构演化的影响机制 [J]. 地理学报, 2023, 78 (2): 334-350.

[17] 戴靓, 丁子军, 曹湛, 等. 长三角地区城市协同创新网络的演化特征及其驱动力 [J]. 资源科学, 2023, 45 (5): 1006-1019.

[18] 戴靓, 刘承良, 王嵩, 等. 长三角城市科研合作的邻近性与自组织性 [J]. 地理研究, 2022, 41 (9): 2499-2515.

[19] 戴亦舒, 叶丽莎, 董小英. 创新生态系统的价值共创机制: 基于腾讯众创空间的案例研究 [J]. 研究与发展管理, 2018, 30 (4): 24-36.

[20] 党洪莉, 孙红霞. 图书情报学博客的社会网络分析 [J]. 情报杂志, 2009, 28 (1): 180-182, 168.

[21] 党兴华, 刘立. 技术创新网络中企业知识权力测度研究 [J]. 管理评论, 2014 (6): 67-73.

[22] 丁建军, 王淀坤, 刘贤. 长三角地区专精特新"小巨人"企业空间分布及影响因素研究 [J]. 地理研究, 2023, 42 (4): 1009-1028.

[23] 董志勇, 李成明. 专精特新中小企业高质量发展态势与路径选择 [J].

改革，2021（10）：1-11.

[24] 杜亚楠，王庆喜，王忠燕. 多维邻近下中国三大城市群创新网络演化特征及机制研究 [J]. 地理科学，2023，43（2）：197-207.

[25] 方大春，马为彪. 我国区域创新空间关联的网络特征及其影响因素 [J]. 西部论坛，2018，28（2）：50-61.

[26] 冯粲，韩霞，史冬梅，等. 多维邻近性视角下城市群协同创新网络及影响因素分析 [J]. 中国科技论坛，2023（10）：50-61.

[27] 冯文娜，刘如月. 互动导向、战略柔性与制造企业服务创新绩效 [J]. 科研管理，2021，42（3）：80-89.

[28] 冯熹宇，王菌丽，徐娜. 绿色创新网络嵌入、资源获取与企业绿色创新质量 [J]. 中国软科学，2023（11）：175-188.

[29] 盖文启. 创新网络：区域经济发展新思维 [M]. 北京：北京大学出版社，2006.

[30] 高丽娜，李湘君. 邻近性促进城市群创新了吗？：基于长三角城市群的经验研究. 科技管理研究，2019，39（23）：103-108.

[31] 龚勤林，宋明蔚，韩腾飞. 成渝地区双城经济圈协同创新水平测度及空间联系网络演化研究 [J]. 软科学，2022，36（5）：28-37.

[32] 顾娜娜. 长江经济带装备制造业产学研创新网络研究 [D]. 上海：华东师范大学，2015.

[33] 顾伟男，刘慧，王亮. 国外创新网络演化机制研究 [J]. 地理科学进展，2019，3（12）：1977-1990.

[34] 管玉娟. 基于社会网络中心性分析的供应链网络核心企业选择 [J]. 商业经济研究，2015（22）：19-20.

[35] 桂钦昌，杜德斌，刘承良，等. 全球城市知识流动网络的结构特征与影响因素 [J]. 地理研究，2021，40（5）：1320-1337.

[36] 郭建科，田冬翠，胡凯. 中国海洋产业产学研合作创新网络演化及创新绩效影响因素 [J]. 热带地理，2023，43（9）：1712-1725.

[37] 何郁冰. 产学研协同创新的理论模式 [J]. 科学学研究，2012，30

223

(2)：165-174.

[38] 贺灿飞，金璐璐，刘颖. 多维邻近性对中国出口产品空间演化的影响 [J]. 地理研究，2017，36 (9)：1613-1626.

[39] 侯光文，刘青青. 网络权力与创新绩效：基于企业数字化能力视角 [J]. 科学学研究，2022，40 (6)：1143-1152.

[40] 胡杨，李郇. 多维邻近性对产学研合作创新的影响：广州市高新技术企业的案例分析 [J]. 地理研究，2017，36 (4)：695-706.

[41] 胡悦，马静，李雪燕. 京津冀城市群创新网络结构演化及驱动机制研究 [J]. 科技进步与对策，2020，37 (13)：37-44.

[42] 黄海昕，苏敬勤，武立东. 集团创新网络对子公司创业行为是保护还是阻碍？基于环境不确定性的调节效应分析 [J]. 工程管理科技前沿，2018，37 (4)：32-38，45.

[43] 黄苹. 基于跨国并购的创新网络嵌入、网络异质性与创新质量研究 [J]. 商业经济与管理，2019 (10)：70-79，89.

[44] 黄兴国，彭伟辉，何寻. 成渝地区双城经济圈技术创新网络演化与影响机制研究 [J]. 经济体制改革，2020 (4)：50-57.

[45] 黄于娟，李凯，谭宪宇，等. 基于专利数据的建筑业数字技术创新网络演化研究 [J]. 工程管理学报，2023，37 (3)：13-18.

[46] 贾依帛，苏敬勤，张雅洁. 全球价值链下我国隐形冠军企业形成过程的多案例研究 [J]. 外国经济与管理，2023，45 (10)：35-50.

[47] 简兆权，谭艳霞，刘念. 数字化驱动下智慧医疗服务平台价值共创的演化过程：基于服务生态系统和知识整合视角的案例研究 [J]. 管理评论，2022，34 (12)：322-339.

[48] 江积海，李琴. 平台型商业模式创新中连接属性影响价值共创的内在机理：Airbnb 的案例研究 [J]. 管理评论，2016，28 (7)：252-260.

[49] 江凯乐，梁双波. 长江经济带技术创新网络格局演化及其多维邻近性机制 [J]. 长江流域资源与环境，2023，32 (9)：1796-1805.

[50] 江胜名，张本秀，江三良."专精特新"中小企业发展的态势与路径选

择［J］．福建论坛（人文社会科学版），2022（8）：78-91．

［51］焦勇，刘忠诚．数字经济赋能智能制造新模式：从规模化生产、个性化定制到适度规模定制的革新［J］．贵州社会科学，2020，1（11）：148-154．

［52］荆浩，曲贵民．"专精特新"企业实现高绩效的组态效应研究：基于NCA与QCA的结合分析［J］．财会通讯，2023（22）：88-95．

［53］孔晓丹，张丹．面向集群创新网络异质企业的知识扩散建模及仿真研究［J］．运筹与管理，2020，29（10）：173-182．

［54］李长升，索琪，王梓豪．基于SAOM模型的主体协同创新网络演化机理［J］．复杂系统与复杂性科学，2024，21（3）：62-68．

［55］李传云．基于复杂网络理论的产学研合作创新网络结构优化研究［D］．哈尔滨：哈尔滨工程大学，2022．

［56］李丹丹，汪涛，周辉．基于不同时空尺度的知识溢出网络结构特征研究［J］．地理科学，2013，33（10）：1180-1187．

［57］李东，陈译凡．数智驱动下中小制造企业创新绩效影响因素及其作用机理：以江苏"专精特新"企业为样本［J/OL］．南京邮电大学学报（社会科学版），2025．

［58］李纲，陈静静，杨雪．网络能力、知识获取与企业服务创新绩效的关系研究：网络规模的调节作用［J］．管理评论，2017，29（2）：59-68，86．

［59］李德贵，张晶晶．政策工具对国际创新网络的影响研究：以新能源汽车领域为例［J］．科技促进发展，2023，19（5）：319-328．

［60］李敬，陈澍，万广华，等．中国区域经济增长的空间关联及其解释：基于网络分析方法［J］经济研究，2014，49（11）：4-16．

［61］李琳，戴姣兰．中三角城市群协同创新驱动因素研究［J］．统计与决策，2016（23）：119-123．

［62］李琳，雒道政．多维邻近性与创新：西方研究回顾与展望［J］．经济地理，2013，33（6）：1-7，41．

[63] 李琳, 牛婷玉. 基于 SNA 的区域创新产出空间关联网络结构演变 [J]. 经济地理, 2017, 37 (9): 19-25, 61.

[64] 李平, 孙黎. 集聚焦跨界于一身的中流砥柱: 中国"精一赢家"重塑中国产业竞争力 [J]. 清华管理评论, 2021, 97 (12): 76-83.

[65] 李树文, 罗瑾琏, 胡文安. 从价值交易走向价值共创: 创新型企业的价值转型过程研究 [J]. 管理世界, 2022, 38 (3): 125-145.

[66] 李伟红, 董帆, 李恩极. 数字化水平对企业创新活动的影响研究: 基于创新网络视角 [J]. 河北经贸大学学报, 2023, 44 (5): 36-45.

[67] 李燕. 粤港澳大湾区城市群 R&D 知识溢出与区域创新能力: 基于多维邻近性的实证研究 [J]. 软科学, 2019, 33 (11): 138-144.

[68] 李颖, 马双, 富宁宁, 等. 中国沿海地区海洋产业合作创新网络特征及其邻近性 [J]. 经济地理, 2021, 41 (2): 129-138.

[69] 李永发. 隐形冠军企业发展战略的钻石五要素分析: 以广东非常小器·圣雅伦有限公司为例 [J]. 云南财经大学学报 2010, 26 (3): 121-125.

[70] 李永周, 高楠鑫, 易倩, 等. 创新网络嵌入与高技术企业研发人员创新绩效关系研究 [J]. 管理科学, 2018, 31 (2): 3-19.

[71] 连俊华. 积极推动专精特新中小企业高质量发展 [J]. 宏观经济管理, 2024 (4): 78-84.

[72] 梁智野. 网络嵌入性、动态能力对"专精特新"企业突破性创新绩效的影响研究 [D]. 西安: 西安电子科技大学, 2023.

[73] 刘昌年, 梅强. 专精特新与小微企业成长路径选择研究 [J]. 科技管理研究, 2015, 35 (5): 126-130.

[74] 刘承良, 桂钦昌, 段德忠, 等. 全球科研论文合作网络的结构异质性及其邻近性机理 [J]. 地理学报, 2017, 72 (4): 737-752.

[75] 刘丹, 闫长乐. 协同创新网络结构与机理研究 [J]. 管理世界, 2013 (12): 1-4.

[76] 刘国巍, 李明昊, 邵云飞, 等. 新兴产业突破性创新网络动态演化特

征及知识扩散规律：以我国生物医药产业为例［J］. 科技管理研究，2023，43（13）：134-144.

［77］刘国新，李霞，罗建原. 分布式创新中的知识网络构建［J］. 管理学报，2011（11）：1669-1674.

［78］刘鸿宇. 数字共享经济平台价值共创的伦理探析［J］. 科学学研究，2022，40（8）：1353-1360.

［79］刘建华，李伟. 基于修正引力模型的中原城市群创新空间联系研究［J］. 地域研究与开发，2019，38（5）：63-68，90.

［80］刘景东，朱梦妍. 技术创新网络惯例的治理功能及维度构建［J］. 管理科学，2019，32（3）：106-119.

［81］刘军. 法村社会支持网络：一个整体研究的视角［M］. 北京：社会科学文献出版社，2005.

［82］刘军. 社会网络分析导论［M］. 北京：社会科学文献出版社，2004.

［83］刘可文，车前进，王纯彬，等. 新兴产业创新网络的联系、尺度与形成机理［J］. 科学学研究，2021，39（4）：622-631.

［84］刘青云. 河南省农业绿色发展水平测度与空间演变分析［J］. 粮食科技与经济，2023，48（2）：36-41.

［85］刘德文，张婕琼，高维和. 价值共创的演进机制和共创角色的转变：基于快发的案例研究［J］. 企业经济，2022，41（5）：151-160.

［86］刘晓燕，阮平南，李非凡. 基于专利的技术创新网络演化动力挖掘［J］. 中国科技论坛，2014（3）：136-141.

［87］刘心怡. 粤港澳大湾区城市创新网络结构与分工研究［J］. 地理科学，2020，40（6）：874-881.

［88］刘学元，丁雯婧，赵先德. 企业创新网络中关系强度、吸收能力与创新绩效的关系研究［J］. 南开管理评论，2016，19（1）：30-42.

［89］刘志高，王琛，李二玲，等. 中国经济地理研究进展［J］. 地理学报，2014，69（10）：1449-1458.

［90］柳坤，刘毅. 创新型城市内部技术转移网络空间特征与影响因素：以

广州市为例 [J]. 地理研究, 2023, 42 (9): 2324-2342.

[91] 鲁若愚, 周阳, 丁奕文, 等. 企业创新网络: 溯源、演化与研究展望 [J]. 管理世界, 2021, 37 (1): 217-233, 14.

[92] 吕国庆, 曾刚, 马双, 等. 产业集群创新网络的演化分析: 以东营市石油装备制造业为例 [J]. 科学学研究, 2014, 32 (9): 1423-1430.

[93] 吕拉昌, 黄茹, 廖倩. 创新地理学研究的几个理论问题 [J]. 地理科学, 2016, 36 (5): 653-661.

[94] 吕拉昌, 孟国力, 黄茹, 等. 城市群创新网络的空间演化与组织: 以京津冀城市群为例 [J]. 地域研究与开发, 2019, 38 (1): 50-55.

[95] 罗家德. 关系与圈子: 中国人工作场域中的圈子现象 [J]. 管理学报, 2012, 9 (2): 165-171.

[96] 罗茜, 庄缘, 顾晓燕, 等. 中国绿色技术创新效率异质性环境规制影响与时空跃迁研究 [J]. 科技进步与对策, 2022, 39 (14): 52-62.

[97] 马海涛, 黄晓东, 李迎成. 粤港澳大湾区城市群知识多中心的演化过程与机理 [J]. 地理学报, 2018, 73 (12): 2297-2314.

[98] 马菁, 曾刚, 胡森林, 等. 长三角生物医药产业创新网络结构及其影响因素 [J]. 长江流域资源与环境, 2022, 31 (5) 960-971.

[99] 马双, 曾刚, 吕国庆. 基于不同空间尺度的上海市装备制造业创新网络演化分析 [J]. 地理科学, 2016, 36 (8): 1155-1164.

[100] 马双, 曾刚. 网络视角下中国十大城市群区域创新模式研究 [J]. 地理科学, 2019, 39 (6): 905-911.

[101] 毛睿奕, 曾刚. 基于集体学习机制的创新网络模式研究: 以浦东新区生物医药产业创新网络为例 [J]. 经济地理, 2010, 30 (9): 1478-1483.

[102] 毛熙彦, 贺灿飞. 区域发展的"全球-地方"互动机制研究 [J]. 地理科学进展, 2019, 38 (10): 1449-1461.

[103] 宓泽锋, 傅竞萱, 傅仲森, 等. 欠发达地区创新"融圈"的格局与效应: 以浙江山区26县为例 [J]. 地理科学, 2023, 43 (12): 2110-

2118.

[104] 莫琦,魏冉. 合作创新网络特征对技术创新绩效的影响：以制造业为例 [J]. 科技与经济, 2023 (6)：46-50.

[105] 慕玲,路风. 集成创新的要素 [J]. 中国软科学, 2003 (11)：105-111.

[106] 牛欣,陈向东. 城市间创新联系及创新网络空间结构研究 [J]. 管理学报, 2013, 10 (4)：575-582.

[107] 潘松挺,蔡宁. 企业创新网络中关系强度的测量研究 [J]. 中国软科学, 2010 (5)：108-115.

[108] 彭朝林,林奇. 广东省中小企业"专精特新"培育路径研究 [J]. 深圳职业技术学院学报, 2023, 22 (6)：50-55.

[109] 彭芳梅. 粤港澳大湾区及周边城市经济空间联系与空间结构：基于改进引力模型与社会网络分析的实证分析 [J]. 经济地理, 2017, 37 (12)：57-64.

[110] 彭硕毅,张营营,何爱平. 中国真实绿色创新效率的测算及空间特征分析 [J]. 统计与决策, 2022, 38 (18)：108-113.

[111] 蒲珊琳. 人工智能产学研合作创新网络结构对创新绩效的影响：基于 QAP 分析方法 [J]. 中国管理信息化, 2023, 26 (14)：183-185.

[112] 仇怡,郑泽,吴建军. 长江中游城市群创新效率时空变化及溢出效应 [J]. 长江流域资源与环境, 2022, 31 (12)：2582-2596.

[113] 齐洁,王俊松,李桂华. 长三角城市群专利服务网络时空演化格局及影响因素 [J]. 地理研究, 2023, 42 (11)：2965-2983.

[114] 乔晗,胡杰,张硕,等. 商业模式创新研究前沿分析与评述：平台生态系统与价值共创 [J]. 科技促进发展, 2020, 16 (1)：40-49.

[115] 阮平南,栾梦雪,刘晓燕. 多维邻近性对创新网络组织间知识转移影响研究：基于 OLED 产业专利数据 [J]. 科技管理研究, 2018, 38 (17)：150-159.

[116] 尚勇敏,王振,宓泽锋,等. 长三角绿色技术创新网络结构特征与优

化策略 [J]. 长江流域资源与环境, 2021, 30 (9): 2061-2069.

[117] 邵云飞, 欧阳青燕, 孙雷. 社会网络分析方法及其在创新研究中的运用 [J]. 管理学报, 2009, 6 (9): 1188-1193, 1203.

[118] 沈必扬, 池仁勇. 企业创新网络: 企业技术创新研究的一个新范式 [J]. 科研管理, 2005 (3): 84-91.

[119] 盛科荣, 陈欢欢, 张嘉慧, 等. 航空网络嵌入对中国城市知识生产的影响研究 [J]. 地理科学, 2022, 42 (6): 963-974.

[120] 盛彦文, 苟倩, 宋金平. 城市群创新联系网络结构与创新效率研究: 以京津冀、长三角、珠三角城市群为例 [J]. 地理科学, 2020, 40 (11): 1831-1839.

[121] 盛彦文, 骆华松, 宋金平, 等. 中国东部沿海五大城市群创新效率、影响因素及空间溢出效应 [J]. 地理研究, 2020, 39 (2): 257-271.

[122] 石乘齐, 党兴华. 技术创新网络演化研究述评及展望 [J]. 科技进步与对策, 2013, 30 (7): 156-160.

[123] 石静, 孙建军. 科技创新团队的知识网络构建与知识测度研究 [J]. 情报学报, 2022, 41 (9): 900-914.

[124] 司月芳, 曾刚, 曹贤忠, 等. 基于全球: 地方视角的创新网络研究进展 [J]. 地理科学进展, 2016, 35 (5): 600-609.

[125] 苏敬勤. 迈向"隐形冠军": 我国专精特新企业高质量发展之路 [J]. 国家治理, 2023 (12): 43-48.

[126] 苏屹, 曹铮. 京津冀区域协同创新网络演化及影响因素研究 [J]. 科研管理, 2023, 44 (3): 43-55.

[127] 苏屹, 曹铮. 新能源汽车协同创新网络结构及影响因素研究 [J]. 科学学研究, 2022, 40 (6): 1128-1142.

[128] 孙春晓, 裴小忠. 长三角纺织业创新网络的演化特征与影响因素研究: 基于社会网络分析方法和空间计量模型的实证 [J]. 工业技术经济, 2021, 40 (7): 28-35.

[129] 孙春晓, 裴小忠, 刘程军, 等. 中国城市物流创新的空间网络特征及

驱动机制 [J]. 地理研究, 2021, 40 (5): 135 - 1371.

[130] 孙大明, 原毅军. 空间外溢视角下的协同创新与区域产业升级 [J]. 统计研究, 2019, 36 (10): 100 - 114.

[131] 孙静林, 穆荣平, 张超. 创新生态系统价值共创: 概念内涵、行为模式与动力机制 [J]. 科技进步与对策, 2023, 40 (2): 1 - 10.

[132] 孙璐, 李力, 陶福平. 信息交互能力、价值共创与竞争优势: 小米公司案例研究 [J]. 研究与发展管理, 2016, 28 (6): 101 - 113.

[133] 孙笑明, 王晨卉, 杨新蒙, 等. 多维邻近性对关键研发者与企业二元创新的调节作用: 基于"两带"企业专利数据 [J]. 科技进步与对策, 2023, 40 (12): 117 - 128.

[134] 索琪, 王梓豪, 王文哲. 电子信息产业协同创新网络时空演化分析 [J]. 复杂系统与复杂性科学, 2022, 19 (4): 40 - 46.

[135] 檀菲菲, 王飞跃, 占华. 长江经济带城市绿色创新空间关联网络演化分析 [J]. 华东经济管理, 2023, 37 (9): 34 - 43.

[136] 唐承丽, 吴艳, 周国华. 城市群、产业集群与开发区互动发展研究: 以长株潭城市群为例 [J]. 地理研究, 2018, 37 (2): 292 - 306.

[137] 唐建荣, 李晨瑞, 倪攀. 长三角城市群创新网络结构及其驱动因素研究 [J]. 上海经济研究, 2018 (11): 63 - 76.

[138] 唐德森, 黄涛. 创业赋能背景下"专精特新"企业成长特征及路径 [J]. 企业科技与发展, 2021 (11): 1 - 3, 47.

[139] 田锐, 郭彬. 煤炭资源城市协同创新网络演化特征及影响因素研究: 以山西省为例 [J]. 煤炭经济研究, 2023, 43 (3): 78 - 84.

[140] 童昕, 王缉慈. 论全球化背景下的本地创新网络 [J]. 中国软科学, 2000 (9): 81 - 84.

[141] 汪涛, Hennemann S, Liefner I, 等. 知识网络空间结构演化及对 NIS 建设的启示: 以我国生物技术知识为例 [J]. 地理研究, 2011, 30 (10): 1861 - 1872.

[142] 王发明, 朱美娟. 创新生态系统价值共创行为协调机制研究 [J]. 科

研管理, 2019, 40 (5): 71-79.

[143] 王发明, 朱美娟. 创新生态系统价值共创行为影响因素分析: 基于计划行为理论 [J]. 科学学研究, 2018, 36 (2): 370-377.

[144] 王飞. 生物医药创新网络的合作驱动机制研究 [J]. 南京社会科学, 2012 (1): 40-47.

[145] 王海花, 李烨, 郭建杰, 等. 数字化转型背景下技术邻近与跨区域协同创新质量: 基于长三角的经验证据 [J]. 华东经济管理, 2022, 36 (4): 10-18.

[146] 王海花, 孙芹, 杜梅, 等. 长三角城市群协同创新网络演化及形成机制研究: 依存型多层网络视角 [J]. 科技进步与对策, 2020 (9): 69-78.

[147] 王海花, 孙芹, 郭建杰, 等. 长三角城市群协同创新网络演化动力研究: 基于指数随机图模型 [J]. 科技进步与对策, 2021, 38 (14): 45-53.

[148] 王慧艳, 李新运, 徐银良. 科技创新驱动我国经济高质量发展绩效评价及影响因素研究 [J]. 经济学家, 2019 (11): 64-74.

[149] 王琳琳, 王光辉, 陈刚. 基于三螺旋理论的中国城市间产学研创新合作网络结构特征分析 [J]. 科技管理研究, 2023, 43 (12): 101-110.

[150] 王庆喜, 胡志学. 多维邻近下浙江城市创新网络演化及其机制研究 [J]. 地理科学, 2021, 41 (8): 1380-1388.

[151] 王秋玉, 曾刚, 吕国庆. 中国装备制造业产学研合作创新网络初探 [J]. 地理学报, 2016, 71 (2): 251-264.

[152] 王秋玉, 曾刚, 杨文龙, 等. 长江经济带技术转移网络结构及影响机制探究 [J]. 长江流域资源与环境, 2022, 31 (1): 1-12.

[153] 王圣云, 王振翰, 姚行仁. 中国区域创新能力测度与协同创新网络结构分析 [J]. 长江流域资源与环境, 2021, 30 (10): 2311-2324.

[154] 王涛. 跨界融合情境下组织间合作如何实现价值共创: 基于界面管理

的视角 [J]. 经济与管理研究, 2021, 42 (8): 111-123.

[155] 王伟楠, 王凯, 严子淳. 区域高质量发展对"专精特新"中小企业创新绩效的影响机制研究 [J]. 科研管理, 2023, 44 (2): 32-44.

[156] 王瑶, 曾德明, 李健, 等. 桥接科学家创始人与企业技术创新绩效: 基于专精特新"小巨人"企业的分析 [J]. 科学学研究, 2023, 41 (9): 1690-1701.

[157] 王毅, 吴贵生. 以技术集成为基础的构架创新研究 [J]. 中国软科学, 2002 (12): 67-71.

[158] 王钺, 刘秉镰. 创新要素的流动为何如此重要?: 基于全要素生产率的视角 [J]. 中国软科学, 2017 (8): 91-101.

[159] 魏江, 王铜安. 技术整合的概念演进与实现过程研究 [J]. 科学学研究, 2007, 25 (增刊): 196-204.

[160] 吴启余, 曾刚, 杨阳, 等. 长三角城市绿色创新效率时空演变与绿色创新网络驱动效应 [J]. 长江流域资源与环境, 2024, 33 (3): 461-471.

[161] 吴越, 李仰光. 京津冀物流供应链网络演化特征及其影响因素研究 [J]. 商业经济研究, 2023 (1): 183-185.

[162] 武文珍, 陈启杰. 基于共创价值视角的顾客参与行为对其满意和行为意向的影响 [J]. 管理评论, 2017, 29 (9): 167-180.

[163] 夏丽娟, 谢富纪, 王海花. 制度邻近、技术邻近与产学协同创新绩效: 基于产学联合专利数据的研究 [J]. 科学学研究, 2017, 35 (5): 782-791.

[164] 肖久灵, 韩玉冰. 企业网络位置、关系强度与技术创新绩效: 以OLED产业为例 [J]. 科技和产业, 2022, 22 (7): 1-9.

[165] 谢菁, 关伟. 北京市"专精特新"企业支持政策现状、问题及建议 [J]. 北京社会科学, 2023 (4): 25-39.

[166] 谢其军, 宋伟. 地理邻近性影响合作网络及区域创新绩效的机理研究 [J]. 管理学报, 2020, 17 (7): 1016-1023.

[167] 谢伟伟，邓宏兵，刘欢．绿色发展视角下长三角城市群城市创新网络结构特征研究．科技进步与对策，2017，34（17）：52-59．

[168] 辛本禄，耿晶晶．服务创新网络中企业社会资本如何影响创新绩效：知识流耦合与知识共创的链式中介作用［J］．科技进步与对策，2024，41（10）：110-119．

[169] 辛琳．知识网络、融资约束与"专精特新"企业创新绩效［J］．上海对外经贸大学学报，2022，29（6）：18-38．

[170] 徐国军，杨建君，张峰．分布式创新理论研究述评［J］．外国经济与管理，2016，38（5），32-43．

[171] 徐建中，赵亚楠．基于J-SBM三阶段DEA模型的区域低碳创新网络效率研究［J］．管理评论，2021，33（2）：97-107．

[172] 徐晋，陈语，谢先达．长三角地区"专精特新"中小企业发展路径选择研究：以长三角地区上市企业为例［J］．生产力研究，2023（10）：32-37．

[173] 徐蕾，魏江．网络地理边界拓展与创新能力的关系研究：路径依赖的解释视角［J］．科学学研究，2014，32（5）：767-776．

[174] 徐龙顺，邵云飞，唐小我．集群创新网络结构对等性及其对创新的影响［J］．软科学，2008（7）：35-39．

[175] 徐维祥，张凌燕，刘程军，等．城市功能与区域创新耦合协调的空间联系研究：以长江经济带107个城市为实证［J］．地理科学，2017，37（11）：1659-1667．

[176] 许峰，齐婉竹，张林，等．长三角城市群技术创新网络与产业体系现代化［J］．商业经济，2024（3）：56-58．

[177] 许培源，吴贵华．粤港澳大湾区知识创新网络的空间演化：兼论深圳科技创新中心地位［J］．中国软科学，2019（5）：68-79．

[178] 玄泽源，段进军，华怡宁，等．长三角数字创新网络空间结构演化及机制差异的多尺度分析［J］．中国科技论坛，2023（4）：63-72．

[179] 羊晚成，张毅涵，许金文，等．浙江省高新技术产业集群创新网络结

构特征研究［J］. 浙江万里学院学报，2023，36（3）：7-14.

［180］杨博旭，王玉荣，李兴光. 多维邻近与合作创新［J］. 科学学研究，2019，37（1）：154-164.

［181］杨学成，陶晓波. 从实体价值链、价值矩阵到柔性价值网：以小米公司的社会化价值共创为例［J］. 管理评论，2015，27（7）：232-240.

［182］杨学成，徐秀秀，陶晓波. 基于体验营销的价值共创机理研究：以汽车行业为例［J］. 管理评论，2016，28（5）：232-240.

［183］杨燕红. "专精特新"企业培育与产业链韧性提升：作用路径与政策取向［J］. 科学与管理，2024，44（5）：26-33.

［184］杨阳，曾刚，葛世帅，等. 国内外绿色创新研究进展与展望［J］. 经济地理，2022，42（3）：10-21.

［185］杨震宁，赵红. 中国企业的开放式创新：制度环境、"竞合"关系与创新绩效［J］. 管理世界，2020，36（2）：139-160，224.

［186］姚伟，张翠娟，柯平，等. 基于价值共创的科技型中小企业知识服务机理研究［J］. 情报理论与实践，2021，44（8）：82-89.

［187］叶琴，曾刚，陈弘挺. 组织与认知邻近对东营市石油装备制造业创新网络演化影响［J］. 人文地理，2017，32（1）：116-122.

［188］叶堂林，李国梁. 京津冀创新扩散机制及扩散成效研究：基于京津冀、长三角两大城市群对比［J］. 经济社会体制比较，2019（6）：166-177.

［189］殷德生，吴虹仪，金桩. 创新网络、知识溢出与高质量一体化发展：来自长江三角洲城市群的证据［J］. 上海经济研究，2019（11）：30-45.

［190］尹贻梅，刘志高，刘卫东. 路径依赖理论及其地方经济发展隐喻［J］. 地理研究，2012，31（5）：782-791.

［191］余谦，朱锐芳. 多维邻近创新网络中知识扩散模型与仿真研究［J］. 情报科学，2020，38（5）：65-72.

［192］余元春，顾新，陈一君. 引力模型、边界效应与中国跨区域技术转移：基于2009~2013年省际面板数据分析［J］. 软科学，2016，30

(7): 15-18.

[193] 臧祺超, 曹洲涛, 陈春花. 团队社会网络的研究热点与前沿的可视化分析 [J]. 科学学与科学技术管理, 2020, 41 (5): 54-68.

[194] 曾刚, 王秋玉, 曹贤忠. 创新经济地理研究述评与展望 [J]. 经济地理, 2018, 38 (4): 19-25.

[195] 曾德明, 张志东, 赵胜超. 科学合作网络、伙伴动态性与企业创新绩效 [J]. 科学学研究, 2022, 40 (5): 906-914.

[196] 曾宪聚, 曾凯, 任慧, 等. 专精特新企业成长研究: 综述与展望 [J]. 外国经济与管理, 2024, 46 (1): 62-76.

[197] 展亚荣, 谷人旭. 国际经济地理学研究的知识图谱分析 [J]. 热带地理, 2022, 42 (5): 706-715.

[198] 张璠, 王竹泉, 于小悦. 政府扶持与民营中小企业专精特新转型: 来自省级政策文本量化的经验证据 [J]. 财经科学, 2022 (1): 116-132.

[199] 张峰, 陈嘉伟. 京沪高铁沿线装备制造业绿色创新效率的空间网络结构特征 [J]. 地理科学, 2023, 43 (12): 2150-2161.

[200] 张红, 孙艳艳, 苗润莲, 等. 京津冀集成电路产业协同创新发展路径研究 [J]. 中国科技论坛, 2022 (7): 129-139.

[201] 张景帅, 唐根年. 基于社会网络分析的浙江省县域创新网络特征研究 [J]. 科技管理研究, 2020, 40 (2): 123-129.

[202] 张婧, 何勇. 服务主导逻辑导向与资源互动对价值共创的影响研究 [J]. 科研管理, 2014, 35 (1): 115-122.

[203] 张凯煌, 千庆兰, 陈清怡. 多尺度视角下中国新能源汽车产业创新空间格局及网络特征 [J]. 地理科学进展, 2021, 40 (11): 1824-1838.

[204] 张米尔, 任腾飞, 黄思婷. 专精特新小巨人遴选培育政策的专利效应研究 [J]. 中国软科学, 2023 (5): 33-43, 53.

[205] 张伟峰, 慕继丰, 万威武. 基于企业创新网络的技术路径创造 [J].

科学学研究, 2003 (6): 657-661.

[206] 张晓杰, 王孝. 均衡性与可及性: 城市群基本公共服务均等化: 基于长三角城市群和成渝双城经济圈的比较分析 [J]. 价格理论与实践, 2024 (3): 210-215.

[207] 张永云, 刘杜娟. 外部研发合作对企业创新绩效的影响: 基于知识网络视角 [J]. 华东经济管理, 2023, 37 (4): 110-119.

[208] 张战仁, 张润强, 余智慧. 跨国公司在中国研发投资的区位因素重构: 决定目的城市以点带面能力的网络位置视角 [J]. 地理科学, 2022, 42 (1): 65-73.

[209] 赵康杰, 吴亚君, 刘星晨. 中国创新合作网络的演进特征及影响因素研究: 以 SCI 论文合作为例 [J]. 科研管理, 2022, 43 (7): 96-105.

[210] 周灿, 曹贤忠, 曾刚. 中国电子信息产业创新的集群网络模式与演化路径 [J]. 地理研究, 2019, 38 (9): 2212-2225.

[211] 周灿, 曾刚, 宓泽锋, 等. 区域创新网络模式研究: 以长三角城市群为例 [J]. 地理科学进展, 2017, 36 (7): 795-805.

[212] 周灿. 中国电子信息产业集群创新网络演化研究: 格局、路径、机理 [D]. 上海: 华东师范大学, 2018.

[213] 周贵川, 何亚惠, 罗文雪, 等. 公私合作技术创新网络创新绩效影响因素元分析 [J]. 科技进步与对策, 2021, 38 (13): 1-10.

[214] 周钦, 章恒全, 程常高, 等. 多维邻近下中国绿色创新网络空间结构特征及机制识别 [J]. 经济地理, 2024, 44 (12): 22-33.

[215] 周锐波, 邱奕锋, 胡耀宗. 中国城市创新网络演化特征及多维邻近性机制 [J]. 经济地理, 2021, 41 (5): 1-10.

[216] 周婷婷, 李孟可. 硬科技创新、行业科技自立自强与专精特新企业跨量级发展 [J]. 软科学, 2023, 37 (11): 57-64.

[217] 周文辉, 陈凌子, 邓伟, 等. 创业平台、创业者与消费者价值共创过程模型: 以小米为例 [J]. 管理评论, 2019, 31 (4): 283-294.

[218] 周志太. 知识经济时代协同创新网络的内涵与特性 [J]. 社会科学研究, 2019 (6): 41-47.

[219] 朱丽, 刘军, 刘超, 等. 异质性行业连接、网络权力与创新绩效关系研究: 基于中国上市公司全网络 [J]. 经济管理, 2017, 39 (9): 35-48.

[220] 邹俊. 企业集成创新研究综述 [J]. 中国科技资源导刊, 2012, 44 (3): 51-56.

[221] Acha V, Cusmano L. Governance and Co-Ordination of Distributed Innovation Processes: Patterns of R&D Co-Operation in the Upstream Petroleum Industry [J]. Economics of Innovation and New Technology, 2005, 14 (1-2): 1-21.

[222] Adner R. Ecosystem as Structure an Actionable Construct for Strategy [J]. Journal of Management, 2017 (43): 39-58.

[223] Ansoff I. Corporate strategy [M]. New York: Mc Graw Hill, 1965.

[224] Aroles J, Mclean C. Rethinking Stability and Change in the Study of Organizational Routines: Difference and Repetition in a Newspaper-Printing Factory [J]. Organization Science, 2016, 27 (3): 535-550.

[225] Balland P A, Vaan M D, Boschma R. The Dynamics of Interfirm Networks Along the Industry Life Cycle: The Case of the Global Video Game Industry, 1987-2007 [J]. Journal of Economic Geography, 2013, 13 (5): 741-765.

[226] Barjis J, Gupta A, Sharda R. Knowledge Work and Communication Challenges in Networked Enterprises [J]. Information Systems Frontiers, 2011, 13 (5): 615-619.

[227] Barnabe C, et al. The Alberta Indigenous Mentorship in Health Innovation Network: Approach, Activities and Reflections of an Indigenous Mentorship Network Programme [J]. AlterNative: An International Journal of Indigenous Peoples, 2023, 19 (3): 552-563.

[228] Bonifacio M, Bouquet P, Traverso P. Enabling Distributed Knowledge Management: Managerial and Technological Implications [J]. Upgrade, 2001, 3 (1): 1-7.

[229] Borgatti S P, Foster P C. The Network Paradigm in Organization Research: A Review and Typology [J]. Journal of Management, 2003, 29 (6): 991-1013.

[230] Boschma R. Proximity and Innovation: A Critical Assessment [J]. Regional Studies, 2005, 39 (1): 61-74.

[231] Burt R. S. Models of Network Structure [J]. Annual Review of Sociology, 1980, 6 (1): 79-141.

[232] Burt R S. Neighbor Networks: Competitive Advantage Local and Personal [M]. New York: Oxford University Press, 2010.

[233] Burt R S. Structural Holes: The Social Structure of Competition [M]. Cambridge: Harvard University Press, 1992.

[234] Burt R. Structural Holes: The Social of Competition [M]. Cambridge, MA: Harvard University Press, 1992.

[235] Cao Z, Derudder B, Peng Z. Comparing the Physical, Functional and Knowledge Integration of the Yangtze River Delta City-Region Through the Lens of Inter-City Networks [J]. Cities, 2018, 82 (1): 119-126.

[236] Cassiman B, Veugelers R. In Search of Complementarity in Innovation Strategy: Internal R&D and External Knowledge Acquisition [J]. Management Science, 2006, 52 (1): 68-82.

[237] Castells M. Globalisation, Networking, Urbanisation: Reflections on the Spatial Dynamics of the Information Age [J]. Urban Studies, 2010, 47 (13): 2737-2745.

[238] Castells M. The Space of Flows: A Theory Space in the Informational Society [C]. Princeton University, 1992.

[239] Clayton P, Lanahan L, Nelson A. Dissecting Diffusion: Tracing the Plural-

[240] Consoli D, Patrucco P P. Innovation Platforms and the Governance of Knowledge: Evidence from Italy and the UK [J]. Economics of Innovation and New Technology, 2008, 17 (7-8): 699-716.

[241] Cooke P, Morgan K. The Associational Economy: Firms, Regions and Innovation [M]. Oxford: Oxford University Press, 1999.

[242] Cooke P. The New Wave of Regional Innovation Networks: Analysis, Characteristics and Strategy [J]. Small Business Economics, 1996, 8 (2): 159-171.

[243] Cooke P, Urangam G, Etxebrria G. Regional Innovation Systems: Institutional and Organizational Dimensions [J]. Research Policy, 1997, 26 (4): 475-491.

[244] Coombs R, Metcalfe S. Distributed Capabilities and the Governance of the Firm [R]. CRIC Discussion Papers No. 16, 1998.

[245] Diez J R, Berger M. The Role of Multinational Corporations in Metropolitan Innovation Systems: Empirical Evidence from Europe and Southeast Asia [J]. Environment and Planning A, 2005, 37 (10): 1813-1835.

[246] Ehrlich P R, Raven P H. Butterflies and Plants: a Study in Co-Evolution [J]. Evolution, 1964, 1 (8): 124-136.

[247] Eschenbächer J, Seifert M, Thoben K D. Managing Distributed Innovation Processes in Virtual Organizations by Applying the Collaborative Network Relationship Analysis [M]//Camarinha-Matos L M, Paraskakis I, Afsarmanesh H. Leveraging Knowledge for Innovation in Collaborative Networks. Berlin Heidelberg: Springer, 2009: 13-22.

[248] Filippetti A, Zinilli A. The Innovation Networks of City-regions in Europe: Exclusive Clubs or Inclusive Hubs? [J]. Papers in Regional Science, 2023, 102 (6): 1169-1192.

[249] Fornell C, Larcker D F. Structural Equation Model with Unobservable Variables and Measurement Error Algebra and Statistics [J]. Journal of Marketing Research, 1981, 18, 382 – 389.

[250] Freeman C. Networks of Innovators: A Synthesis of Research Issues [J]. Research Policy, 1991, 20 (5): 499 – 514.

[251] Freeman C. Technology Policy and Economic Performance: Lessons from Japan [M]. London: Pinter Publishers, 1987.

[252] Frenken K, Hoekman J, Kok S, et al. Death of Distance in Science? A Gravity Approach to Research Collaboration [M]. Innovation Networks, Springer, 2009.

[253] Friedkin N E. Structural Equivalence and Cohesion Explanations of Social Homogeneity [J]. Sociologica, 2002 (37): 329 – 343.

[254] Friedman T L. The World is Flat: A Brief History of the Twenty-First Century [J]. International Journal, 2005, 9 (1): 67 – 69.

[255] Gartenberg C, Pierce L. Subprime Governance: Agency Costs in Vertically Integrated Banks and the 2008 Mortgage Crisis [J]. Strategic Management Journal, 2017, 38 (2): 300 – 321.

[256] George K Z. The Hypothesis on the Intercity Movement of Persons [J]. American Sociological Review, 1946, 11 (9): 677 – 686.

[257] Gilsing V, Nooteboom B, Vanhaverbeke W, et al. Network Embeddedness and the Exploration of Novel Technologies: Technological Distance, Betweenness Centrality and Density [J]. Research Policy, 2008 (37): 1717 – 1731.

[258] Gottmann J. Megalopolis or the Urbanization of the Northeastern Seaboard [J]. Economic Geography, 1957, 33 (3): 189.

[259] Gouillart F. The Race to Implement Co-Creation of Value with Stakeholders: Five Approaches to Competitive Advantage [J]. Strategy and Leadership Journal, 2014, 1 (1): 2 – 8.

[260] Granovetter M. Economic Action and Social Structure: The Problem of Embeddeness [J]. American Journal of Sociology, 1985, 91 (3): 481-510.

[261] Granovetter M. The Strength of Weak Ties [J]. American Journal of sociology, 1973, 78 (6): 1360-1380.

[262] Grönroos C. Service Logic Revisited: Who Creates Value? And Who Co-Creates? [J]. European Business Review, 2008, 20 (4): 298-314.

[263] Gui Q C, Liu C L, Du D B. Does Network Position Foster Knowledge Production? Evidence from International Scientific Collaboration Network [J]. Growth and Change, 2018, 49 (4): 594-611.

[264] Gui Q C, Liu C L, Du D B. Globalization of Science and International Scientific Collaboration: A Network Perspective [J]. Geoforum, 2019, 105 (1): 1-12.

[265] Gui Q C, Liu C L, Du D B. International Knowledge Flows and the Role of Proximity [J]. Growth and Change, 2018, 49 (3): 532-547.

[266] Hagedoorn J, Cloodt M. Measuring Innovative Performance: is there an Advantage in Using Multiple Indicators? [J]. Research Policy, 2003, 32 (8): 1365-1379.

[267] Hagerstrand T. Innovation for Loppet Ur Korologisk Synpunkt [M]. Lund: Gleerup, 1953: 21-45.

[268] Haken H. Synergetics of Brain Function Intentional [J]. Joural of Phychophysiology, 2006, 60 (5): 110-124.

[269] Hardaker G, Ahmed P K, Graham G. An Integrated Response Towards the Pursuit of Fast Time to Market of NPD in European Manufacturing Organisations [J]. European Business Review, 1998, 98 (3): 562-571.

[270] Henderson R M, Clark K B. Architectural Innovation: the Existing Product Technologies and the Failure of Reconfiguration of Established Firms [J]. Administrative Science Quarterly, 1990, 35: 9-30.

[271] Herbert A S. The New Science of Management Decision [M]. New York: Harper, 1960.

[272] Hmlinen T J. Governance Solutions for Wicked Problems: Metropolitan Innovation Ecosystems as Frontrunners to Sustainable Well-being [J]. Technology Innovation Management Review, 2015, 5 (10): 31 –41.

[273] Hou L, Liu Y, He Xi. Research on the Mechanism of Regional Innovation Network in Western China Based on ERGM: A Case Study of Chengdu-Chongqing Shuangcheng Economic Circle [J]. Sustainability, 2023, 15 (10): 7993.

[274] Howells J, James A, Malik K. The Sourcing of Technological Knowledge: Distributed Innovation Processes and Dynamic Change [J]. R&D Management, 2003, 33 (4): 395 –409.

[275] Hwang I. Evolution of the Collaborative Innovation Network in the Korean ICT Industry: A Patent-based Analysis [J]. Technology Analysis & Strategic Management, 2023, 35 (2): 221 –236.

[276] Iansiti M. Technology Integration: Managing Technological Evolution Complex Environment [J]. Research Policy, 1995, 4: 521 –542.

[277] Ibrahim S E, Fallah M H, Reilly R R. Localized Sources of Knowledge and the Effect of Knowledge Spillovers: An Empirical Study of Inventors in the Telecommunications Industry [J]. Journal of Economic Geography, 2009, 9 (3): 405 –431.

[278] Jaffe A B, Trajtenberg M, Henderson R. Geographic Localization of Knowledge Spillovers as Evidenced by Patent Citations [J]. Quarterly journal of Economics, 1993, 108 (3): 577 –598.

[279] Jansen J J P, Bosch vd F A J, Volberda H W. Exploratory Innovation, Exploitative Innovation and Ambidexterity [J]. Schmalenbach Business Review, 2005, 57 (4): 351 –363.

[280] José O. Maldifassi, Ricardo A. Stambuk M.. Characterisation and Assess-

ment of the Technological Innovation Network of the Valparaíso Region in Chile [J]. Int. J. of Innovation and Regional Development, 2018, 8 (2): 159–178.

[281] Kline R B. Software Programs for Structural Equation Modeling: Amos, EQS, and LISREL [J]. Journal of Psychoeducational Assessment, 1998, 16, 343–364.

[282] Knoben J, Oerlemans L A G. Proximity and Inter-organizational Collaboration: A Literature Review [J]. International Journal of Management Reviews, 2006, 8 (2): 71–89.

[283] Lakhani K R, Panetta J A. The principles of Distributed Innovation [J]. Innovations, 2007, 2 (3): 97–112.

[284] Lavie D, Stettner U, Tushman M L. Exploration and Exploitation Within and Across Organizations [J]. The Academy of Management Annals, 2010, 4 (1): 109–155.

[285] Lee D S. The Changing Structures of Co-Invention Networks in American Urban Areas [J]. Procedia Computer Science, 2016 (96): 1075–1085.

[286] Lei L N, Wu X B, Tan Z Y. The Growth of Hidden Champions in China: A Cognitive Explanation from Integrated View [J]. Chinese Management Studies, 2020, 14 (3): 613–637.

[287] LeSage J P, Pace R K. Introductionto Spatial Econometrics [M]. Boca Raton, FL: Chapman&Hall/CRC, 2009.

[288] Li D, Wei Y D, Wang T. Spatial and Temporal Evolution of Urban Innovation Network in China [J]. Habitat International, 2015 (49): 484–496.

[289] Liefner I, Hennemann S. Structural Holes and New Dimensions of Distance: The Spatial Configuration of the Scientific Knowledge Network of China's Optical Technology Sector [J]. Environment & Planning, 2011, 43 (4): 810–829.

[290] Li E, Yao F, Xi J, et al. Evolution Characteristics of Government-Industry-University-Research Cooperative Innovation Network for China's Agriculture and Influencing Factors: Illustrated According to Agricultural Patent Case [J]. Chinese Geographical Science, 2018, 28 (1): 137 – 152.

[291] Limtanakool N, Dijst M, Schwanen T. A Theoretical Framework and Methodology for Characterising National Urban Systems on the Basis of Flows of People: Empirical Evidence for France and Germany [J]. Urban Studies, 2007, 44 (11): 2123 – 2145.

[292] Limtanakool N, Schwanen T, Dijst M. Developments in the Dutch Urban System on the Basis of Flows [J]. Regional Studies, 2009, 43 (2): 179 – 196.

[293] Li Y C, Phelps N. Megalopolis Unbound: Knowledge Collaboration and Functional Polycentricity Within and Beyond the Yangtze River Delta Region in China, 2014 [J]. Urban Studies, 2018, 55 (2): 443 – 460.

[294] Ma H T, Fang C L, Lin S N, et al. Hierarchy, Clusters, and Spatial Differences in Chinese Intercity Networks Constructed by Scientific Collaborators [J]. Journal of Geographical Sciences, 2018, 28 (12): 1793 – 1809.

[295] Ma H T, Fang C L, Pang B, et al. Structure of Chinese City Network as Driven by Technological Knowledge Flows [J]. Chinese Geographical Science, 2015, 25 (4): 498 – 510.

[296] Maillat D, Kebir L. The Learning Region and Territorial Production Systems [J]. Advances in Spatial Science, 2011: 255 – 277.

[297] Malmberg A, Maskell P. Localized Learning-What It Is and What It Isn't [C]. Paper Presented at the 5th Proximity Congress, Bordeaux, 2006.

[298] Michael F, Martina K. The Impact of Network Structure on Knowledge Transfer: An Application of Social Network Analysis in the Context of Regional Innovation Networks [J]. The Annals of Regional Science, 2010,

44 (1): 21-38.

[299] Mitchell J C. Social Networks in Urban Situations: Analyses of Personal Relationships in Central African Towns [M]. Manchester: Manchester University Press, 1969.

[300] Mittra J. Life Science Innovation and the Restructuring of the Pharmaceutical Industry: Merger, Acquisition and Strategic Alliance Behaviour of Large Firms [J]. Technology Analysis & Strategic Management, 2007, 19 (3): 279-301.

[301] Moeen M. Entry into nascent industries: Disentangling a firm's capability portfolio at the time of investment versus market entry [J]. Strategic Management Journal, 2017, 38 (10): 1986-2004.

[302] Nadel S F. The Theory of Social Structure [M]. London: Cohen and West, 1957.

[303] Nelson R. National Innovation Systems: A Comparative Study [M]. Oxford: Oxford University Press, 1993.

[304] Phelps C C. Alongitudinal Study of the Influence of Alliance Network Structure and Composition on Firm Exploratory Innovation [J]. Social Science Electronic Publishing, 2010, 53 (4): 890-913.

[305] Prahalad C K, Ramaswamy Venkat. Co-creation Experiences: The Next Practice in Value Creation [J]. Journal of Interactive Marketing, 2004, 18 (3): 5-14.

[306] Pred A. City System in Advanced Societies [M]. London: Hutchinson, 1977: 44-60.

[307] Rakhshan S A. Efficiency Ranking of Decision Making Units in Data Envelopment Analysis by Using TOPSISDEA Method [J]. Journal of the Operational Research Society, 2017, 68 (8): 906-918.

[308] Ritter T, Gemunden H G. Network Competence: Its Impact on Innovation Success and Its Anteccedents [J]. Journal of Business Research, 2003,

56 (9): 745-755.

[309] Rose J, Jones M, Furneaux B. An Integrated Model of Innovation Drivers for Smaller Software Firms [J]. Information & Management, 2016: 307-323.

[310] Rothwell R. Successful Industrial Innovation: Critical Success Factors for the 1990s [J]. R&D Management, 1992, 22 (3): 221-239.

[311] Scherngell T, Barber M J. Spatial Interaction Modelling of Cross-region R&D Collaborations: Empirical Evidence from the 5th EU Framework Programme [J]. Papers in Regional Science, 2009, 88 (3): 531-546.

[312] Scherngell T, Hu Y. Collaborative Knowledge Production in China: Regional Evidence from a Gravity Model Approach [J]. Regional Studies, 2011, 45 (6): 755-772.

[313] Schilling M A, Phelps C C. Interfirm Collaboration Networks: The Impact of Large-scale Network Structure on Firm Innovation [J]. Innovation Networks, 2007 (7): 1113-1126.

[314] Scott J. Capitalist Property and Financial Power [M]. Brighton: Wheatsheaf, 1986.

[315] Shaw A T, Gilly J P. On the Analytical Dimension of Proximity Dynamics [J]. Regional Studies, 2000, 34 (2): 169-180.

[316] Simon H. Hidden Champions of the Twenty-First Century: The Success Strategies of Unknown World Market Leaders [M]. New York: Springer-Science & Business Media, 2009: 61-63.

[317] Singh J, Marx M. Geographic Constraints on Knowledge Spillovers: Political Borders vs. Spatial Proximity [J]. Management Science, 2013, 59 (9): 2056-2078.

[318] Sonmez Z. Interregional Inventor Collaboration and the Commercial Value of Patented Inventions: Evidence from the US Biotechnology Industry [J]. The Annals of Regional Science, 2018, 61 (2): 399-438.

[319] Sorenson O, Jan W. Complexity Networks and Knowledge Flow [J]. Research Policy, 2006, 35 (7): 994-1017.

[320] Sun Y, Liu K. Proximity Effect, Preferential Attachment and Path Dependence in Inter-regional Network: A Case of China's Technology Transaction [J]. Scientometrics, 2016, 108 (1): 201-220.

[321] Swart J, Harvey P. Identifying Knowledge Boundaries: The Case of Networked Projects [J]. Journal of Knowledge Management, 2011, 15 (5): 703-721.

[322] Taylor P J, Hoyler M, Verbruggen R. External Urban Relational Process: Introducing Central Flow Theory to Complement Central Place Theory [J]. Urban Studies, 2010, 47 (13): 2803-2818.

[323] Vargo S L. From Promise to Perspective: Reconsidering Value Propositions from a Service-Dominant Logic Orientation [J]. Industrial Marketing Management, 2020, 87 (1): 309-311.

[324] Vargo S L, Lusch R F. Institutions and Axioms: An Extension and Update of Service-Dominant Logic [J]. Journal of the Academy of Marketing Science, 2016, 44 (1): 5-23.

[325] Visser W. Integrated Innovation: Applying Systems Thinking to Sustainable Innovation and Transformation [J]. Sustainability, 2020, 12 (13): 5247.

[326] Wellman B, Berkowitz S D. Structural Analysis: From Method and Metaphor to Theory and Substance [M]//Social Structures: A Network Approach. Cambridge: Cambridge University Press, 1988.

[327] Whittington K B, Owen-Smith J, Powell W W. Networks, Propinquity, and Innovation in Knowledge-Intensive Industries [J]. Administrative Science Quarterly, 2009, 54 (1): 90-122.

[328] Wu D, Wu X B, Zhou H J, et al. Interfirm Networks and Search-Transfer Problem: The Role of Geographic Proximity [J]. Industrial Management &

Data Systems, 2020, 120 (5): 923-940.

[329] Wu L F, Wang D, Evans J A. Large Teams Develop and Small Teams Disrupt Science and Technology [J]. Nature, 2019, 566: 378-382.

[330] Yakhlef A. Immobility of Tacit Knowledge and the Displacement of the Locus of Innovation [J]. European Journal of Innovation Management, 2005, 8 (2): 227-239.

[331] Zhao X, Li Y, Qi J. The Integrated Model of Management Accounting Tools Based on Integrated Innovation Theory [J]. Journal of Tianjin University, 2012.